国内唯一关于宝藏探索的收藏级精品百科！

神秘的宝藏

寻找历代迷失的宝藏

地图密码+巨额财富——汇集全球宝藏的最新探索发现！
以目击者身份揭示的未解之谜——最生动、最有趣、最翔实的藏宝书！

美狄亚◎著

台海出版社

图书在版编目(CIP)数据

神秘的宝藏:寻找历代迷失的宝藏 / 美狄亚著.
--北京:台海出版社,2014.6

ISBN 978-7-5168-0372-1

Ⅰ.①神… Ⅱ.①美… Ⅲ.①考古学–普及读物
Ⅳ.①K85–49

中国版本图书馆 CIP 数据核字(2014)第 153258号

神秘的宝藏:寻找历代迷失的宝藏

著　　者:美狄亚

责任编辑:戴　晨

装帧设计:天下书装　　　　版式设计:通联图文

责任校对:徐冬峰　　　　　责任印制:蔡　旭

出版发行:台海出版社

地　址:北京市朝阳区劲松南路 1 号，邮政编码：100021

电　话:010-64041652(发行,邮购)

传　真:010-84045799(总编室)

网　址:www.taimeng.org.cn/thcbs/default.htm

E–mail:thcbs@126.com

经　销:全国各地新华书店

印　刷:北京柯蓝博泰印务有限公司

本书如有破损、缺页、装订错误,请与本社联系调换

开　本:710×1000　　　1/16

字　数:210 千字　　　　　印　张:17

版　次:2014 年 9 月第 1 版　　印　次:2014 年 9 月第 1 次印刷

书　号:ISBN 978-7-5168-0372-1

定　价:39.80 元

前言

说到"宝藏"二字，很多人可能马上就会浮想联翩。璀璨夺目的金银珠宝的确有资本令人想入非非。

在金庸的小说《雪山飞狐》中，提到了闯王李自成的宝藏，小说结尾之际，一群人找到了藏宝洞，见到无数奇珍异宝，几近疯狂。同样，梁羽生的《萍踪侠影》，也以"大西皇帝"张献忠的宝藏为线索之一。不仅如此，许多武侠、玄幻小说，都围绕一张藏宝图展开情节……

因此，宝藏在人们心中充满了神秘、传奇的色彩。

而本书则旨在告诉大家，宝藏并非只存在于小说和传说中！

历史的土壤总是蒙盖着时间的面纱，当面纱被缓缓揭开时，除了可以让人们目睹到它复活时的新颜，同时也向世人展现了远古文明的非凡成就——那些被印加人藏起来的黄金流落何方？楼兰古城千年探宝之旅可曾有新的发现？跨越千年光阴的古代罗马金币如何呈现在世人眼前……悠悠岁月，神奇落于尘埃，等待我们去探寻；漫漫沧海，珍宝委于泥沙，在断壁残垣中，又有多少宝藏等待我们去发掘？

还有那些璀璨夺目的皇室贵族珍宝，它们的收集不仅代表了尊贵和荣耀，也代表他们希望自己的统治能够永久。在那些发掘出来的收藏品上，除了隐含皇室的野心外，也让我们看到了它们凝结人类巧夺天工的智慧和心血——每个皇帝或者国王在其在位之初无不以倾国之力，开始营造自己的陵墓，为自己打造一个地下王国，其奢华程度令人难以想象。不但为后人留下了一个丰厚的地下宝库，更揭开了许多悬而未解的历史谜题！

当残酷的战争席卷人类文明后，沉淀下的是用生命作为代价换来的宝藏。这些宝藏的数量往往都是极其巨大的，而埋藏地点往往是极其隐秘的——它们真的存在吗？

更有那佛寺古刹的奇珍异宝，魔幻海盗的传奇宝藏，沉睡海底千年等着我们去发掘的珠宝……这一切的一切，都留给后人数不尽的精神与物质财富！

正像丹尼尔在临死前所写的那样："给人带来最具有诱惑力和想象力的是宝藏，给人带来致命结局的也是宝藏。"

带有传奇色彩的宝藏吸引着全球无数的人前去探寻。于是，道德、财富、生命，在头脑发热的寻宝者那里，成了无法把握的平衡。

本书收录编写整理了历代失落的宝藏，同时结合科学文献及考古、科研方面的研究成果和资料，将科普性与趣味性有机结合，将谜团背后隐藏的疑点详实地展现出来——这些玄秘宝藏，有的是一个国家或者一个家族千年的积累，有的是一个人经过一生探寻得到的回报，有的是考古学家意外的发现……精美绝伦的珠宝有时并不是因为自身的魅力而闻名于世，很多时候是因为它们的传奇经历，而披上了一层神秘的色彩！

探险、寻宝，对现代人来说更注重的是一个过程的体验。从这个意义上说，无论历史上藏宝之说是确有其事还是以讹传讹，它都将是一个令人遐想的神秘之事。

现在开始，就跟着本书，去探索谜一样的巨大物质和精神财富吧！

目录

第一章　断壁残垣的古城宝藏 ································· 1

历史的土壤总是蒙盖着时间的面纱,当面纱被缓缓揭开时,除了可以让人们目睹到它复活时的新颜,同时也向世人展现了远古文明的非凡成就。

悠悠岁月,神奇落于尘埃,等待我们去探寻;漫漫沧海,珍宝委于泥沙,在断壁残垣中,又有多少宝藏等待我们去发掘?

1.特诺奇蒂特兰古城宝藏　　　　　　　　　　1

2.水下古城宝藏——神话里的魔瓶　　　　　　5

3.黑水古城的白金和财宝　　　　　　　　　　10

4.爱多拉都古城——被印加人隐藏起来的黄金　15

5.海底的"法老城"宝藏　　　　　　　　　　20

6.楼兰古城千年探宝之谜　　　　　　　　　　24

7.康定安城的废墟宝藏　　　　　　　　　　　30

8.霍克森的古罗马秘藏——古罗马的昨日重现　33

第二章　璀璨夺目的皇室贵族宝藏 ··················· 36

对于皇室贵族而言,珍宝的收集不仅代表了尊贵和荣耀,也代表他们希望自己的统治能够永久。在那些发掘出来的收藏品上,除了隐含皇室的野心外,也让我们看到了它们凝结人类巧夺天工的智慧和心血。

1.伊凡雷帝与他的地下藏书 ………………………… 36

2.圆明园宝藏的灭顶之灾 …………………………… 40

3."无地王"约翰的宝藏 ……………………………… 50

4.齐王府:扑朔迷离的地下宝藏 …………………… 53

5.哈布斯堡家族宝藏 ………………………………… 61

6.高贵与奢华——英国王室珠宝 ………………… 64

7.神奇琥珀屋失踪之谜 ……………………………… 68

第三章　帝王陵墓中的隔世奇珍 ………………………… 76

　　每个皇帝或者国王在其在位之初无不倾国之力,开始营造自己的陵墓,为自己打造一个地下王国,其奢华程度令人难以想象。不但有各种金银珠宝、玉器丝帛,还有大量孤本书籍陪葬。不但为后人留下了一个丰厚的地下宝库,更揭开了许多悬而未解的历史谜题。

1.国王洛本古拉的宝藏 ……………………………… 76

2.清东陵宝藏之谜 …………………………………… 80

3.尚未出土的塞提一世宝藏 ………………………… 84

4.图坦卡蒙陵墓宝藏 ………………………………… 86

5.匈奴王阿提拉的宝藏 ……………………………… 92

6.成吉思汗陵墓宝藏 ………………………………… 93

7.楚王陵墓宝藏 ……………………………………… 96

8.亚历山大陵墓宝藏 ………………………………… 98

9.一座陵墓,两代帝王——"二圣"并葬的乾陵藏有多少宝藏? … 100

第四章 乱世辉煌的战争宝藏 ·························· **105**

当残酷的战争席卷人类文明后，沉淀下的是用生命作为代价换来的宝藏。这些宝藏的数量往往都是极其巨大的。然而，一旦拥有，这些巨额的宝藏就会被想尽一切办法地藏匿起来。即使留有藏宝图，或者相关的线索，也依然难以寻获。于是，人们产生怀疑——这些宝藏真的存在吗？

1. 消失的"黄金船队" ·························· 105

2. 西楚霸王宝藏的奇特"符号" ·························· 109

3. 寻找拿破仑的藏宝地 ·························· 111

4. "杀人湖"与纳粹黄金之谜 ·························· 115

5. 太平天国窖藏珠宝的下落 ·························· 118

6. 默克斯宝藏 ·························· 120

7. 赤城山的黄金 ·························· 123

8. 圣殿骑士团宝藏 ·························· 125

9. 纳粹宝藏疑云 ·························· 129

10. 船形屋：天地会的密室宝藏 ·························· 131

11. "马来之虎"山下奉文藏宝地 ·························· 139

第五章 魔幻海盗的传奇宝藏 ·························· **143**

在过去的几个世纪中，海盗们留下的带有传奇色彩的宝藏吸引着全球无数的人前去探寻。于是，道德、财富、生命，在头脑发热的寻宝者那里，成了无法把度的平衡。

1. "海盗王子"黑萨姆的宝藏 ·························· 143

2. "黑胡子"的宝藏 ·························· 147

3. "船长基德"的宝藏 ·························· 149

4.科科斯岛宝藏 ·································· 153

5.大海盗吴平的藏宝之谜——一段皇帝与海盗的传奇 ········ 156

6.海盗拉比斯的藏宝图 ····························· 160

7.七十三名海盗兄弟的宝藏 ························· 162

第六章　佛寺古刹奇珍异宝 ················· 165

在上古时代的社会中，寺庙圣殿被认为是神的居住地，不但得到大量信徒的追随，更是得到统治者的青睐。于是，大量的奇珍异宝，源源不断地被当做贡品送到这些神圣的地方，作为对神明的敬意以及尊重。而随着时间的变迁，曾经灿烂辉煌的佛寺古刹，有的毁于战乱，有的经不起时间的考验而倒塌……然而那些异常珍贵的贡品被藏在了哪里？时至今日，我们又能寻找到多少曾经的辉煌？

1.死海古卷宝藏 ·································· 165

2.法门寺的地下宝藏 ····························· 170

3.夏朗德修道院的宝藏 ··························· 173

4.犹太人的神殿宝藏 ····························· 175

5.铁山禅寺藏宝之谜 ····························· 179

6.乐山大佛藏宝之谜 ····························· 184

7.雷峰塔地宫宝藏——鎏金塔再现世间 ············· 193

第七章　沉睡千年的海底宝藏 ················· 199

悠远的历史和浩瀚的海洋，两者都给人深邃且神秘的感觉，带给我们的是无限的遐想。在人类文明的发展史上，浩瀚的海洋堆积着异常丰富的人类文化遗存，神秘的海底世界古往今来吸引了无数寻宝者们的关注。那些沉寂在海底数千年的珍宝，透着时光的华丽，最终呈现在人们的眼前，其宝藏的丰富震惊了世界。

1.日本"阿波丸"号沉宝之谜 ·· 199

2.沉睡在海底的珍宝公墓 ·· 201

3.幽灵船上的财宝 ·· 204

4."皇家上尉"号的宝藏之谜 ·· 207

5."努埃斯特拉"号沉船宝藏 ·· 209

6.加勒比海底的沉船宝藏 ·· 213

7."德利韦朗斯夫人"号沉船宝藏 ···································· 215

8.卡纳帕尔海湾的沉船宝藏 ·· 217

9.玛迪亚海底宝藏 ·· 219

10."联合"号沉船宝藏 ·· 222

11.寻找"阿托卡"号沉船——坚持梦想必会成功 ···················· 224

第八章 扑朔迷离的玄秘宝藏 ·· **227**

这些玄秘宝藏,有的是一个国家或者一个家族千年的积累,有的是一个人经过一生探寻得到的回报,有的是考古学家意外的发现……精美绝伦的珠宝有时并不是因为自身的魅力而闻名于世,很多时候也因为它们的传奇经历,而披上了一层神秘的色彩。

1.远古隧道里的神秘宝藏 ·· 227

2."鲁滨逊"岛上的黄金 ·· 230

3."雷神"的黄金传说——佩拉塔家族丰富的金矿 ················ 233

4.丹漠洞遗址宝藏——爱尔兰"最黑暗"之地 ···················· 236

5.欧洲中世纪英雄史诗中的宝藏 ······································ 238

6.玛雅人的藏宝地——匪夷所思的玛雅文明 ······················ 241

7.赛西亚人失落的黄金 ·· 247

8.泰国班清宝藏之谜 ·· 250

9.瞿塘峡夔门黄金洞藏宝真相 ·· 253

第一章

断壁残垣的古城宝藏

历史的土壤总是蒙盖着时间的面纱,当面纱被缓缓揭开时,除了可以让人们目睹到它复活时的新颜,同时也向世人展现了远古文明的非凡成就。

悠悠岁月,神奇落于尘埃,等待我们去探寻;漫漫沧海,珍宝委于泥沙,在断壁残垣中,又有多少宝藏等待我们去发掘?

1.特诺奇蒂特兰古城宝藏

西班牙殖民者科尔特斯带领着军队开始征服墨西哥, 他们企图在几天之内飞黄腾达。为了掠夺黄金,他们准备疯狂地杀戮印第安人。为了免遭杀戮,印第安人在科尔特斯到来之前就准备好了黄金。

科尔特斯的军队路过一个村庄,酋长主动献出9000卡斯特诺黄金。然而,西班牙人却认为,他们既然没有动用任何武力就能使印第安人主动交出黄金,一定还有很多,随后下令将酋长绑在柱子上用火烤,逼他交出所有的黄金。酋长忍受不了酷刑,交出余下的3000卡斯特诺黄金。西班牙人仍然不甘心,继续用火烤,酋长直到最后活活被烤死。

另一位酋长主动献出5万卡斯特诺黄金,但是,这倒引起了西班牙人更大的黄金欲。

科尔特斯率领军队向这个部落发起了猛烈的进攻,酋长组织起一两万印第安人应战,但这些赤身裸体,用木棒、石头当武器的士兵,根本不是侵略者的对手。酋长不得不俯首称臣,他们除了给西班牙人大量金银财宝外,又送去20位年轻美貌的少女,其中包括酋长的公主玛琳琪。

科尔特斯在墨西哥的暴行很快传到了墨西哥首都特诺奇蒂特兰城。

当时的国王蒙特苏马听说西班牙人科尔特斯是白皮肤、黑头发,戴的头盔与太阳神头盔一模一样,误以为是传说中墨西哥从前的统治者"知识神"奎萨克特回来报仇了,便决定多给"知识神"一些黄金珠宝。于是,派他的辅臣们将一大批黄金珠宝送到科尔特斯驻地,献上的第一个礼物是像车轮一样大小的太阳金盘,上面雕刻着各种精美的图案;第二个是比金盘还大的月亮银盘;还带去做工精细、十分逼真的金鸭子、金狗、金狮、金豹和10串精美的纯金项链;最后献上去的是几件身上挂的饰物:12支箭、1张带弦的弓、2柄1米多长的权杖。所有这些东西也都是用纯金铸成的。蒙特苏马的辅臣们把所带的金银财宝全献给了科尔特斯,并说:"我们把全国最珍贵的金银财宝都献给你们了,我们的君主希望你们回去。"

但是这些稀世之宝并没有让科尔特斯满足,反而勾起了他更大的欲望,他决定攻向特诺奇蒂特兰城。于是,浩浩荡荡的西班牙军队继续向墨西哥首都特诺奇蒂特兰城进军。

西班牙人不顾征途的疲劳,顺着湖中的堤坝来到城门前,这时蒙特苏马国王早已恭候在城门口,并坐在镶有宝石的大金轿上。

科尔特斯骑着高头大马,手执宝剑来到蒙特苏马面前,蒙特苏马却恭敬地把一只做工精美的金项链亲自戴到科尔特斯的脖子上,说:"欢迎归来之神。这是您的城市,所有的人民都盼望您归来。过去的国王和人民一直替您守护着这片疆土和王位,现在您回来了,我甘心献出王位。"科尔特斯听了满心欢喜,将军队安置在华丽的王宫中。在城市中心的广场上有一座雄伟的金字塔,西班牙人要在金字塔上修建天主教堂,并强迫阿兹特克人拆毁神庙,阿兹特克人说什么也不肯,科尔特斯举起身旁的铁棒将太阳神像砸得粉碎。

他们在开挖地基时,发现了大量的黄金、白银、宝石、珍珠。据说是在修建太阳神庙时埋在地下的,作为镇殿之宝。科尔特斯为了进一步控制蒙特苏马,决定把他软禁起来,他亲自带领30多名士兵和玛琳琪来到蒙特苏马的宫殿,将国王挟往西班牙驻地。科尔特斯以国王的名义发号施令,到处搜索黄金。他发现一个密室,那里储存着大批黄金、宝石,其中几颗绿宝石更是珍贵无比。蒙特苏马的库房更是令人惊叹不已,就是把这些黄金珠宝查看一遍也要用三天时间,这些黄金中大部分是制作精美的工艺品。西班牙人的肆意横行打破了阿兹特克人对科尔特斯的崇拜,他不是"知识神",而是强盗。愤怒的阿兹特克人为国王的软弱感到耻辱,并推选蒙特苏马的弟弟奎特拉瓦克为国王。

奎特拉瓦克决心把西班牙人赶出王宫,他组织了几万名阿兹特克人包围了王宫,经过三天三夜的战斗,西班牙人惨败。科尔特斯让蒙特苏马出面讲和,可是蒙特苏马刚一露面就遭到雨点般石头的袭击,一块石头正巧打中他的太阳穴,倒地死亡。西班牙人讲和的希望破灭了,科尔特斯意识到唯一的生路就是突围。

晚上,科尔特斯把献给西班牙国王和自己想要的黄金拿出来,让受伤的马驮着出城,余下黄金归士兵所有。士兵们扑向财宝堆,贪婪地把所剩的黄金捆在自己的身上。

西班牙人趁着雨夜偷偷地撤出王宫,但没想到他们的行动早就被阿兹特克人发现了。当科尔特斯率领士兵刚一走向堤坝,阿兹特克人就发出愤怒的咆哮声,接着,石头、箭、矛纷纷飞来,西班牙人为躲开飞箭、石头的袭击,纷纷跳进湖里。然而身上捆着黄金的士兵没有挣扎几下就沉入湖底,他们为黄金而来,又死于黄金,是应得的下场。科尔特斯和玛琳琪在几个军官的掩护下冲出重围,在他后面零零星星地跟着几个士兵,踉踉跄跄地逃向原来的基地。第二天,阿兹特克人打扫战场时,从西班牙士兵的尸体上、马背上卸下了大批的黄金和宝石。为了防止这些黄金珠宝再被西班牙人掠夺,奎特拉瓦克国王将其沉到湖底。

第二年,科尔特斯率领军队卷土重来,他们包围特诺奇蒂特兰城,断绝交通,使外面的供给进不去,又破坏了水源,使城内无清水可饮。此时的国王是新登基的瓜特蒙克,他率领阿兹特克人同武器精良的西班牙军队激战了一个多月,但每次都失败了。

瓜特蒙克国王为了保护这座美丽的城市和他的臣民,想与科尔特斯讲和,但是被大臣们反对。两个月过后,陷入重围的特诺奇蒂特兰城走向绝境。科尔特斯多次发出要他们投降的信号,但没有一个人愿意屈服。

科尔特斯心想如果不狠心攻破这座全世界最美丽的城市,战争无法结束。最终西班牙人攻占了中央地区,瓜特蒙克兵败被俘。科尔特斯对瓜特蒙克和祭司施行火刑,逼迫他们说出宝藏被埋在哪里。但是他们宁死不屈,直到死也没有说出藏宝的位置。

西班牙殖民者为了攫取黄金珠宝,侵略了阿兹特克人居住的墨西哥,毁灭了他们的首都特诺奇蒂特兰城。

疯狂的西班牙暴徒将墨西哥的黄金、珠宝洗劫一空,又放火烧毁了这座世界名城。阿兹特克人被征服了,美丽壮观的特诺奇蒂特兰城也从地球上消失了。

奎特拉瓦克国王为了防止西班牙人掠夺,把大量的黄金珠宝沉入了湖底,但是后人并没有找到这个湖。这是奎特拉瓦克国王为了保护黄金珠宝编造的谎言,还是的确把它们沉入了某个湖底?至今仍是一个未解之谜。

2.水下古城宝藏——神话里的魔瓶

神秘的抚仙湖像一个神话里的魔瓶,只要它稍稍地倾斜,只露出一部分的秘密:传说中湖中飞腾的海马、神秘的光盘、水下木乃伊……就足以让世人瞠目结舌。可最让人惊奇的,是抚仙湖底竟然隐藏着神秘消失的古滇国。千古传说迷雾重重,神秘古城如何葬身水底?古城中到底埋藏着多少宝藏?成为无数寻宝者觊觎的目标。

目前对抚仙湖的考察还不深入,所以抚仙湖里到底有多少宝藏人们无从得知。但从抚仙湖西侧一个普普通通的小山包,就可猜想抚仙湖水下古城拥有的巨大财富,这个小山包就是李家山。

对居住在抚仙湖附近的居民来说,李家山可是个神秘的地方。在抚仙湖一带,只要有雷雨天气,李家山肯定会遭到雷击。这是什么原因呢?为什么偏偏李家山会频频遭到雷击呢?人们推测,李家山埋藏着大量金属物质,这些金属将雷电从空中引了下来。

经过考察,专家们发现在李家山一带果然有很多战国末期至东汉初期的古墓,从中出土的青铜器多达5000多件。李家山古墓的青铜器做工精细,上面还绘有很多人物和场景,生动地反映出了当时的社会风貌。这些青铜器价值连城,其中的一件牛虎铜案在赴美国巡展中,光保险金额就高达一千万美元。

李家山是抚仙湖水底古城的墓葬地,古墓青铜器的面世,证明了抚仙湖水底古城的身份非同一般。

青铜器在我国古代是一种十分珍贵的器物,只有达官贵人们才可以用青铜器作为陪葬品。在战国至东汉的四五百年间,无数的青铜器随同达官贵人们一同深埋在李家山一带,说明在战国至东汉这段时期,抚仙湖水底的古城曾经是繁华、盛极一时的城市,由此可见,埋藏在古城里的宝藏是人们无法想象的。

神秘的宝藏
寻找历代迷失的宝藏

抚仙湖是云南省第三大湖,很久以前,抚仙湖畔就流传着水下古城的故事。

相传抚仙湖原本是一个很大的坝子,坝子里有一个繁华的城池。一天,一场大水淹没了坝子,热闹非凡的城池就在这场灾难中沉入水底。据传人们在湖上行船,风平浪静时还能看到水下的城墙。

在抚仙湖北岸,有一个叫镇海营的村子,他们村名的由来和神秘古城密切相关。

据村民说,澄江县县城原不叫澄江,最早叫河阳县,那时的河阳县也并没有抚仙湖。一天,河阳县突然来了一个疯道士,走到县府衙门时,突然看见衙门前有一对大石狮子,张口就说"狮子眼睛红,说说水晶宫",随即又满大街喊叫起来。但是一个疯道士的话,谁会把它放在心上。

事过不久,石狮子的眼睛果然发红了,结果整个河阳县城开始向下陷沉,冲天的大水平地而起,淹没了街道和房屋,人们四处逃难。有一家老两口,无儿无女,家里很穷,只养着一头猪。老两口逃跑的时候就拉着猪一齐跑。但是他们跑到哪个地方,水就淹到哪个地方,直到老两口跑到一个小塘上,实在跑不动了,就说:"淹死也是死,再跑也是活不成,我们就坐在这里吧。"身后的猪也跟着停了下来,奇怪的是,水就在他们身边停了下来,再也没有漫过这个小塘,这头猪就是传说中抚仙湖里的金猪。

后来老两口停下来的小塘就成了现在的镇海营。原来的那个古城就这样永远沉睡在水底了。

传说中沉入水底的这个古城在历史上真的存在过吗?科学家经过查找史料发现,那些长久以来流传在抚仙湖畔的故事,竟然神奇地与史实相符合。

1992年,科学家在云南澄江抚仙湖边发现了大量水下人工建筑的遗迹。考察队先后30多次潜入湖底,对抚仙湖探险并拍摄录像。经考察,他们发现这一水下建筑群位于抚仙湖东北岸,距湖岸二三百米,面积有七八百平方米,距水面最浅处有五六米,最深处约二十五米,长约一百五十米,高有八九米。

一石击起千层浪,一时间全世界都知道中国澄江有个抚仙湖,湖底有个神秘的古城。

随后，又有一些考古学家再次深入湖底探查，目前已经探明的古城遗迹面积已达2.4平方公里，主要建筑共有8个，其中有两个高大阶梯状建筑十分宏伟。一个阶梯状建筑分三层，底部宽60米，第二层宽32米，顶层宽18米，整个建筑高为16米，从声呐扫描图上可以看出，它的台阶非常整齐对称。另一座阶梯状建筑气势恢弘，它上下分五层，第一层底部宽63米，第二层宽48米，第三四层倒塌比较严重，无法仔细测量，第五层宽27米，整个建筑高21米，类似于美洲玛雅人的金字塔。在每一层大的台阶之间都有小台阶相连，其中第一级大台阶从底部有一条笔直的小台阶直通而上。两座阶梯建筑中间还有一条长300多米，宽5~7米的石板路面，用不同形状的石板铺成。在石板上还有各种各样的几何图案。

在另外一片区域里还有一座圆形建筑，底部直径为37米，南面偏高，依稀可以辨别出台阶。这座圆形建筑北面倒塌严重，东北面有个缺口，形状与古罗马的斗兽场十分相似。更为奇特的是，在云南晋宁石寨山曾出土大量古滇国时期的青铜器，在这些青铜圆形饰品上，有很多环形台阶式建筑图案，几乎与抚仙湖水底发现的圆形建筑形式一模一样。青铜器上的环形台阶式建筑分上下两层，第一层有十余人，第二层有三四人，坐在台阶上观看斗牛或者其他表演。因此专家认为，这个水下圆形建筑就是青铜环上的图案描绘的原型。

那么，这座古城到底是历史上的哪个城市呢？

水下古城建筑与古滇国青铜器铜环图案的惊人相似，引发了人们对古城身份的猜测。这座水下古城，难道就是那个兴盛了500多年的神秘古滇国？

目前国内对古滇国的考古，仅局限于发现的墓葬和文物出土，并没有发现古滇国任何生活建筑的遗迹，于是有人猜测，抚仙湖水下的古城就是古滇国时期的繁华城池。

抚仙湖水位低的地方，会露出石板，在石板上，人们可以看到直径为8~15厘米的孔洞，形状酷似马蹄印。在水下建筑上也有很多类似的孔洞，有些内部边缘还有石钉，这些圆孔插上木桩，再用绳子连接起来，会形成一个规则的长方形。

考古学家通过研究古滇国的青铜器图案，发现古滇人的建筑主要是以杆栏式建筑为主,这种杆栏式建筑就是先用竹木搭成房架,底层悬空,再修墙而形成的建筑。湖底建筑与青铜器图案的惊人吻合,说明抚仙湖水下古城一定与古滇文明有着某种联系。

这座古城到底是历史上的哪座城市?在云南澄江县历史上,有史可查的有三个城市,其中最早的是俞元古城。

公元前106年,西汉王朝就在这里设立了俞元县,但俞元古城在地球上却神秘地消失了。即使俞元建制变更地名,也应有所记载,但南北朝后俞元古城信息中断。俞元古城到底哪里去了呢?这座水下古城会不会就是俞元古城呢?

首先需要考证的就是俞元古城的地理位置,历史上的古城是在抚仙湖地区吗?《汉书·地理志》记载:"俞元,池在南,桥水所出……桥水上承俞元之南池,县治龙池洲,周四十七里。"可见,俞元县境就在现澄江、江川、红塔、石林(路南)等县区,是一个十分广阔、强大的县城。那么这个俞元古城应该也是一个相当繁华的城池。但这个城池在什么地方?为什么至今没有发现它的任何遗迹?于是很多人认为,抚仙湖底的古城就是那个神秘的俞元古城。

也有人认为,抚仙湖底的古城是古滇国时期的某个大城市。持这种观点的人认为,古滇王在公元前279年在云南建立古滇国,当时在抚仙湖周围存在一些小国家,而抚仙湖下的古城很可能就是那些小国的城池。还有人认为抚仙湖水下古城最初是古滇王离宫。

关于水底古城的身份至今仍没有定论,只给人们留下了一团难以捉摸的迷雾。

历史上的抚仙湖地区经常发生"沉湖事件",那个神秘的古城或许就是众多沉湖事件中的一件。

当地《江川县志》记载,抚仙湖中原有大小两孤山,两座孤山之间有一条铁桥,呈彩虹的形状,因而得名虹桥。可突然有一天"风雨交作,桥与小孤山失所在,大孤山独存"。

这"风雨"难道就是地震吗?但查看《江川志书》,书中对于当地历史上发生的地震记载十分详细,仅抚仙湖地区就记载了两次,所用的词都是"地震"。如"明洪武十年,江川地震,明星湾子沟有独家村,因地震陷落入湖"。

还有一则记载,"清乾隆十七年江川地震,秦家山抚仙湖湖边田地荡入湖中者甚多,而最多者23户"。

可见,使小孤山沉入水底的"风雨"并非地震,那么这"风雨"到底是什么呢?

民国《江川县志》卷25里还有这样一段记载:"抚仙湖滨有村曰冯家湾,其村关圣宫门首原有石埂一路,所以防波浪之淘田禾。民国十三年4月12日午时,石埂间忽响,声大震,冲出黄烟一堵,向湖之东南而去。农人群往视之,石埂连田陷于湖内,旁边陷成大坑。"

民国《江川县志》的编写时间为民国二十一年至民国二十三年,可见编写时间与事情发生时间相距不到十年,所以事件的地点、情节都记载得十分详细。

抚仙湖地区的沉湖事件是如此难以捉摸,尤其是抚仙湖古城的沉湖原因,更是难以解答。由于年代久远,人们只能做出种种猜想,却没有办法加以解释。目前比较盛行的说法是因为一场突如其来的"地震",中国著名建筑学家杨鸿勋也认为,俞元古城是因地震沉入湖底的。

经地质、地震学家的研究结果证明,青藏高原的东南边界是一条地震、滑坡等地质灾难比较严重的分布带,被称为小江断裂带。它在云南境内全长400公里,成南北向分布,抚仙湖就处在小江断裂带上,成为高原断层溶蚀湖。或许正是地质的不断变化,把曾经繁盛的城市淹没在深深的湖水中,于是留下了一个个难解的传奇。

抚仙湖的水下古城到底是历史上的哪座城市?它是怎样沉入水底的?难道真像传说中的那样被大水淹没的?还是因为地震,把这座繁盛的城市淹没在深深的湖水中?人们对此只能做出种种猜测,没有人能真正解开这一个又一个谜团。

3.黑水古城的白金和财宝

黑水城是西夏重要的边防重镇。西夏末年有一个名叫"黑将军"的西夏守

将曾经在这里与蒙古大军交战。面对蒙古大军的重重包围，黑将军将八十多车白金，还有其他珍宝倒入井中，并亲手杀死了自己的妻儿，以免落入敌人手中。随后，他率领1000多名将士破墙突围，准备拼死一搏，但因寡不敌众，最终战败身亡。

黑水城沦陷后，蒙古大军搜遍全城也未见宝藏。从此，黑将军留下宝藏的故事吸引了不少人前去寻宝，但仍然一无所获，其下落至今仍是一个谜。

黑水城的宝藏只是一个传说，还是确有其事？从盗宝者数次对黑水城大规模的挖掘行动来看，黑水城的宝藏不但真实存在，而且藏宝数量大、价值高，绝对不同于一般的宝藏。

黑水城始建于西夏时期，商周时期这座城市就有人居住，是西夏王朝的北部重镇，也是连接河套和中亚地区的交通要道。

黑水城虽然是防御辽国和金国的军事要塞，但由于采取以和为主、和中有抗的外交政策，因此在相当一段时间内是一个相对平静的政治文化经济中心。黑水城曾经出土过的很多瓷器中，集中了我国五大名窑的瓷器，这说明当时的黑水城是一个具有一定规模，而且相当繁华的多民族融合城市。

史料记载，黑水城历经西夏、元、明等朝代，时间跨度达两千多年。在历史的长河中，黑水城经历过无数的劫难。

13世纪初，持续多年平静生活的黑水城开始受到新的威胁。北方游牧民

族——蒙古族的迅速崛起,使得一个巨大的危险正悄悄地向黑水城逼近。

黑水城不仅面临着敌人的威胁,还面临各种各样的自然灾害的侵害。

史料记载:黑水城发生过多起饥荒事件,干旱、虫害、绝收的描述比比皆是。政府不得不从别的地方调来粮食,赈济黑水城的灾民。春夏之交是黑水城人民生活最困难、防守最薄弱的时候,也是最危险的时候,如果这个时候敌人来攻打,后果将不堪设想。

12世纪末,成吉思汗先后6次攻打西夏。公元1205年,成吉思汗以西夏收留了蒙古仇人为借口,在西夏缺粮的季节,首次袭击了西夏,从此开始了长达20年之久的对夏战争。

在蒙古大军压境的情况下,黑水城人开始了一场空前悲壮的全民备战,他们准备与敌人殊死一战。公元1226年,成吉思汗率领10万大军挥师中原,作为蒙古大军通往中原的必经之地,黑水城不可避免地发生了一场恶战。

蒙古大军围城后修改了黑河河道,使得黑水城内缺粮断水,守城将领无路可走,于是将城内所有财宝连同妻儿一同填入枯井,然后带着几千名又饥又渴的将士,凿通城墙连夜出逃。最后在距离黑水城三四公里的一片树林里,黑将军和他的几千名将士,因人困马饥、寡不敌众,最终全部壮烈牺牲。

西夏时期这座具有200多年历史的黑水城,随着战争的结束消失了。关于这场战争,至今没有发现任何详细的记载。在战争结束以后的近60年中,关于它的历史几乎是一片空白。八十余车白金,还有其他珍宝、佛塔内的佛经和重要文献,都成了埋藏在地下的宝物,吸引了无数探宝者前来寻找。

几百年后,人们在勘探黑水城的时候,发现城墙遗址中竟然还嵌套着一个更古老的小城,原来这才是西夏时期真正的黑水城,而套在它外面的是元代的亦集乃城。那是元军占领黑水城后,对黑水城进行的扩建。1368年,朱元璋称帝,集中优势兵力北讨西伐。明军同样采用修改黑河河道、截断黑水城水源的办法迫使亦集乃城守城将军的投降。也许是为了避免元朝残余势力的不断侵扰,也许是因为其他不为人知的原因,辉煌近300年的黑水城从此沉入了历史的硝烟。黑水城到底发生了什么?黑水城为什么会突然消失?史料中找不到任何线索,如今已经成为一座被黄沙掩埋的古城,却因宝藏的传说引来无数人的关注。

战争使黑水城屡遭洗劫,生灵涂炭,但也正因为战争,黑水城才变得如此重要。西夏人围绕着战争和兵器生活,在常年的征战中他们掌握了最优秀的冶炼技术,工艺精良的兵器不仅是战争中的武器,还是外交上的重要礼品和手段,成为西夏王朝绚丽的珍宝之一。

宋史上记载,宋钦宗佩戴的就是被誉为"天下第一剑"的夏国宝剑,大文豪苏东坡也曾经得到过一把西夏宝剑,并视如珍宝。

从西夏王陵出土过一把铁剑,虽然锈蚀了,但从其他王陵随葬品的身份来看,当时它却是一把名贵的宝剑,堪称无价之宝。

除了这些珍贵的兵器,黑水城中还埋藏有大量财宝和文物,俄国探险家科兹洛夫曾经就掠走过大量黑水古城的财宝,还有很多西夏时期的雕塑、壁画、唐卡、绘画等珍贵文物。在这些文物中,一尊彩塑双头佛是佛教界的稀世珍品。双头佛像在印度的佛经中有记载,故事说有两个穷人都想请一个画家来画一个佛像,但都没有钱,结果这个画家就画了一张双头的佛像。双头佛像的泥塑作品,只有黑水城出土的这一件,所以异常珍贵。

佛教是西夏的国教,所以在黑水城中,保存了大量的佛学经典,是研究佛学文化的无价之宝。

珍贵的兵器、八十余车的白金、无数的珍宝和历史文献、佛学经典,黑水城正是用这些价值连城的宝藏,吸引着无数的探险者前往寻宝,同时也给黑水城的历史带来了巨大的灾难。

从19世纪末开始,贪婪的不速之客们就蜂拥而至,俄国探险家科兹洛夫就是其中之一。

科兹洛夫在寻找黑水城遗址时,曾被当地牧民一次次地拒绝。土尔扈特人像对待以往来这儿的其他外国人一样,否认了黑水城的传说,没人愿意给科兹洛夫带路。但有备而来的科兹洛夫却不甘罢休,他找到了当地的蒙古王爷达西。起初王爷也否认了黑水城的传说,但当科兹洛夫带着准备好的礼物和俄国驻北京使团转请清政府加封达西的信件时,达西王爷动心了,不仅为科兹洛夫提供了前往黑水城的路线,甚至还给他配备了向导。对此科兹洛夫在日记中有过这样的记述："对腐败愚昧的清朝政府和其走卒仆从来说，只要能发财升官，又何惜这陈年的古董废物。"

1908年的初春，科兹洛夫终于如愿以偿地走进了梦幻般的黑水城。

据科兹洛夫本人记载，他第一次步入黑水城时，在城内的街区、寺庙遗址上很轻易地就挖出了十多箱包括绢质佛画、钱币、妇女用品等文物。

科兹洛夫在书中写道："我永远不会忘记那一刻欣喜若狂的心情。"然而，他的欣喜若狂带给我们的是永远无法愈合的伤痛。

科兹洛夫为了炫耀他到中国"盗宝"的功绩，写了一本名为《蒙古、安多和故城哈拉浩特》的书，这是一本关于盗窃中国西夏文物的自供状，他在书中写道："他赠送给探险队一大批收藏品，整整一个图书馆的书、纸卷、手稿，还有大量画在亚麻布、细绘料和纸上的佛像，体现不同文明程度的金属铸像和木雕泥塑、画板、塔的模型和很多其他的东西。"

在数量上，科兹洛夫收集的考古资料装了10个普特重的邮箱，一普特相当于16公斤，也就是说科兹洛夫第一次就盗走160公斤重的西夏文物。

被盗的部分文物被科兹洛夫邮往俄罗斯圣彼得堡后，文物中那些没有人认识的文字和造型独特的佛像使俄罗斯地理学会当即作出决定：科兹洛夫探险队放弃原计划深入四川考察的行动，立即返回黑水城，不惜一切代价，集中人力、物力对黑水城展开更大规模的挖掘。

1909年6月，仅隔9天，科兹洛夫再次来到黑水城，在黑水城展开了另一次大规模挖掘。

由于在城区内收获不大，科兹洛夫便将目光投向了城外。他的第一个猎取目标是一座距古城西墙约400米、位于干河床右岸的大佛塔。当这座佛塔被打开后，科兹洛夫简直不敢相信自己的眼睛，因为展现在他面前的是一座无法用金银财宝去衡量的历史博物馆。这座塔被科兹洛夫称之为"伟大的塔"，佛塔内丰富的文物，为揭开西夏的历史之谜提供了详实的文献史料，从而产生了一门新的国际学科——西夏学。

尝到甜头的科兹洛夫自从发现了"伟大的塔"后，挖掘行为变得更加野蛮，几乎是见塔就挖。热衷于考古的科兹洛夫清楚这样做的原因——是膨胀的欲望吞噬了理智和良知。有关资料显示,科兹洛夫挖掉了三十多座塔,他把黑水城周围70%~80%的塔几乎全部毁掉。疯狂的挖掘给黑水城考古带来了难以弥补的损失,让众多历史之谜永远都无法破解。经过9天的掠夺式挖掘,科兹洛夫带着比第一次挖掘更为丰厚的财宝、文物、文献悄悄地离开了黑水城。

据记载,在1909年那次挖掘中,科兹洛夫还在那座被他称为"伟大的塔"的塔内发现了一副坐姿骨架,并把它运送回俄罗斯。俄方汉学家孟列夫鉴定该骨架为女性,并认为"此人是西夏王朝第五代帝王李仁孝的皇后罗氏,她极有可能是败北于宫廷斗争,被发配到黑水城,死后葬在了那座塔里"。可惜的是,这个当年保存于苏联国家科学院内的骨骸,在第二次世界大战列宁格勒保卫战中神秘丢失了,给西夏学研究留下了永远的遗憾。

据说科兹洛夫当年除了把能运走的都运走外,一些不便运走的大件就近埋在了古城的周围。其中有超过一米以上的金佛像、铜牛等。但科兹洛夫究竟把带不走的文物埋在什么位置,埋了多少至今还是个谜,这也是新的"探险"者纷至沓来的诱惑所在。

回国后,科兹洛夫在圣彼得堡展示了黑水城的文物文献,立刻引起了极大的轰动,使得更多的探险队盯上了黑水城这块宝地。公元1915年,英国斯坦因以所谓的"探险队"名义窜到黑水城,他们为寻找黑将军的宝藏,到处乱挖,始终没有找到那口枯井,却挖出了大量的西夏和元代文书以及其他文物。

哈佛大学福格艺术博物馆的兰登·华尔纳也于1923年冬天沿着科兹洛夫当年走过的路赶到黑水城。但他的运气远不及科兹洛夫,古城内外几乎处处都能看到被科兹洛夫挖掘过的痕迹。愤怒的华尔纳大骂科兹洛夫和臭名昭著的斯坦因是"两头野猪",把这里啃得一干二净。继华尔纳之后,日本人也介入对黑水城的文物掠夺,但情况如何他们却秘而不宣。

1929年,科兹洛夫第三次来到黑水城,寻找黑将军埋藏在城内的珍宝。他雇用当地牧民挖掘了两个月,挖到一定深度,便解雇了牧民,由他的队员挖掘。然而当两名队员跳入坑里后,鼻子便开始流血,继而昏迷不醒,其中一名甚至死亡。挖掘被迫停止，洞穴被重新填埋。迷信的说法是，有宝的地方便有蛇，蛇是珠宝的看护神。科兹洛夫便散布说："洞内有两条大蛇守护，凡人不得入内。"即使这样，也没能抵挡住世人对黑水城宝藏的渴望，仍有大批的"探险队"进入黑水城寻找宝藏，挖出了大量的西夏和元代文书以及其他文物，但传说中的八十车白金及其他财宝却迟迟没有下落。

黑水城的白金和财宝究竟埋藏在什么地方？黑水城还隐含着多少不为人知的秘密？这些都已经成为难解之谜，并随着古城一同埋藏在黄沙之下。

4.爱多拉都古城——被印加人隐藏起来的黄金

西班牙人入侵印加帝国，杀害了印加皇帝阿塔雅尔帕，疯狂地抢夺印加人的金银财宝。在西班牙人还没有攻入印加首都库斯科城时，印加人就把他们的财宝藏了起来。

阿塔雅尔帕的弟弟曼科幸运地逃出库斯科城，并组织了一支强大的军队，与西班牙军队作战。后来他又在他的几个儿子的支持下与西班牙人抗争了三十六年。这些印加人陆续进入安第斯山脉的幽深峡谷，他们携带着巨额黄金，建立了另一座城市作为印加帝国最后的避难所。但是，随着这些进入峡谷的印加人最后消失，特别是他们的皇帝死去之后，这个传说中的城市和避难所的所有藏宝秘密仿佛都被带进了坟墓。

有人粗略地估计：被印加人隐藏起来的黄金，是从公元11世纪以来14个印加皇帝聚敛的财富，其价值相当于16世纪至19世纪初秘鲁金矿所开采的黄金总和。

印加帝国最后的避难所究竟在哪里？那些印加人的黄金又被埋藏在哪里？

疯狂喜欢黄金的欧洲人，不顾生命的危险奔进南美丛林，他们下定决心一定要找到那座遍地铺满黄金的城市。

神秘的宝藏

寻找历代迷失的宝藏

西班牙人塞瓦斯蒂安·德·贝拉卡萨，在当年侵略印加帝国的战争中，遇到过一个年迈的印第安人酋长。酋长告诉他，在远处有一个"黄金国"，那里所有的东西都是用黄金制成的，国王用金粉洒遍全身，然后在一个圣湖里洗浴。匆忙之中，贝拉卡萨听酋长说那个国王叫"多拉都"，意思就是金人。后来，这个名字又被误传成遍地黄金的"爱多拉都"，成了传说中的黄金国的名字。

1536年，西班牙人奎萨达率领九百人的探险队从哥伦比亚北岸的圣马塔向内地进发。圣马塔省总督派给他的任务是沿马格达伦纳河南下勘探。

奎萨达探险队在密不透风的森林里前进，要用弯刀开辟道路，森林里还经常有大蟒蛇和短吻鳄出没，惊险重重。在热病、疟疾和土著人的侵袭下，探险队队员不断伤亡。就在他们精疲力竭，无法再支撑下去的时候，突然来到了一处肥沃的山谷。山谷里种植着各种粮食作物和坚果。这时，全队人数不到二百人。

他们进入了散布在哥伦比亚昆迪玛加高原上的齐布查部落。当时的齐布查部落有三位部族国王。西班牙人打败最南部的国王军队后，发现很多黄金和绿宝石。这时，来了一名印第安人，并告诉他们，如果想找到更多的黄金和绿宝石应该往北去，那里盛产这两种东西。

奎萨达率队向北前进，先后征服了余下的两个齐布查国王，找到几千颗宝石。然后，这些西班牙人来到齐布查族的索加莫索村，看到一座祭祀太阳神的庙宇。庙里存放着许多齐布查国王的木乃伊。木乃伊的眼窝里塞着绿宝石，干枯的遗体上覆盖着黄金饰物。奎萨达非常吃惊，他简直不敢相信在这样闭塞的地方隐藏着如此多的黄金饰品。于是，他们找来一名齐布查人询问哪里有更多的黄金。这个人告诉他们，这些黄金是他们用盐块向一个印第安部落换来的。他还告诉他们，离这里不远的地方有个瓜地维塔湖，在湖上每年举行一次神奇的仪式，就是黄金人庆祝大典。祭典非常隆重。祭祀以前，酋长要在全身上抹上一层类似树脂的东西，然后人们替他从头到脚吹遍金粉，于是他立即变成一位"金人"。接着人们簇拥"金人"酋长来到瓜地维塔湖畔，登上停在岸边的木筏，筏到湖中心，酋长在庄重的仪式中，沐浴朝拜，从木筏上跃入湖中，把身上的金粉洗干净。这时,参加仪式的所有族人,把身上的黄金手饰和绿宝石纷纷投入湖中,奉献给女神。年复一年,湖底便堆满了黄金和绿宝石。

这个故事把奎萨达听得垂涎三尺,他断定故事中的地方就是传说中的黄金国。他立即带着军队出发,向齐布查人所指的方向寻找"黄金湖"。后来,他们在海拔近三千米处的一个火山口附近找到了一个湖,附近有几间小屋子,却根本没有黄金国的踪影。

其实,这只是多年来流传在印第安人中的一个传说。传说有人在"黄金湖"水底发现了许多金砖和绿宝石,有人看见镀金人每天傍晚都要跳入湖里,洗去身上的金粉。

除了黄金,穆依斯克人不会开采和冶炼其他任何金属。因此在他们的庙宇之中便有许多黄金制品,这也许就是所谓"黄金国"的传说来历。

人们为了一个传说不辞辛劳,冒着生命危险,不停地奔波寻找着。

在亚马逊河畔的热带丛林里,奎萨达不是唯一的欧洲探险队,还有两支欧洲探险队也为了寻找爱多拉都奔走在丛林里。

一支队伍由西班牙人贝拉卡萨率领,最初就是他从印第安老人那里听说黄金人多拉都的。

另一支是由德国人费德曼率领的四百人组成的探险队。费德曼深入崇山峻岭搜寻了三年半后,结果一无所获。

1539年,这三只探险队在昆迪玛加高原不期而遇,他们商定在波哥大会面,然后返回西班牙。

可是,他们三个人的黄金梦都没有实现。德国人回去后悄然死去;贝拉卡萨最后弄得声名狼藉,然后死去;奎萨达仍然念念不忘他梦想中的黄金国。

二十年后,已经步入老年的奎萨达再次率领一支由2800人组成的探险队前往哥伦比亚。经过三年艰苦的搜寻,仍然一无所获。

由于黄金的吸引力和诱惑力,传说中神话般的爱多拉都,到后来竟然被欧洲人绘制在哥伦比亚、委内瑞拉、巴西的地图上。但它只是一个传说,所以可笑的是其位置始终无法确定。此后的三百多年间,先后有几百支探险队,怀着永不破灭的黄金梦来到了南美丛林,但进去的多,出来的少。有些人在印第安人的庙宇和陵墓中找到了一些黄金器具，但更多的人则是空手而归或客死他乡，那个神秘的"黄金国"始终没有找到。

19世纪，德国学者彼德率领一支探险队，在哥伦比亚的昆迪玛加高原找到了真正的瓜地维塔湖。这个消息又掀起人们寻找黄金的热潮。先是一支西班牙探险队在较浅的湖水中捞出了一些黄金制品。接着，英国一家公司投资15万美元购置了当时最先进的设备，来到哥伦比亚，企图抽干瓜地维塔湖的湖水，找到传说中"黄金国"的人们投到湖底的黄金。经过多次抽吸，露出了部分湖底，但找到的黄金很少，还不够支付一小半探险队的费用。

此后法国、美国、哥伦比亚的探险队也都来到这里，试图抽吸湖水，寻找黄金，但也都没有成功。后来，哥伦比亚政府下令禁止在湖里打捞、抽水，并派军队封锁了瓜地维塔湖。于是，黄金国的湖底宝藏便成了一个无法揭开的谜。

此后，人们逐渐对黄金国的传说失去了兴趣。这时，事情又发生了新的变化。两名哥伦比亚农场工人在波哥大附近的一个洞穴里，竟然发现了一件纯金制成的印加古代遗物：一个木筏上站着九个人像，其中周围八个头戴金饰，似乎是贵族和侍卫，中间一个高大的人像装饰异常豪华，肯定是国王，这好像就是根据黄金国庆典的场面塑造的模型。它使人相信，那个黄金国的传说也许并非虚构，但是它在哪里呢？

的的喀喀湖位于玻利维亚与秘鲁交界处，是印加人崇拜的太阳神下凡到人间创建的印加帝国的圣地。他们称的的喀喀湖为"聚宝盆"。湖畔周围蕴藏着丰富的金矿，印加人把开采出来的黄金经过冶炼后制成黄金装饰品。

1533年，皮萨罗曾派一部分殖民军到的的喀喀湖寻找被印加人藏起来的黄金，但是他始终没有找到。

有人推测，当年有些印加人带着印加黄金和历代印加皇帝和皇后的木乃伊来到的的喀喀湖畔，乘坐芦苇筏子秘密地划向湖心。一位祭司端庄地站在筏子上对天祷告一番，然后命令印加人将所有带来的黄金珠宝一件件地投入湖中。印加人宁可让财宝永远沉在湖底，也不愿让它们落入西班牙人手中。

人们还有另一种推测,印加人极有可能把财宝埋藏在马丘比克丘。

相传当年印第安人为对抗皮萨罗的侵略,撤退到安第斯山深谷里,在那里建立起一座城堡,将1575万磅黄金埋藏在城市附近。但是三百年来,人们都未曾找到这座传说中的城堡。

1911年,美国耶鲁大学研究拉丁美洲历史的年轻助教海勒姆·亚·宾厄姆发现了这座失踪400年的古城。使云雾古城马丘比克丘终于露出了真面目,成为当今世界上最重要的名胜古迹之一。

宾厄姆经过实地考证后认为:马丘比克丘是印加传说中的圣城,是印加文明的摇篮。相传它是古代阿摩达王朝的根据地。13世纪初,该城堡出现一个印加王曼科·卡帕克,自称是太阳的儿子,从此开始了对印加帝国长达三百多年的统治。曼科·卡帕克一世从马丘比克丘出发,向安第斯山脉的远征,后来占领了旧城库斯科。随着他地位的巩固和疆域的扩大,他便在发祥地大兴土木,建筑了马丘比克丘大石墙垣。后来,卡帕克一世的王位传到第三代图帕克·阿马鲁手中。1572年他在与西班牙人作战中阵亡,印加帝国就此覆灭,马丘比克丘也被湮没了。至于藏在它附近的印加宝藏更是谜中之谜。

1535年西班牙殖民特使鲁伊·迪亚曾与最后一个印加皇帝谈判,皇帝叫人拿来一碗玉米粒,他把它们倒在地上,捡起一粒给迪亚,象征着西班牙人拿走的印加黄金。他又指着地上的玉米对迪亚说:"这就是印加人留下来的黄金。只要你们彻底退出印加帝国,我可以把这些都给你。"可是,由于西班牙人的贪婪,协议并没有达成。

印加帝国最后的避难所究竟在哪里?印加末代皇帝一定知道黄金的下落,他把印加黄金藏到哪里了?在他临死之前,有没有把藏宝地点告诉别人呢?这些都无人知晓,是不是现在仍有人坚守着印加黄金宝藏的秘密?

5.海底的"法老城"宝藏

在古埃及众多扑朔迷离的奥秘中，有一个谜多年来一直吸引着考古学家和寻宝者，那就是失落的"法老城"。

在远古时代的文学作品中，曾多次提到在地中海边上有过一个繁华的埃及"法老城"。

希罗多德所著的《历史》里，详细地描述了进入古埃及"法老城"的见闻，如港口伊拉克利翁和城中壮观的"大力神"庙宇殿堂。

古希腊地理学家们又进一步描述了"法老城"的城市建筑和城市居民们富庶的生活，他们都提到了"法老城"里的伊拉克利翁港口。根据史实的描述，伊拉克利翁是当时地中海沿岸最繁华的港口城市，而"法老城"则是世界上许多宗教的朝圣之地。那里的人们崇拜天上的星星，常常自称他们的祖先来自"神秘的天上"，他们的祖先甚至还给他们留下了神秘的"文明"，使他们过着非常文明、富足和安逸的生活。

可是这个强盛富足的城市，却在2500年前神秘地消失了。

令人惊奇的是，在希腊文学作品中从来没有提起过"法老城"是何时兴起的？是哪个法老建造的？法老城的具体位置在哪里？居住在这里的人们究竟从何而来？而且在希腊的正史和古埃及的正史中，都没有关于"法老城"的任何文字记录。

难道这仅仅是古希腊的一个美丽的传说？

从施里曼发掘出特洛伊古城后，人们开始相信希腊的史诗神话传说并不是神话。同时，也激起了考古学家们探寻"法老城"的强烈欲望。

第一章
断壁残垣的古城宝藏

20世纪末,一个由世界顶尖级考古学家组成的考古队宣布,在经过长达十几年的努力探索后,他们在埃及北部的亚历山大港海岸发现了一座城市,其很有可能是"法老城"的遗址。

这条惊人的消息马上成了世界各地的头号新闻。一时间,埃及的亚历山大港顿时热闹非凡,世界各地的考古学家、历史学家、寻宝者蜂拥而至。

亚历山大是埃及托勒密时代至6世纪的都城,现在是埃及第二大城市和主要海港。亚历山大城的建造可追溯到公元前4世纪。公元前332年冬,亚历山大攻克腓尼基的推罗城之后,进军占领了埃及。他在前往西瓦绿洲谒拜阿蒙神庙时,看到了一个名叫拉库台的小渔村,他发现那里地势平坦,交通便利,决定在此修建一座以他的名字命名的城市。后来,这座城市不断发展扩大,到托勒密一世时已发展为埃及经济、文化最繁荣的地区,成为整个地中海世界和近东地区最大、最重要的一个国际转运港,其规模超过迦太基,一度成为希腊文化的中心之一。

这个由埃及和欧洲学者联合组成的考古队宣称,他们在亚历山大湾马木路克要塞附近的一座城堡下,发现了破碎的法罗斯灯塔的残留物之后,依靠高科技探测设备,他们不仅在岸上绘制出了"法老城"的地形图,还在水下看到"法老城"那些巨大的石碑上的象形文字。

这个考古队在亚历山大港宣布:失踪了2500年的埃及"法老城"终于被发现。

当身着潜水服的考古学家潜入海底时,被眼前的景象惊呆了:保持得完完整整的房子,富丽堂皇的庙宇、宫殿、先进的港口设施和描述当年市民生活的巨型雕像,就像一座被时间骤然凝固的城市。巨型雕像展示了当年"法老城"的居民过着极尽奢华的生活。还发现了生育女神伊西斯雕像,依据这座雕像,法国的古埃及学家认为,这个法老宫殿应属于埃及女王克娄巴特拉,因为女王极其崇拜伊西斯女神,并曾要求她的国民称她为"新伊西斯"。

专家们在海底发现了两千多具古代雕像和石材,其中有托勒密王朝二世时期制作的狮身人面像的头部,重达5吨。他们还发现了狮身人面像的底座。底座长3.5米,其侧面刻有托勒密王朝二世的称号。在狮身人面像的胸部也发现了同样的称号。据报道,这次在海底发现的狮身人面像共有12座。

考古队对马木路克要塞周围约2.25公顷的海底进行了考察,除发现了狮身人面像外,还发现了其他大量巨型石雕。他们在海底对发现的雕像进行全面检测后,得知其中的雕像为红色花岗岩所制,仅身体部分就高达6米重达12吨。据此标准推算,这个雕像原高应为13米。

专家们惊异地发现,像这样的雕像竟然是一组雕像群。他们呈一字形静静地躺在海底,有的雕像仅头部就重达800公斤。因亚历山大港周围水污染较严重,雕像已受到了相当程度的损害。许多石材上都刻有大量的象形文字和符号,但因岁月和水流的腐蚀,有些文字已辨认不清。

这次在海底发现的大量石材上都刻有托勒密二世的称号,那么托勒密二世是何等人物呢?

托勒密二世是埃及托勒密王朝的第二代国王,托勒密一世之子。公元前332年,亚历山大大帝决定建造这个城市时,任命他部下的大将,也是他的朋友托勒密驻守埃及。亚历山大死后,托勒密成为埃及总督,后来称王。托勒密死后,托勒密二世继承王位,成为托勒密王朝的国王。在此期间,他扩建了著名的亚历山大图书馆,大力资助博学院,在博学院不仅研究哲学和文学,而且还研究自然科学,使得当时的亚历山大城不论在文化艺术还是在自然科学方面都处于世界领先地位。

但真正令所有的考古学家惊奇的是,他们在海底还发现了不少早于托勒密王朝二世的文物。如重达5吨、两面均刻有法老塞提一世像的巨大石材,从塞提一世在位的年代来看,该石材距今已有三千多年历史,比亚历山大的法罗斯灯塔要早一千多年。

塞提一世是个大名鼎鼎的埃及法老,他在统治埃及时,领导埃及人开采矿藏,挖掘水井,重修庙宇,为埃及的繁荣作出了巨大的贡献,带来了埃及历史上的"复兴时期"。因此,他被誉为埃及历史上最富有的法老。

在这座"法老城"中还发现了古埃及的方尖碑。方尖碑用粉红色花岗岩雕凿而成,高1.44米,其尖端为金字塔形状,是方尖碑中最神圣的部位。方尖碑下半部还用象形文字刻有埃及法老塞提一世的名号和他统治埃及十九王朝守护神的形象。有关专家肯定,这件文物应该有三千多年的历史。埃及考古权威阿里·贾巴拉兴奋地说:"这是海洋考古史上最伟大的发现。古埃及的神秘从地上到海中考察,实在太丰富了。"

"法老城"是谁建造的呢?目前有几种不同的说法。

有人认为,水下发现的众多石像都刻有托勒密二世的称号,因此这座城市应是托勒密二世建造的,建造的时间应在公元前3世纪初。

有人根据伊西斯女神像的发现,认为是埃及女王克娄巴特拉所造,如果是这样,建造时间应是公元前30年之前不久。

大多数考古学家根据目前打捞出的文物判断,"法老城"大约修建于公元前7世纪至公元前6世纪。

还有一些人认为,从某些水下巨石上雕刻的塞提一世雕像及其称号来看,"法老城"的建造应在塞提一世在位时或更早的时代。

"法老城"究竟是怎样消失的?

研究者认为,它似乎是毁于一场突发的大规模灾难。仔细观察海底的这座城市,人们发现一个奇异的现象,所有靠城边的房子和墙都倒向同一方向。为什么会出现这种现象?

研究者认为,可能是在2500年前的某一天,一场突如其来的大地震发生在"法老城"的中心地带,随着一阵惊天动地的震颤,整个城市迅速毁灭,城中生活的居民及其庙宇、宫殿、无数巨石雕像和珍宝一起沉入了海底。

由于整个遗址都被埋在1~1.5米厚沙层内,许多宝藏都被层层缠绕的海藻和厚厚的沙层所覆盖,人们还没有办法窥见"法老城"的全貌,也没有找到证实该城建造年代的可靠证据。但是有一点可以肯定,雕刻着塞提一世称号的雕像至少有3000年的历史,比托勒密二世时代要早1000多年。

令人疑惑的是,"法老城"就沉落在海岸边,水深也只有30米,能见度也不算太低,它怎么可能在海底沉睡几千年之久呢?

6.楼兰古城千年探宝之谜

楼兰,曾经是中国西域丝绸之路上的明珠和著名的沙漠绿洲。

后来,由于环境和时势变迁,楼兰逐渐退出了历史的舞台,并最终淹没在自然和岁月的风尘之中。据传,盘踞大漠数年的楼兰皇宫里面财宝满盈,由此引来了无数西方探险家们的到来,楼兰古国的神秘面纱被探险家们逐渐撩开……

楼兰地处新疆巴音郭楞蒙古自治州若羌县北境,位于孔雀河道南岸七公里处,是汉唐时期西域交通的枢纽,在古代丝绸之路上占有极为重要的地位。中国的丝绸、茶叶,西域的马、葡萄、珠宝,最早都是在楼兰进行交易的。当时楼兰城内商铺连片,佛寺香火缭绕,东来西往的各国使团客商、僧侣游客常年不断,多种语言文字在这里交汇。

这样一个繁盛的城市,却在公元4世纪前后消亡。人们坚信,在塔克拉玛干的楼兰古城里一定埋藏了大量的财宝。于是他们走进了塔克拉玛干,在荒漠寂寞的时空中踏出了一条条探宝之路,渴望着奇迹的出现……

历史上的楼兰

我们的祖先,曾经沿着山区淌下的河流,走进了塔克拉玛干沙漠深处,建立了一处处绿洲、一个个城堡。然而,随着沙漠水系的不断变迁,在巨大风沙的进逼下,祖先们未能固守住自己的领地,最终在这场人与自然的战争里全面退却了,他们留下的只是一处处残垣断壁。

第一章
断壁残垣的古城宝藏

据《史记·大宛列传》记载,楼兰在古代是一个西域小国,紧靠着盐泽(今日的罗布泊),有高大的围墙和相应的防御设施。到汉代史学家班固撰写《汉书》时,楼兰王国共有1570户人家,人口约14100人,其首都名为"扜泥"。班固还进一步介绍了楼兰的生态环境,那时的楼兰"地沙卤少田,未解之谜寄田仰谷分国。国出玉,多葭苇(芦苇)、枝柳(红柳)、胡桐(胡杨)、白草(芨芨)。民随畜牧,逐水草。有驴马,多骆驼。能作兵,与婼羌同"。

汉昭帝时,楼兰改国名为鄯善,并请求大汉朝廷驻军伊循。于是昭帝便在伊循城置都尉,进行屯田,从此楼兰成为汉朝控制西域的战略支点。

到了东汉,楼兰国在丝绸之路上依然在汉朝西部战略中占据着重要的位置。

东汉政府为开发楼兰,在楼兰进行大规模屯田,此后各个朝代均是如此,直至魏晋时期,历时达百年之久。

楼兰一直是内地通往西域的重要交通枢纽,但是令人疑惑的是,古楼兰国消失时竟然没有任何的文献记载。到了唐代,由于国家统一、疆土辽阔,唐代大军在到达西域时曾经寻找过楼兰,但是却没有找到任何蛛丝马迹,楼兰从此在历史的长河中消失了。

然而,在文人墨客的脑海里,楼兰从没有消失过。"黄沙百战穿金甲,不破楼兰终不还。"这是唐代诗人王昌龄《从军行》中的名句,虽然楼兰古国在唐代已经销声匿迹了许多年,但它还深刻地印在唐朝文人的脑海中,时时成为吟咏的对象。楼兰古城的神秘消失引起了世人的关注,那个埋藏着大量金银财宝的王国成了无数寻宝者心目中的圣地,一队队行色匆匆的驼队,进入了杳无人迹的塔克拉玛干沙漠之中,打破了沉寂千年的大漠……

楼兰古城的探宝历史

最先在楼兰寻到宝藏踪迹的是瑞典探险家斯文·赫定。

1895年,斯文·赫定沿克里雅河穿越塔克拉玛干沙漠,到达罗布泊地区,并初步摸清了在塔克拉玛干沙漠深处的古代遗址的大致情况。四年后,斯文·赫定整装出发,再次来到塔克拉玛干,并向塔克拉玛干东端的罗布泊沙漠前进,

神秘的宝藏
寻找历代迷失的宝藏

就是在这次探险之旅中,楼兰古城再一次走入了人们的视野。

楼兰古城的发现十分戏剧性。1900年2月的一天,赫定一行抵达罗布泊北岸后,打算掘井取水时,发现唯一的铁铲突然丢失了,随同的一名向导被派回原路去寻找。此时暮色迫近,饥饿的向导在寻得铁铲后连夜返回,不料路上狂风大作,漫天的风沙使他无法前行。沙暴过后,在他眼前突然出现了高大的泥塔和层叠不断的房屋,一座古城奇迹般地显露出它的面容。

壮观的景象让向导十分震惊,马上跑回去向斯文·赫定报告了他的发现。斯文·赫定听到后,立刻前往那座古城,并亲手从遗址中找出了几件精美的木雕。

赫定后来回忆说:"铲子是何等幸运,不然我决不会回到那座古城,实现这好像有定数似的重要发现,使亚洲中部的古代史得到不曾预料的新光明!"

1901年,斯文·赫定正式开始挖掘这座古城。随着发掘的不断展开,大批珍贵的汉文、木简、纸文书和一些粟特文书以及精美绝伦的丝、毛织品,别具风格的木雕饰件也开始浮现于人们的眼前,这些发现足可以让赫定变成富翁。

随着挖掘的深入,一幅完整的楼兰古城蓝图逐渐出现在人们的视野,古城中的官署、寺庙、僧舍、瞭望塔、马棚和街市都渐渐清晰起来。楼兰古城的建筑充分考虑了沙漠环境的影响,虽然附近的土地都已被千年朔风切割得远低于地面达数米,但由于坚固的建筑基址有很好的固沙作用,存留的楼兰古城遗迹,仿佛建筑在一块雅丹地貌的顶部。在古城附近,能清楚地看到一条东西向的官道,斯文·赫定断定这就是张骞、班超路经的古丝绸之路。

斯文·赫定回国后,把他挖掘的文物交给德国的希姆莱进行鉴定。希姆莱最终断定,这座古城就是赫赫有名的古国楼兰,整个世界震惊了。随后,许多国家的探险队随之而来,其中最著名的就是英籍匈牙利人奥利尔·斯坦因。

1906年4月,斯坦因带上五十多名雇工,租用了当地所能找到的所有骆驼之后,开始了他的中亚考察之旅。12月17日,斯坦因找到了楼兰遗址,第二天便开始了挖掘。宏伟的古城遗址在瑟瑟的寒风中巍然矗立,使得空旷的沙漠显得更荒凉、寂静,这次挖掘的结果让远道而来的探险家欣喜若狂。

斯坦因指挥助手们在古城夜以继日地挖掘了十多天,获得了大批文书、简牍。在城里还发掘了大量的货币,既有汉代的五铢钱,也有遣霜帝国的铜币;既有汉代的丝织品、绢网,也有波斯的壁画,甚至有希腊、罗马以雅典娜为图案的工艺品;还有各国的陶器和漆器。这一切都显示了楼兰在中西方交通、文化交流及商贸上无与伦比的重要地位。但当挖掘进入最后几日时,处境逐渐艰难了起来。雇工连续患病,淡水也越来越少,12月29日,斯坦因被迫离开这里,向敦煌进发。

1907年新年伊始,斯坦因发现了神秘的米兰古城。米兰古城是楼兰国最早的王城。早在公元前77年,楼兰国内发生事变,汉王朝册封的新王因久不在国内,担心继位后统治国家力不从心,于是,请求汉兵到伊循城(米兰)屯垦戍边,米兰自此繁荣起来,楼兰城由此日渐衰败。

在米兰古城,斯坦因发现了一件又一件稀世珍宝,足以使斯坦因富甲天下。然而,他做梦也没想到,更大的发现很快就出现了。这天他来到一座大佛寺,在佛寺长方形的基座走廊上,他发现了一个呈穹顶的圆形建筑。就在这里他意外地看见了美丽的壁画——带翼天使的头像。斯坦因十分兴奋,经过确认,这些珍贵的绘画是与尼雅同时期的绘画作品。

斯坦因原计划只在米兰挖掘四天或五天,但实际却待了十八天。盗取的文物之多令人惊诧不已。最后,他驱赶着装载着无数米兰文物的六峰骆驼,心满意足地离开了这里。

离开后的斯坦因一直挂念着蕴含着巨大财富的米兰,幻想着攫取更丰富的、令人痴迷的文物,这个愿望在6年后实现了。

1913年,斯坦因再次来到米兰,在米兰遗址清理了一段时间后,斯坦因将工作重点转移至距米兰遗址四英里的一处孤立的台地上。在那儿,他找到了一批古代墓葬。各种随葬器皿及丝织物令斯坦因眼花缭乱:花纹繁缛的各种丝、毛织物和铜镜、汉文文书等,清楚地表明了它们是属于汉代的遗物。织有"韩仁绣"字样的汉代织锦,色彩斑斓,艳丽如新。毛织物的风格明确无误地表明了中西方的交往标志。

那些简牍、丝、毛织物品以及工艺品,都有着上千年的历史,每一件都是价值连城的宝物。而楼兰又是一个盛产玉的国度,古城内玉的埋藏十分可观。斯坦因的发现使他成了世界知名的大富翁。此后,很多人禁不住沙漠的诱惑,先先后后走进了塔克拉玛干,踏出了一条条探险之路。但由于环境的艰险,历史的局限,对楼兰古城的探索只能窥一斑而无法观全貌,楼兰古城仍有很多未知的宝藏沉睡在地下,等待着人们的发掘。

楼兰古城复原图

昔日的楼兰古城是个什么模样?根据斯文·赫定和斯坦因的研究成果,楼兰古城的原貌清晰地展现在世人面前。

繁盛时期的楼兰城占地约10万平方米,位于罗布泊西北,孔雀河下游。古城的四周大多是风蚀的"雅丹"地貌。古城被夹在两条古河道的中间,这两条古河道是双向注入罗布泊的河流,古城中间有一条水渠与这两条古河道相连,从西北向东南斜穿过古城遗址。

古城的平面略呈长方形,东城墙长约334米,南城墙长约329米,西城墙和北城墙均长约327米,面积达10多万平方米。

建筑城墙所用的材料是用新土和红柳枝或芦苇搅拌混合成泥夯筑而成。如今的楼兰南城墙和北城墙因顺东北风势,所以保存得较好,而东城墙和西城墙因受东北风的强烈风蚀,已经变成一堆残垣断壁。楼兰城内的建筑遗迹以斜穿城址的水渠为界,可大致分成东、西两部分。东部主要残留四座建筑遗迹,包括佛塔与三处房址。佛塔采用夯筑方法,呈八角形,用土坯砌筑。比较集中的房址有三处,地表周围有许多散布的木框构件,以及用红柳枝编织的涂泥的残墙。

城正中是行政官署,建筑规模最为宏大。根据斯坦因发掘出土的汉文简牍显示,城正中的宫殿为长史衙署遗址,在它附近的房屋是长史衙署的附属建筑。建筑形式兼具内地建筑的特点及当地的建筑形式。官署由土坯砌成,有粗而高的门柱,有涂朱漆的雕梁画栋,这里是古城的权力中心,也是古城最豪华的处所。城东有一座高大的佛塔,可以窥见当年这里的宗教情况。城东北还有残存的土堆,这就是汉代的驿站遗址。城西北和西南有茂密的胡杨林。城南是居民区,也有大量的建筑遗迹,当时居住着大约14000人,残存的房屋显示出这里有中国宅院式建筑,分正房和厢房,屋后还有果园。还有一组较大的建筑在西城墙下,这是由许多房间组成的一组建筑。楼兰城内渠道东侧的一组房屋建筑,规模宏伟、豪华,是高级官吏邸宅和客馆。由此可见,楼兰城在被废弃之前,城内建筑是非常密集的。城周围有集中的墓地,可窥见当时的风俗人情。

楼兰是中国对外交流的枢纽和前哨,是一座颇具规模的国际性中转城市。中国古代丝绸之路西出长安,经著名的敦煌,再西行至楼兰。中国客商到这里,便可选择不同道路前往世界各地,而世界各地的人员也从四面八方汇集于此,再前往长安。

正如史学家孔拉特所说:"楼兰古城的兴衰,是一面世界史的纪念碑。"

我们尝试着去回想昔日楼兰城的辉煌吧:街上人流熙熙攘攘,操持不同国家语言的人们牵引着一群一群的驼队来来去去;商人们携带着大量钱币和货物寻找着旅馆;从中原千里迢迢赶来驻守边关的军人们正在酒馆里觥筹交错,因为这一派和平热闹的景象似乎显示出军人的多余。不同风格的华丽的建筑比比皆是,出入于官署的信使络绎不绝。

然而,这一切都去得那么仓促和突然,楼兰古城似乎在极其短暂的时间内骤然消失,究竟是什么使这个繁华的古城陡然之间被掩埋在厚厚的黄沙之下呢?

楼兰消失之谜

楼兰古城瞬间消失的原因,让关注沙漠古道、丝绸之路的人们一筹莫展,他们不断地做出各种猜测。很多人认为,楼兰古城消失的原因是罗布泊湖的迁徙。罗布泊是一个变化无常的湖泊,被称为"会迁徙的湖泊"。古代,罗布泊就在楼兰古城北,司马迁说的楼兰古城"临盐泽",其中的盐泽就是指罗布泊。罗布泊湖是古楼兰的生命之源,罗布泊的迁移,使楼兰水源枯竭,植物死亡,最终导致气候恶劣,楼兰人只好弃城别走,古城也就在历史上消失。

但是罗布泊为什么会迁移呢?对此专家们却莫衷一是。有人认为是塔里木河携带大量泥沙,使罗布泊淤塞,湖底抬高,塔里木河只好改道他行;也有人认为是塔里木河在土质松软的谷地流淌,会自行改道,形成新的河床,造成新的罗布泊;还有学者认为,罗布泊的迁移是由于地质构造和运动表现不均衡的结果。

关于楼兰的消失,还有一种值得信服的观点。这种观点认为,古楼兰的衰亡是与社会人文因素紧密相连的。楼兰古国消失于东晋十六国时期,这时正值我国历史上政局最为混乱的时期,北方许多民族自立为藩,相互战争。而楼兰正是军事要冲、兵家必争之地。频繁的战争、掠夺性的洗劫使楼兰的植被和交通商贸地位受到了毁灭性的破坏,最终成为一座废城。

也有说法认为,楼兰的消失与丝绸之路北道的开辟有关。

经过哈密(伊吾)、吐鲁番的丝绸之路北道开通后,经过楼兰的丝绸之路沙漠道被废弃,楼兰也随之失去了往日的光辉。

此外,还有说法认为楼兰毁于瘟疫疾病。据持这种说法的学者推测,一场从外地传来的瘟疫,夺去了楼兰城内绝大部分居民的生命,侥幸存活的人纷纷逃离楼兰,远避他乡。还有一种更为离奇的说法,认为楼兰是被生物入侵打败。这种生物是从两河流域传入的蝼蛄昆虫,他们生活在土中,能以楼兰地区的白膏泥土为生,成群结队地进入居民屋中,人们无法消灭它们,只得弃城而去。但是,以上说法都是后人所作的猜测,没有相应的史实佐证。为了解开楼兰古城的众多谜团,越来越多的人走进了塔克拉玛干,试图寻找那些埋藏在古城中不可预知的财富,也为了揭开那些萦绕千年的谜团……

7.康定安城的废墟宝藏

100多年前,印度城市拉瓦尔品第的古玩市场上出现了一些不寻常的钱币,它们是公元前5世纪至公元前3世纪由不同国家铸造的,根据钱币上的文字人们断定有些钱币是在希腊和小亚细亚铸造的,有些是在阿契美尼德王朝的伊朗和塞琉古王朝的国家铸造的,还有些钱币上的文字是人类从未见过的。

这些古钱币从哪里来?据古董商介绍,这些钱币都是刚刚被发现的,发现地点在北方很远的一座古城废墟上，这座古城废墟已被阿姆河冲刷掉了一部分。在以后的几十年里，又从那里运出数百枚钱币以及一些金银制作的艺术品，如人像、手镯、颈饰等，总共200件左右。

根据考古学家泽伊玛尔说，所有这些被发现的器物统称"阿姆河宝藏"或"乌浒水珍宝"。后来学者们确定，这笔宝藏很可能是1877年在阿姆河右岸卡菲尔尼甘河和瓦赫什河两河的河口之间发现的。但是，"阿姆河宝藏"的全部器物虽都经过了悉心研究，它们的发现地点和发现经过却还含混不清。在捷詹河河谷值勤的英国边防军上尉巴顿对这些珍宝的来历做了如下的描写：

根据巴顿的说法，有三个商人——瓦吉·阿德·丁、古良姆·穆罕默德和舒凯·阿里，在由喀布尔至白沙瓦的路上遭到游牧部落打劫，商人装着贵重物品的皮囊被强盗抢走了。正当三个商人孤立无助的时候，遇到了英国边防军上尉巴顿，当巴顿得知这三个商人的遭遇后，决定帮助他们。

深夜，上尉带着两名勤务兵闯入强盗们藏身的山洞，强盗们正为分赃争吵不休，上尉顺利地拿回商人的财宝回到营房。

三名商人早已经在营房里等候，其中一名商人告诉巴顿，强盗抢走的皮囊里装着金银首饰，几件金杯盘和金制像，还有一件像手镯的大首饰，这些财宝大多数是在康定安河中发现的。每年的枯水期，人们在康定安城的废墟中常常可以发现并挖掘出贵重的金制物品。这些金银珠宝都是从当地人手中买来的，他怀着感激之情恳求巴顿收下他们的金手镯。

"阿姆河宝藏"总共约有180件，其中大部分是显赫人物的私人用品：金质刀鞘面饰、盾牌装饰性的银质护手、服装和马具的金质饰物、金质手镯和颈饰等。在阿契美尼德王朝统治时期的伊朗，这种手镯和颈饰是国王、皇家保镖、朝中高官以及一般显贵人物盛大着装的一部分。

所发现的金像、银像，据学者们推测，可能是供祭祀用的。然而金质兽像或空心人头像等物品的用途，至今还是一个谜。

在对阿姆河珍宝进行长期研究的过程中，学者们还对另一个问题产生兴趣：这笔宝藏对于其主人来说意味着什么呢？除了有铭文的钱币之外，在所发现的物品中没有任何文字资料，因此学者们没有掌握一个确凿的证据。

神秘的宝藏

寻找历代迷失的宝藏

究竟谁是阿姆河宝藏的主人？人们对此作出种种猜测。

有人说阿姆河宝藏是随葬物品。首先，钱币数量相当大，其次，缺少用非重金属材料制作的其他随葬物品。

驻印度的考古队领导者坎宁安认为，这些被发现的物品属于巴克特里亚的名门望族。该家族的一名成员，在安提奥克三世大帝和欧菲德姆一世战争的动荡年代不得不随身带着贵重物品逃离家园。危急关头使他把贵重物品和钱币藏了起来，事后又没有机会回来取走这些东西。

研究者格里什曼认为，在阿姆河右岸某处曾有一座伊朗女神阿德维苏拉·阿娜希达的神庙。因此他认为阿姆河珍宝是信徒们在两个世纪以至三个世纪期间所献的祭品。当公元前329年亚历山大·马其顿大帝的军队向神庙挺进时，这些珍宝被从庙宇中运出并掩埋起来。

库兹明娜推测"阿姆河宝藏"是巴克特里亚历代国王的财物。巴克特里亚诸国王除了有世俗的职责外，还执行着最高祭司的职责。

"阿姆河宝藏"的大多数物品都落入英国国家博物馆，和这些物品一起进入该馆的还有大约1500枚钱币。然而有些学者认为，这些钱币与"阿姆河宝藏"毫不相干。

在阿姆河宝藏中有一件银质的男子立像格外吸引人，这尊银像是铸造的，雕刻有花纹，有些地方还镀了金。站立着的男子左手握着一束枝条或许是鲜花，右手则顺着体侧垂下。这尊男子银像胡须细而长，眉毛浓密，眼睛很大，并且眼睑铸造得很精美，只是眼珠没有表现出来。

男子像的头上戴着一顶低矮的筒形帽子，帽子上饰有条带，条带在脑后打了个结，条带两端自由垂落下来，帽顶扁平，镶着一个镀金的、刻有锯齿花纹的帽箍。

男子像的头发绾个髻儿，脑后的头发则用一个个中心带圆点的圆圈加以表现。

"阿姆河宝藏"最早的研究者达尔顿，依据波斯式样外衣的特点推断这尊男子像属于公元前5世纪初。他的衣服是波斯上层显赫人物穿着的典型服装，这一点帮助达尔顿确定了这件器物的年代。

帽箍上雕刻的锯齿花纹,使他确认这尊雕像是阿契美尼德国王。人们对这笔宝藏的研究工作还在继续,有可能还会从其他器物上发现更重要的研究线索。

8.霍克森的古罗马秘藏——古罗马的昨日重现

古罗马在它对外的扩展历程中,逐渐发展为一个帝国,留给后人数不尽的精神与物质财富。而霍克森宝藏将跨越千年光阴的古代罗马金币重新展现在我们眼前。

意外的发现

英格兰萨福克郡有一个名叫霍克森的小村庄。村子里的人都靠务农为生,他们的生活宁静且平淡。1992年11月16日,这种宁静和平淡被打破了。霍克森历史上最重要的一天到来了,这个村庄因为一份宝藏的意外发现而名噪全球。宝藏的发现也为小村庄带来意外之财,很多人涌进村庄寻宝,金属探测器则成为当时最畅销的商品。

艾瑞克·劳斯是霍克森的一个普通农民。1922年的11月,他打算把自己的住宅改装,为此好朋友和邻居前来帮忙。11月15日,屋子的装修工程结束了,但一个朋友却告知劳斯自己的锤子不见了。劳斯不愿占别人便宜,因此在院子里整整找了一天,但一无所获。他猜想锤子可能被埋到了地下,于是16日一早,他买了一个金属探测器,继续在院子里寻找。

到了中午,金属探测器突然发出警

报声,劳斯以为发现锤子了,开始在院子里挖起来,可挖到50厘米深的地方时还没有东西。劳斯并没有打算放弃,随着坑越挖越深,探测器发出的声音越来越大。在挖到差不多1.5米深的地方时,一枚银币突然跳了出来。仔细一看,这是一枚古罗马时代的银币,虽然金属已经严重变色,但古罗马帝王头像的浮雕还清晰可见。劳斯继续挖掘,接下来的情景让他一辈子都忘不掉——呈现在他眼前的是一堆古罗马银币,中间夹着着不少闪闪发光的金币,还有少许银制的汤匙和小艺术品。他挖到了一个地下宝藏!

劳斯马上停止挖掘,并向萨福克郡文物管理委员会报告了发现。

无价之宝重现天日

文物管理委员会的成员以最快速度赶到劳斯家。经过专业人士一天的挖掘,所有宝物都重见天日。其中有14191枚银币、565枚金币、24枚铜币、一些工艺品、首饰和金块。

所有金币都是纯度超过99%的九分七币(一种古罗马金币的专称),在公元394年至公元405年之间铸造。全部金币来自13个不同的造币厂,从出厂到埋入地下都只有不到50年的流通时间,所以保存得格外完好。在一般文物市场上,这种金币是很罕见的,就算有,价格也高得吓人。而一下子发现565枚这样的金币在历史上还是第一次。除了古罗马钱币以外,霍克森宝藏里还埋藏有超过79个银汤匙,20多个银烛台,一些银制的小雕像和29件纯金制成的、做工精细的首饰。

这些首饰上镶嵌的宝石在被埋藏之前都已经被撬下来,或许宝藏的主人觉得宝石价值高而且容易携带。另外宝藏中还有令人瞠目结舌的重达250千克的纯金块。

最重要的文物发现

在被发现后的第三天,霍克森宝藏被运到英国国家博物馆,在众多顶级考古专家专业目光的审视下它已然灿烂夺目。据考古专家研究,这是历史上古罗马钱币最集中的一次文物发现。宝藏的主人在紧急情况下把它们埋入地下,并希望在一段时间以后重新取回,当时大约是公元440年左右。不知道是什么原因,或许是主人意外死亡,或许是他无法再找到埋藏财宝的准确位置,霍克森宝藏一直被埋藏至今。考古学家分析宝藏的主人生前地位一定显赫,可能突然遭遇变故。不过到现在为止,他的身份还是一个谜。

现在的霍克森宝藏被收藏在英国国家博物馆里,为此博物馆支付了125万英镑给宝藏的发现者劳斯。虽然这些钱和宝藏的价值根本无法相比,但是劳斯本人觉得很满足,他表示愿意做此贡献,就算一分钱都没有,他也不会后悔。

第二章

璀璨夺目的皇室贵族宝藏

> 对于皇室贵族而言,珍宝的收集不仅代表了尊贵和荣耀,也代表他们希望自己的统治能够永久。在那些发掘出来的收藏品上,除了隐含皇室的野心外,也让我们看到了它们凝结人类巧夺天工的智慧和心血。

1.伊凡雷帝与他的地下藏书

伊凡四世是俄国历史上第一位沙皇,他残暴的性格和高压统治的手段让所有的人都恐惧不安,由此他也获得了"恐怖的伊凡"或是"伊凡雷帝"的称号。他在位期间,曾在南征北战的过程中收集到了无数的金银财宝,然而更让人关注的,还是他藏在克里姆林宫地下的神秘图书馆。

雷帝降生

1530年8月25日,莫斯科城晴朗无云,突然之间雷声滚滚,随着一声震天的霹雳,一道耀眼的闪电击中了克里姆林宫,此时的克里姆林宫中,上下一团喜庆,小王子伊凡呱呱坠地,没有人知道,俄国即将迎来一个新的时代。此时在俄国东方的喀山汗国,可汗的妻子已经从天象中察觉出了一丝异样,她禁不住喃喃自语:"沙皇已经诞生,他的两排牙齿分别用来吞食贵族和喀山汗国……"

1533年其父莫斯科大公瓦西里三世晏驾,年仅3岁的伊凡匆匆继承大公王位。1538年,他的母亲摄政太后叶莲娜被人投毒暴死,孤单的伊凡在宫廷中度过了自己凄冷的童年,宫廷贵族整天忙于争权夺利、尔虞我诈,有的人还因为他年龄小无依无靠而肆意侮辱他, 这些都激发了他对身边皇室及贵族的深刻仇恨。在这种黑暗的政治环境中长大,幼小的伊凡拥有了超乎常人的政治头脑和城府。他性格孤僻而残暴,经常将小鸟或是小猫小狗等动物挖掉眼睛,虐待至死,从中取乐。他的启蒙老师马卡林主教带着他研读诗书,教会他写作,让他拥有了较高的文化修养,他关于树立王权、开拓疆土的政治思想也是在这一时期获得的。

当时幼小的伊凡有一个名叫叔伊斯基的大臣,此人把持朝政,表面上协助小王子治理国家,实际上干着以公谋私、排挤异己的勾当,并且他位高权重,经常假借王室的名义发号施令,作威作福。年幼的伊凡看在眼里,计上心头,经过一番策划,13岁的伊凡周密部署,和下属一起用狗咬死了叔伊斯基,并将其尸体在宫门示众。这件事情之后,"伊凡雷帝"的铁腕名声逐渐传开,朝中也不再有叔伊斯基这样的奸佞重臣,一切慢慢开始转向正规。

沙皇加冕

1547年,按照俄国皇室的习俗,17岁的伊凡正式加冕。大主教马卡林在克里姆林宫教堂为伊凡主持了隆重的仪式,将珠光宝气的皇冠戴在伊凡头上。不同寻常的是,这顶皇冠是东罗马帝国留传下来的。伊凡用俄语翻译了拉丁文恺撒,用其音译"沙皇"作为自己的称号,来显示自己的权力与威严,从此,俄国历史上第一位沙皇诞生了。他立志改革俄罗斯,谋求创立一个强盛的东正教大帝国。

5个月后,莫斯科的一场大火烧死了1700多人,人们根据传言,将灾祸的罪魁祸首推给当时最有权势的格林斯基家族。他们冲进克里姆林宫将格林斯基家的住宅洗劫一空,并杀死了所有能找到的格林斯基的家族成员。伊凡四世认为:这件事情反映了人们对飞扬跋扈的大贵族的仇恨。

由此,一系列让人震惊的改革措施开始推行。首先是加强中央集权,削弱贵族势力,通过颁布《兵役条例》,规定拥有一定俄国土地面积的人必须出一名骑兵,直接为沙皇效劳。通过建立缙绅会议制度,取代贵族杜马,取消贵族在司法、征税和行政等方面的特权;官员的选派在平民中进行。许多大贵族的领地被没收,更多的大贵族遭到流放。1565年直属沙皇的特辖军成立,这些身着黑袍,跨骑黑马,马头上挂着狗头和扫帚的军队,在全国范围内掀起了一股恐怖风潮。到1572年,数万人被伊凡四世惩处,尖桩刑、炮烙刑、活挖人心、抽筋剖腹等刑法让举国上下无不噤若寒蝉。从此一个权力高度集中的大帝国时代来临了。

战争掠夺

早在1547年至1552年间,伊凡四世亲率大军远征,将喀山汗国收于囊中,在这场战争里搜刮了许多金银财宝。1556年,他又攻下了阿斯特拉罕汗国,随后大诺盖汗国和巴什基尔亚以及北高加索许多民族全部归属俄国。

对喀山汗国的成功侵占,使东方的乌拉尔山脉已经不再是一道保护西伯利亚地区的屏障。1556年,伊凡授权远在边境的斯特罗甘诺夫家族,令他们在西伯利亚汗国近处做好准备,一旦时机成熟,便进军西伯利亚汗国。1579年,哥萨克首领叶尔马克加入斯特罗甘诺夫家族。1581年,叶尔马克率领800多人沿水路攻打西伯利亚。10月26日,西伯利亚汗国首府卡什雷克被攻陷。1598年,俄军打败了带领西伯利亚汗国余部抗争的库楚姆汗,从此广袤的西伯利亚完全归属俄国所有。

在西方,1572年伊凡四世颠覆了克里木汗国政权。当时的奥斯曼土耳其帝国正在图谋将俄国乃至整个东欧都纳入帝国版图,看到克里木汗国在俄国军队面前的结果后,再也没敢轻易考虑碰触俄国。

在海上,伊凡四世也不断开拓。1558年立窝尼亚战争爆发,伊凡四世希望能通过战争控制波罗的海的制海权。结果此举遭到立陶宛、丹麦、瑞典等北欧国家的全面反对,战争持续了25年,并没有达到如期的目的,但是西欧各国已经意识到,此时的俄国已经非同寻常。

整个伊凡四世统治期间,他将俄国的帝国版图扩大到东达整个西伯利亚,西至波罗的海岸边,让俄国从此统一强盛起来,成为东正教世界的领袖。而屡次战争,让他搜刮了不可胜数的巨额财宝,留下许多让人惊讶的传说,一直到他死后几百年的时间里仍让人念念不忘,其中影响最大、最为可信的说法是,伊凡四世将自己在战争中搜刮到的财宝以及皇室流传下来的众多稀世珍品书籍一起藏在克里姆林宫地下的一个秘密图书馆里。

地下珍藏

伊凡四世的祖父是莫斯科大公伊凡三世,他给孙子留下了一笔非同一般的财富,那就是珍贵的书卷。伊凡四世的祖母索菲娅·帕妮奥洛克丝有着深厚的贵族背景,作为东罗马帝国的末代皇帝康士坦丁·鲁斯十一世的侄女,出嫁时,她选择了许多承载文明的书籍作为嫁妆,东罗马帝国的国家图书馆赠与她许多来自世界各地的图书秘籍。1472年,伊凡三世终于正式迎娶索菲娅公主,一同来到俄国的还有拜占庭的许多无价书籍和卷轴。这些珍贵的书籍对当时经济贫瘠文化匮乏的俄国来说,有着无法比拟的价值,更何况这些书籍本身有许多都是孤本。伊凡三世为了好好珍藏这些书籍,请人专门负责整理。一个名叫马克西姆·克里柯的人就是从事这项工作,但是不久之后,他就被教团除名,离开皇宫,最后悲惨地死在民间。而书籍的藏身之处再也没有人知道。

根据史料,人们发现了关于这些书籍的记载:"德国神父魏特迈有幸一睹伊凡雷帝的藏书……克里姆林宫地下室的两个房间……"

1724年,事情似乎露出了端倪,当时的彼得大帝将俄国首都迁至圣彼得堡,在搬迁过程中,一个教会人员向圣彼得堡

报告,在克里姆林宫地下室发现两个被封条封闭的铁门,里面有很多神秘的大箱子。人们猜测,这就是当年伊凡四世所藏的那批书箱和财宝,圣彼得堡方面派人对克里姆林宫的地下室进行了详尽的调查。刚开始不久,圣彼得堡方面便中止了调查。后来,上报情况的教会人员询问有关部门调查结果,也都不了了之。圣彼得堡方面给出了一个这样的答复:"没有发现任何秘密。"

19世纪初,拿破仑攻下莫斯科时,虽然搜集到不少珍奇财宝和艺术品,但是非常遗憾他也没能找到这座图书馆。苏联时期,有人传言古籍藏在克里姆林宫地下二层某处,当局甚至雇用了具有特异功能的克格勃前来寻找。

2005年,俄国为了庆祝克里姆林宫建立200周年,专门安排了一支城堡维修人员进行修葺,当他们在宫内维修单柱室时,工人揭掉墙壁上的古旧瓷砖,突然在墙体内发现了秘密走廊和楼梯。这件事成为近年来俄罗斯考古史上的一个突破,根据调查,这些秘密的通道有可能是通向著名的沙皇伊凡的地下图书馆。但是直到最后,这件事也没有下文。

但是人们仍然坚信,地下图书馆之谜终将会在某一天被揭开。

2.圆明园宝藏的灭顶之灾

"有一天,两个强盗闯进了夏宫。一个进行洗劫,另一个放火焚烧。胜利者原来可以成为强盗。胜利者把夏宫的全部财富盗窃一空,并把抢来的东西全部瓜分掉。"

法国著名文学家雨果在这里所说的"两个强盗"指的就是英、法侵略者,"夏宫"指的就是中国的圆明园。

1860年10月,英法联军对北京圆明园的野蛮劫掠和焚烧,是人类文明史上最惨痛的劫难之一,并由此拉开了中国近代文物大流失的序幕。

世界园林的典范

圆明园位于北京海淀区的北部,是清朝皇帝的一座别宫。1709年,清康熙帝把明朝贵族的废园赐给了当时的四皇子胤禛(即后来的雍正帝)着手修建并赐名圆明园。之后,雍正、乾隆、嘉庆、道光等诸位皇帝用了150余年,耗费了大量精力对其不断进行修缮、扩充,把它精心营建成一座规模宏伟、景色秀丽的离宫,雍正、乾隆、嘉庆、道光、咸丰每到夏秋多在这里避暑听政,处理军国政务。

圆明园不仅以园林著称,还是一座收藏相当丰富的皇家博物馆,堪称人类文化的宝库。法国大作家雨果曾说:"即使把我国所有圣母院的全部宝物加在一起,也不能同这个规模宏大而富丽堂皇的东方博物馆媲美。"园内各殿堂内装饰有难以计数的紫檀木家具,还陈列有许多国内外珍世文物。上等的紫檀雕花家具、精致的古代碎纹瓷器和珐琅质瓶盏、织金织银的锦缎、毡毯、皮货、镀金纯金的法国大钟、精美的圆明园总图、宝石嵌制的射猎图、风景人物栩栩如生的壁画,以及我国其他各种艺术精制品和欧洲的各种光怪陆离的装饰品,这里应有尽有。

园内还珍藏有极为罕见、丰富的历史典籍。文源阁是全国四大皇家藏书楼之一,仿照宁波范氏天一阁而建。园内各处藏有《四库全书》、《古今图书集成》、《四库全书荟要》等珍贵图书文物。《荟要》共抄两部,一部贮在故宫,另一部收藏于长春园含经堂的东厢"味腴书室"。另外,著名的文轩——淳化轩是专为收藏著名法帖《淳化阁帖》摹版而建的。

圆明园为中华民族赢得过殊荣,曾经是我们的骄傲。然而,这座举世无双的园林杰作、中外罕见的艺术宝藏,竟遭到外国侵略者极其野蛮的摧毁和破坏。他们不仅将整座宝库洗劫一空,而且还兽性大发,将其纵火焚烧,对中国人民犯下了不可饶恕的罪行。

野蛮的劫掠

英法侵略者在1857年12月悍然发动了对中国的第二次鸦片战争。经过将近3年的作战,侵略者于1860年10月兵临北京城下。由于在3年的战争中,侵略者遭到了中国军民的英勇抵抗,付出了沉重的代价,所以到达北京后,他们便穷凶极恶地声称,要清政府和人民为他们的"损失"做出赔偿,并很快把视线转向了宝藏充盈的圆明园。

具有讽刺意味的是,在劫掠行动开始前,他们为掩人耳目,竟然不知廉耻地张贴出布告,声称"宇宙之中,任何人物,无论其贵如帝王,既犯虚伪欺诈之行为,即不能逃其所应受之责任与刑罚也。兹为责罚清帝不守前言及违反和约起见,决于十八日焚烧圆明园,所有种种违约举动,人民既未参与其间,决不加以伤害,惟于清帝政府,不能不一惩之也"。在烧杀抢掠别国生命财产前,竟然振振有辞,文过饰非,其可憎可恨,旷世罕见。

在大规模的焚烧前,侵略者先是开始了对圆明园的野蛮抢劫。10月8日,英法侵略者闯入只有很少护园官兵守护的圆明园,开始疯狂地进行抢劫。军官们拥有优先权,先于士兵们成批进入。随后,士兵们也得到命令可以进去"自由抢劫"。

强盗们早已跃跃欲试了,一接到命令,便争先恐后地破门而入,堆积如山的财宝和各种珍奇物品,豁然呈现在他们面前。他们三个一群、四个一伙地穿过一座座宫殿、房屋、亭台楼阁,寻找着每一点有价值的物品。谁也不知道该拿什么东西,为了金子把银子丢了,又为了镶有珠宝的别针和宝石把金子丢了;这人喜欢景泰蓝的宫瓶,那人贪婪一件绣花的长袍。总之,每个人都不愿错过这个机会。

强盗们把能拿走的东西全部拿走了,拿不动的或来不及拿走的,就粗暴地将它们全部摧毁。同时,由于抢劫时间很短促,不能仔细地抢掠,因而许多金质的东西都被误认为是黄铜而遭到了摧毁。

最后,这群明火执仗的强盗,从军官到士兵,每个人都是腰囊累累,满载而归。后来有人承认:"一个士兵口袋里有了2万、3万、4万,甚至100万法郎。"据英国侵略者戈登供认:"离开圆明园时,军中每个人都获得了值45镑以上的掠夺品。"

圆明园流失文物寻踪

自1860年圆明园被劫掠、焚毁后,圆明园旧有的陈设、收藏和稀世珍宝现存国内的已不多,大量的旷世瑰宝流落到了国外。其中最集中的流散地就是英国的大英博物馆和法国的枫丹白露宫,其他如美国、日本、西欧各国的博物馆和个人也都藏有圆明园的珍贵文物。这些文物包括商、周著名的青铜器、历代的陶瓷器、古代名人的书画、清朝皇帝的玉玺,以及玉如意、时钟、金塔、金钟、玉磬等宫廷陈设品,还有清代的瓷器、漆器、玉器、牙雕珐琅、景泰蓝、珊瑚、玛瑙、琥珀、水晶、宝石、朝珠、木雕等精美艺术品,此外,还有从外国进贡的贡品和无数的金银珠宝。

大英博物馆坐落在伦敦城西北,始建于18世纪中期,于1759年正式开放,其中东方艺术馆的藏品除少量是中亚、南亚和日本的文物外,大部分都是中国历代的稀世珍品,可以说应有尽有,数量多达两万件!

1860年劫毁圆明园后,英军将所劫走的圆明园文物的一部分献给了当时的维多利亚女王,一部分则被拍卖。献给女王的圆明园文物大多存放在大英博物馆,其中有国宝级的珍品。我国东晋时期大画家顾恺之绘制的《女史箴图》,乃我国古代卷轴画的稀世珍品,1860年被英法联军抢去后就藏在了伦敦的大英博物馆。还有一件长3尺、高2尺的白玉马,是在和珅家中抄出的,置于圆明园中,后来被联军掠去,也收藏在了大英博物馆。

现收藏在英国伦敦另一座博物馆——维多利亚博物馆内的圆明园的艺术品主要有玻璃画《皇帝在万寿山下接见蛮人》,画中的皇帝很可能是嘉庆皇帝。玻璃画的绘画艺术大约是在18世纪中叶由欧洲引进的,这种绘画技巧于颜色的运用上与中国传统的艺术形式虽然完全不同,但在运用西方透视画法的同时,并没有放弃中国美学的精妙、细微。这幅画很可能是郎世宁的学生——一位中国艺术家所作。

流散在法国各博物馆的圆明园文物数量也十分之多,且极其精美。清末外交官薛福成在其《出使英法意比四国日记》中记述说"光绪十六年(1890年),闰月二月三十日,饭后去参观巴黎东方博物院",他发现在中国展室中"有圆明园玉印二方。一曰'保合太和',青玉方印,稍大。一曰'圆明园印',白玉方印,稍小"。

光绪三十年(1904年),改良派领袖康有为游历欧洲11国,写下了著名的

《意大利游记》和《法兰西游记》。在其巴黎之旅中,他详细记下了博物馆中收藏的圆明园被掠文物的情况。字里行间流露出国破家亡、无限悲恸的情绪。

"观内府玉印晶印无数,其属于臣下者不可胜录。"

"呜呼!高庙雄才大略,每日必作四千言。想下此印时,鞭笞一世,君权之尊,专制之威,于是为极,并世无同尊者……岂意不及百年,此玺流落于此。昔在北京睹御书无数,皆盖此印文,而未得见,又岂意今日摩挲之!"

"乾那花利博物院,此院一千八百七十九年开,亦伤心地也,院为圆式。内府珍器,陈列满数架,凡百余品,皆人间未见之瑰宝,精光射溢刻籀精工。有碧晶整块,大五六寸。一白玉大瓶,高尺许。一白玉山,亦高尺许,所刻峰峦阁楼人物精甚。其五色玉盘、玉池、玉屏、玉磬、玉罗汉、玉香橼,精绝,亦多有刻字者。玉瓶凡十一,大小不一,皆华妙。有玉刻绮春园记十简,面底皆刻龙,精绝。一白玉羊大三寸许,尤华妙。如意亦百数,以红玉镶碧玉及白玉者佳;有一纯白玉者,至清华矣。其他水晶如意、磁如意,亦极精妙。其钢铁如意尤多,不可数。其刻漆、堆蓝、雕金之屏盘杯盂百器甚多,皆非常之宝也。"

"其御制瓷有字者甚多。有御书'印心石屋'墨宝六幅,金纸《印心石屋图》三幅,亦刻龙。斋戒龙牌一。封妃嫔宝牒一。其他晶石漆瓶盘、人物无数。皆中国积年积世之精华,一旦流出,可痛甚哉!"

法国的枫丹白露宫最早建于法王路易六世时期(1137年左右)。1528年后,经过几代帝王的修建,日益完美富丽豪华。

枫丹白露宫中的中国馆是拿破仑三世欧也妮王后建立的。兴建的原因是1860年英法联军劫毁圆明园后,侵华法军司令孟托邦将军将从圆明园抢劫来的所谓战利品敬献给了法王拿破仑三世和欧也妮王后。欧也妮王后便将收到的圆明园文物汇集在一起,在枫丹白露皮埃尔大厦旧址底层建造了中国博物馆,将这些文物存放了起来。

中国馆是按个人收藏及鉴赏习惯布置的,有客厅、展室、桌椅、沙发。从1863年装修布置之后,一直展出至1975年。1984年开始必要的修缮工作,1991年完工后重新开放。

这次修缮基本保持了中国馆的原有风貌,因为有1865年造册的中国博物馆清单,所以这次的重新布设没有遇到多大困难。整个馆内仍按客厅布置,桌椅、沙发等都保留,但装了空调。从第二帝国时期就一直挂在天花板上的三幅巨型缂丝制品,这次也得到了修补,有些物品还得到了重新胶粘。

三幅巨大的乾隆年间缂丝制品占据了整个天花板的空间。三幅图案看似相同,但有细微的差异,同为藏传佛教内容,即三世佛和他们的弟子十八罗汉及四大金刚。就其内容上看,这三幅巨作应是圆明园某个或某几个较大的佛堂或寺庙中的物品。这种制品散失到法国有许多,其各个博物馆均有收藏,只是尺度要小得多,该博物馆墙壁上就有一幅,内容为三国或水浒中的故事。

在该室最显著的位置摆放着一座巨大的佛塔,高约2米,与故宫内现存的佛塔基本相似。这座塔为青铜鎏金,通体各层镶嵌有绿宝石,这在乾隆年间的各种佛塔中都是少见的。据史料记载,长春园含经堂一佛堂内有两座这样的金塔,与故宫慧曜楼佛堂内的金塔相仿。

该馆内的这座金塔顶部为日、月和三宝,这代表着佛教中最理想的天界,日、月上镶嵌了巨大的绿宝石。中间的半圆体有一佛龛,佛龛中为释迦牟尼像,形态自然、铸造艺术精湛,下部四方体有雄狮托起整个塔体。这是藏传佛教佛塔的典型样式。

在金塔的左右放置了一对青铜雕龙,与故宫、避暑山庄等处皇帝宝座前放置的青铜龙一样形制,说明这对物品应是圆明园正大光明殿皇帝宝座前的摆放之物。

金塔前还有一对鎏金编钟和一只景泰蓝麒麟。这两个金编钟是圆明园仅有的一套16个金编钟中的两个。可惜,其他14个不知散失到了何处。

这只景泰蓝麒麟躯体浑圆,头部栩栩如生,长长的双耳、短短的四肢,形态十分可爱,受到了当时的欧也妮王后的青睐。在她原来的杜伊勒里王宫房室中就摆放过这只麒麟。

在该馆的天花板上挂着一只巨大的景泰蓝吊灯,下方是一只巨大的兽足兽纽景泰蓝方盒。据分析,这应是九州清晏殿内放置冰块和水果用的器物。在该馆内橱柜间置放着巨大的景泰蓝五供,国内现存的这样大的景泰蓝已经很少,应是乾隆年间的艺术珍品。五供中间是香炉,两边对称摆放着烛台和花瓶。

这五供都有环形图案,颜色有玉蓝、黄绿、翠绿、玛瑙红和明黄色等。

该馆内还有几只花梨木玻璃柜橱和角柜,里面摆放着从圆明园抢来的各种青铜、玉器等珍贵艺术珍品。摆放位置没有分类,杂乱无章。只是根据空间大小按器物体积来摆放。这些艺术品可分为青铜器、玉器、瓷器、漆器、金银制品、景泰蓝、珠宝等几大类。

青铜器中有一只仿周制的熏香炉和一只青铜鼎。这只青铜鼎铸造精密,样子坚稳,并配有朴素的装饰。鼎体浑圆且深,向上收口,两侧对称设耳,鼎体上部有扁平浮雕。一对龙的图案有些变化形成一道突出的棱,形成饕餮纹。

玉器当中有玉壶、玉碗、玉鼎、玉洗、玉塑、玉插屏等,这些玉器选料精、做工细,堪称玉器中的精品。有些玉插屏上还刻有金饰皇帝御制诗。有的玉洗、玉盒等还带有景点的名称,如汇芳书院、耕云堂等。有一只玉洗的玉料本身就很难得,加上精湛的刻工,应是玉器中的上上品。这只玉洗为琥珀色,带有花纹,呈椭圆形。四个半裸男孩正想爬上笔洗的边沿,他们的头圆圆的,又光又亮,小小的眼睛透过眼皮露出顽皮的目光。胖乎乎的身体呈现着勃勃生机。这只玉洗与故宫博物院藏品中的一只儿戏笔架似乎是一套文房用品中的两件。应是摆放在圆明园中某个皇帝较大的书房中的物品,如勤政亲贤或含经堂等。另有一只白玉笔架,其上雕刻的人物和树干流水等形象生动,所表现的内容意境深远。

瓷器类是该馆藏品中最多的一类,有碗、罐、壶、瓶、盘、瓷塑等。有一只茶釉龙耳罐,造型优美,釉色纯正,可称为同类瓷器的珍品。有只青花大碗,线条柔和碗体厚实,声音洪亮。环形底部未加装饰,图案有明有暗,青花有许多小的氢化点,略有外浸,与釉色混为一体。内壁为枝干图案,外壁为叶饰,枝丫上花果相同,每个枝丫各不相同各成一束。叶饰更为精妙,以不断的流水纹包起整个外壁。外壁主体绘有六朵荷花,还有花苞和荷叶作为陪衬。这只青花碗如果是成化年间的作品,其艺术价值就更高了,只是没见到实物无法分析确定。

瓷器中还有两只康熙年间的五彩大盘,摆放在该馆的桌子上。两只五彩盘尺寸较大,上面的图案取材于水浒或三国故事,人物、战马、景物等都非常生动,图案布局也相当别致,这两只盘应是康熙年间的精品。

瓷器中大部分为康熙五彩和乾隆粉彩，其中一只乾隆粉彩镂空熏炉格外引人注目。另一只千花壶更是罕有，壶体上绘有各种花卉图案，变化无穷，且排列错落有致，梅花、菊花、荷花、牡丹等绘满壶体。这些花卉虽然连在一起，但釉色的明暗使这些花卉无不毕肖。另外，该馆内还有许多瓷塑，如八仙人物等。

漆器品虽不多，但也不乏精品。其中一只红漆盒，雕刻得相当精细。图案为百子图，通体百子神态不一，建筑、花木、石头等线条柔和，形象生动。整体布局协调有致，相互呼应，在极小的空间内讲述了许多故事。这百子中有的在游戏，有的在跳舞唱歌，有的在捉迷藏。这个漆盒说明当时工匠的技术水平很高。

金银制品中最引人注目的是一对金罐和一只金盒。这一对金罐通体如意花纹闪闪发光，其中一只罐耳已掉。这对金罐可以说明当时圆明园内的摆设是多么奢华。另有资料表明，这对金罐不是军队送给拿破仑三世或王后的，而是欧也妮王后到别的博物馆看到后要来的。

小件景泰蓝制品比较多，有盆、瓶、罐等，其中一对景泰蓝上的图案据分析是郎士宁所绘的仕女图。

珠宝及上等料器等主要摆放在厅中的玻璃桌柜中。其中一串大念珠还有一个故事。朝珠一般是108颗，可这串珠子是154颗，这是孟托邦将军将一串皇帝的朝珠和两串皇后的挂珠串在一起献给欧也妮王后的。但没想到她并不高兴，因为她早已风闻这些远征中国的军官们个个口袋里装满了金银珠宝，所以欧也妮王后埋怨孟托邦只给她这样的礼物。于是，孟托邦决定另送给她3车礼品。

欧也妮王后送给拿破仑三世的清朝皇帝的军刀、盔甲等，现在在法国军事博物馆内展出。1973年5月，我国著名文物鉴定专家史树青随中国出土文物展览代表团赴法国。5月12日，他来到巴黎东南70公里处的枫丹白露古堡参观，据他描述说：中国馆门前有两个石狮，馆中收藏文物1000余件，展出320件，全部都是当年从圆明园抢劫去的。他看见中国馆室内的金漆桌案及多宝格内，陈设有商周青铜器和明清官窑瓷器。其中重要的瓷器有宣德青花大碗，康熙、雍正、乾隆三朝的五彩和粉彩瓶、罐、花盆等，明景泰蓝熏炉(宫熏)、尊、斛、吊灯。还有各种玉雕、如意、盔甲和丝绸等物以及大象牙、成对大犀角，十分引人注目。

此外,还有乾隆《御制八征耄念之宝记》璧玉册,上面所雕刻的文字为征瑞书写;乾隆的缂丝无量寿佛大立轴,自墙面悬起,折至屋顶;乾隆年间制造的大金塔、小金塔、金曼达,上面都镶嵌有绿松石。有一金塔高约5尺,与现在的北京故宫博物院珍宝馆陈列的金塔完全一样。另外还有蒲翠、玛瑙、珊瑚、水晶、文竹、黄杨木、象牙器、雕漆等工艺品。特别令人注目的还有宫廷肩舆一台。据说这个肩舆被抢劫到法国后,拿破仑三世的王后曾乘坐过(但该博物馆馆长称此肩舆为泰国皇帝所献)。

收藏于法国巴黎国内图书馆内的来自圆明园的主要艺术珍品有:由中国宫廷画师沈源和唐岱共同绘制的绢本《圆明园四十景图》、宫廷画师沈源和孙祜刻版的木刻本《圆明园四十景图》、伊兰泰制作的海晏堂等西洋楼铜版画20幅、《圆明园菊花迷宫图》、郎士宁绘制的宣扬乾隆皇帝武功的《格登鄂拉斫营》。

收藏于法国巴黎吉美博物馆内的来自圆明园的主要艺术品有:郎士宁绘制的《乾隆肖像》。这幅肖像是乾隆皇帝41岁时的坐像,身边站立两位大臣。这幅画是郎士宁用中国毛笔绘制的,中国与欧洲绘画技艺相互结合的作品。画家在脸部只用了极轻的阴影,却抓住了乾隆的神韵,乾隆身边的大臣也极有威仪;"乾隆百花瓷瓶"造型精美,画法上乘,为陀螺状,瓶上的花卉图案种类各异,可谓绚丽多彩、万紫千红,在绘画花瓶时大量使用珐琅彩中的粉红色和洋彩,使各种色彩相互融合,既接近油画,又接近水彩画,非常美观,是乾隆时代的艺术珍品。

收藏于克里夫兰艺术博物馆内的来自圆明园的艺术品主要有:郎士宁绘制的《乾隆帝后和十一位妃子肖像》。画中的青年时代的乾隆皇帝英姿飒爽,栩栩如生,这幅画乾隆只见过3次,分别是刚绘制成的时候、70岁的时候和他退位之际。

在法国巴黎,私人收藏的圆明园文物也有不少。1860年,英法联军劫毁圆明园后,法国侵略者将一部分圆明园珍贵文物献给了王室,后被各博物馆收藏,但大部分珍贵文物则被个人收藏。有些文物后来在各种拍卖会上拍卖,有些至今仍在个人手中。

第二章
璀璨夺目的皇室贵族宝藏

美国很多博物馆也收藏有众多的圆明园文物。梁启超于光绪十九年(1893年)五月前往美国纽约博物馆参观时,惊讶地发现这里贮藏的"中国宫内器物最多"。他认为其中大约有一半是圆明园的珍品,而另一半是美国参加八国联军侵华时,从北京的皇宫中掠来的。这些艺术珍品中有咸丰皇帝所用的怀表,据说是俄罗斯皇室赠送的,"其雕镂之精巧,殆无伦比。表大不过径寸,其外壳两裸体美人倚肩于瀑布之上,两鸟浴于瀑布之下,表机动则瀑布飞沫,诚奇工也"。除此之外,还有"雕玉物品、雕金物品、古今瓷器几数百事,并度一毡,不遑枚举"。

收藏在美国纽约大都会艺术博物馆内的圆明园主要艺术品有康熙玉如意。这是一块名贵的白玉雕刻而成的,颜色是白中透绿,雕刻成多孔真菌形状。手柄顶部铭文为"御制",下部的铭文是:"敬愿屡丰年,天下咸如意。臣吴敬恭进。"展品目录中说明:这件精美的玉如意是被英法联军抢来后,博物馆是在巴黎拍卖会上将它买来的。

收藏在明尼阿波利斯澳克艺术中心的圆明园主要艺术品有一座巨型的乾隆大玉山。这是一块含有绿色和白色的玉石,能放射清冷的灰绿色光泽,被雕刻成了一座高峰深谷的玉山。山岩下露出亭台和住宅,小路和下面的山脊上有几组浮雕人物,房前有一个百合花环绕的池塘。在山上一座峭壁的宽阔平滑的表面上,刻有乾隆皇帝御笔临摹的王羲之的《兰亭集序》,涂以红色。此件作品完成于乾隆四十九年(1784年),是世界上现存最大的一个精美的玉雕艺术品。

国宝归故里

驰名中外的艺术典范圆明园焚毁在英法侵略者手中,不计其数的珍贵文物精品从此流落到了世界各地,成为中国人心中永远的伤痛。

圆明园这座"世界博物馆"里的珍宝,就这样在一场浩劫之后,被来自英、法、美和其他国家的侵略者们瓜分了。虽然有一些珍宝已经回到祖国,但是,除了我们已知的这些之外,还有更多的圆明园珍宝下落不明,它们是葬身火海,还是静静地躺在世界的哪个角落?现在还无人知晓。

圆明园的文物被劫掠后的百余年来,中国人民一直非常关注国宝的下落,企盼它们终有一天能够重回祖国的怀抱。虽然多年的辛苦追寻成果甚微,圆明园的文物大多"秘不示人",但总有一点"蛛丝马迹"出现,时常点起国人希望的火种。

3."无地王"约翰的宝藏

"无地王"约翰为英王亨利二世最小的儿子,长兄和三兄早亡。父亲把在法国的领地全部授予了几位兄长,由于已经没有领地可以封给约翰,于是给他起了个绰号叫"没有领地的王子",即无地王。

虽然"无地王"没有领地,但是他拥有全世界最珍贵的宝物,即使在征战过程中,他的行李队伍也随着他转战南北。

他的皇家宫廷军队由一支骑兵及一支驮载牲畜、小推车和车辆的队列组成。他们带着国王的床单和羽绒被、卧室中华丽的壁毯、旅行便壶以及浴缸等日用物品。这时无地王的哥哥狮心王理查已经逝世,约翰继承了王位。虽然此时他拥有了整个国家,但似乎仍有无处为家的感觉。他有二十多处官邸,绝大

多数时候他都将自己的财物随身携带。在这支庞大的行李队伍中,那些结实厚重的木箱是特别重要的,他们装着约翰的个人贵重物品、现金、文件以及价值连城的珠宝,因为无地王约翰是众所周知的珠宝鉴赏家,他的收藏在当时的欧洲可谓首屈一指。其中,有他的祖母、德国皇帝海因里希五世的遗孀玛蒂尔德加冕时皇权的象征物,包括:一顶来自德国的大皇冠,红衣主教的短袖束腰长袍,一条镶嵌着宝石的腰

带,一块海因里希五世加冕时披戴的真丝帷幔,一块巨大的蓝宝石,一把带有金色鸽子的金节杖,两柄宝剑,一只金杯,一个金十字架,等等。

可是,现在无地王需要带兵打仗,携带着这些巨额财宝非常不便。

1216年9月,无地王约翰转入了反攻。10月,他来到施河南部,即今天的金斯雷恩。他将庞大而疲惫不堪的队伍留在那里,自己先行前往维斯拜赫方向。随后,队伍接到命令,通过维尔斯特雷姆河口前往斯维纳海得与国王会合。

维尔斯特雷姆河是沃施河的一条支流,两水汇合处有一片宽阔的河口,连接大海,平日里有一条浅滩可以通过,涨潮时却水势浩大。浅滩上布满流沙,到处都是陷阱。因此,约翰国王让他的队伍从那里经过显然并非明智之举。然而,历史不可假设亦不可重复,在1216年10月的某一个清晨,浓雾遮天,忠实于国王的随从们还是义无反顾地走向河口。海水似乎还在很远的地方,无论如何,只要抓紧时间,通过这段危险地带是不成问题的。可是,出乎意料的事情发生了,先头部队在浓雾之中偏离了坚硬的小路,陷入淤泥之中,本不该在这时候出现的潮水突然地汹涌而至,一切都不可逆转。眨眼之间,车辆、马匹、行人以及无地王约翰昂贵的金银餐具、华丽的壁毯、他常常把玩的爱不释手的珠宝等,都被水流裹胁着,消失在漩涡中。这是一个令约翰无比痛心的损失,一生的收藏就此毁于一旦。据估计,这些财宝在今天大约值200万英镑。

遭受如此剧烈的打击,加上局势的严峻,内外交困之下,国王重病身亡。克罗克斯顿修道院院长听取了国王的临终忏悔,并为他举行最后的涂油礼。然后,无地王约翰被安葬在沃尔柴郡大教堂。

史料显示,无地王是个阴险多疑、反复无常之人,他继位以后,英格兰便陷入各种争端之中。1214年,英德联军在法国北部战败,与法国的领地之争以失败而告终。接着,约翰又与教皇英诺森三世为了坎特伯雷大主教的任命问题发生争吵。同时,他肆意侵占附庸国土地、干预领主法庭、滥征苛捐杂税,致使英格兰国内怨声载道,内战于翌年爆发。贵族们组织了一支军队,得到市民的支持,此时的约翰已经众叛亲离,他不得不同意签署由领主、教士、骑士以及城市市民联合起草的《大宪章》。

以无地王的性格,他不会就这么容易认输,尽管他表面上发誓要忠诚履行他的誓言,但实际上他想的只是如何为这次耻辱报仇雪恨。1216年,他与教皇重新和解,在教皇的支持下,无地王开始了他的复仇行动。他率领一支雇佣军由南向北挺进,所到之处,都被洗劫一空。坚固的城堡大门在他的野蛮攻击下一个个被打开,贵族们或是带着恐惧祈求他的宽恕,或是干脆逃之夭夭。为了对抗凶狠残暴的国王,英国人决定向法国求助,他们以愿意让法国王储路易斯登上英国王位为条件,请求法国出兵。1216年5月,法国军队横渡英吉利海峡,从英国的多佛登陆。

就在无地王对法国开始反攻的阶段,听到了他价值连城的宝藏队伍不幸被海水冲走了,因此病重丧命。

无地王价值连城的宝藏在沼泽中安睡了700多年,直到1906年2月,伦敦著名考古学家约翰·豪普发表了一篇引人注目的报告:《国王约翰的行李队伍的丢失》。此报告一登出立刻产生热烈反响,使人们重新将目光投向700多年前湮没在沃施河沼泽地带的王室财宝,那是历史上备受争议的国王"无地王"约翰终其一生的收藏。

约翰·豪普的报告重新燃起人们对失踪的王室财宝的兴趣。虽然不断地有人开始在沃施河口沼泽地带探寻,但都一无所获。

英国政府先后颁布两个寻宝许可证,明文规定宝藏的净利润可由寻宝者与王室平分,再次激起寻宝者的极大热情。其中,最著名的是一个美国人约翰·赫特·博纳,他投资了2万英镑,用了几年的时间打捞这笔宝藏,但是最终的收获是1933年发表的一个报告,指出"在萨顿桥边一个长8米、宽1米的地方,在距离下沉的河床50码的地方,至少有24辆装有银子和其他货物的车,200匹驮着金袋子的马以及组成后卫的士兵们陷进沼泽之中,人数应在800~3000人之间。"

1950年,"沃施河研究委员会"成立,其目标指向仍是无地王约翰的财宝。可是自中世纪以来,这片土地的外貌已经发生了很大的变化。维尔斯特雷河宽阔的河口已经变成了干涸的土地,河已经消失了,关于埋藏的财宝的沼泽究竟在什么位置也很难精确定位。也许某一天,人们将在一片淤泥之下发现它们。

4.齐王府:扑朔迷离的地下宝藏

明朝末年,女真部落的爱新觉罗氏崛起。公元1615年,该部落首领努尔哈赤登基称帝,史称后金。在努尔哈赤的一再招抚下,1624年,蒙古郭尔罗斯部固穆及其长兄布木巴归附后金。1636年,皇太极改元崇德,固穆入朝叙功,被封为辅国公,掌控郭尔罗斯前旗。

郭尔罗斯前旗东西宽约360里,南北纵长500里,含现长春、德惠、农安、长岭、乾安等地。据史书记载,从旗祖扎萨克辅国公固穆起,到末代旗王齐默特色木丕勒止,经明、清两个朝代,长达300余年,郭尔罗斯前旗的王府都一直坐落在吉林省前郭县哈拉毛都。

这里流传着一份秘密埋藏的地下宝藏,而宝藏的主人就是该旗末代王公齐默特色木丕勒(简称齐王爷)。

富可敌国的蒙古王公

齐王爷生于1874年,是固穆第十一世孙,在位40余年,于1942年寿终正寝,年仅69岁。其在位期间(1897～1943年),正是近、现代中国最动荡的时期,不过,虽然世道变幻莫测,齐王爷却是政治领域上的不倒翁,不但在清朝倒台、民国开元、军阀割据、日本入侵、伪满成立等社会变故中安然无恙,而且权力一直处于坚挺的扩张状态。

由于父亲患精神分裂疾病,1897年3月,年仅23岁的齐默特色木丕勒经理藩院奏请皇帝批准,跨辈继承了祖父图普乌勒吉图的爵职,正式袭任郭尔罗斯前旗扎萨克辅国公。清朝灭亡后,齐默特色木丕勒的权位丝毫没被削减,反而由于乌泰叛乱事件,从民国政府那里得到了更多封号,也因此敛取了更多的财物。

乌泰是科尔沁右翼前旗扎萨克郡王、哲里木盟副盟长。1912年(民国元年)

8月20日,乌泰四处散发"东蒙独立宣言",正式举兵谋反,同时分兵三路,进攻洮南府及今白城等地。哲里木盟各旗,除科尔沁右翼后旗扎萨克、辅国公拉西敏珠尔派兵参与了叛乱外,其他各旗王公均在犹豫中观望事态发展。

此时,齐王爷以盟长名义发出文告,照知全盟各旗拒绝库伦劝降,抵制乌泰叛乱。叛乱平息后,齐王爷以拥护共和、归顺民国,反对叛乱之功,由辅国公一跃而晋升为多罗贝子。1913年,又以维护东蒙之功,被封为多罗郡王。1914年4月,再获和硕亲王爵位。伪满期间,齐王爷又因为"开国有功",又摇身一变,成了"内蒙兴安总署总长"、"蒙政部大臣",统管伪满洲国六省三十九旗蒙务。

由于这些封号的沿袭,使得王爷府的财产没受到半点损害。齐王爷不但继承了这个延续了300多年的家族的所有文物、文献、珠宝玉器、黄金白银,而且还广开财路,垄断了方圆数百公里的榨油等行业,时人皆谓其"日进斗金、日进斗银"。他管辖的土地,总计百万顷以上,每年仅收缴地租的白银就有几十万两。齐王还先后数次放荒,仅第一次开放余荒就出放土地12760公顷,收荒价银达126052两。

从齐王爷的亲属身上,我们就可以窥视到他庞大家业的冰山一角。

光绪年间,齐王爷的三叔阿木尔钦格勒图被册封为本旗执政的扎萨克喇嘛,人称三爷喇嘛。他在齐王爷的庇护下,过着骄奢淫逸的生活,在寓居京城期间,他更完全寄情于声色玩乐。齐王爷经常给他寄去成箱的金条银元,以满足他挥金如土的生活。

三爷喇嘛七十二岁时在王府屯去世,齐默特以王爷和晚辈的双重身份在阿位街庙为其主持了丧礼,仪式相当隆重,全旗的喇嘛为之诵经,超度亡灵。之后,在清点他的遗物时,发现这个三爷喇嘛仅在王府内收藏的未穿过的各式衣服(不包括各种珍贵袈裟)就有两千多件,绫罗绸缎、貂皮大衣、水獭大衣、各式金表、珍珠宝石、玻璃马车等应有尽有,靠齐王爷资助的三爷喇嘛就已如此,齐王爷的财富更是难以想象。

但是,令人费解的是,这个在当地繁荣了300多年、拥有上百万垧(一垧等于10亩)封地、多个垄断行业的封建王侯家族,却因齐王爷的三个儿子均早年夭折、家业无直系子嗣继承，巨额家产，包括历代皇帝赏赐的黄袍马褂、顶戴花翎甚至皇帝诏书，均在齐王爷死后不翼而飞。于是，齐王爷把所有财宝埋在了王府地下的说法，随之不胫而走。

暗藏财宝的齐王府

齐王爷的财宝不可计数，倘若真的存在一个藏宝库，其规模的巨大可想而知。但无论如何，藏宝库与他新建的王府一定有着莫大的关系。

晋升为哲里木盟长后不久，齐王爷即大兴木土，于1908年开始重建王爷府，工匠们全部由北京聘请而来，整个王府样式，严格模仿京城官邸布局。所有重要建筑部件，均在北京城预制，所用大批木料，也是在长白山精心挑选后，经水路运来，整座新府修建直到1916年才全面完工。据称，齐王爷的巨额财宝，就埋藏在这座规模宏伟的新王府中。

根据史料记载，新建的王府外围墙长一百零五丈，高一丈五五，占地面积四百五十七亩五分，四角及西墙正中设有炮楼。府院辟有东门和南门，门楼飞檐翘角，双龙滚脊，铁马刀铃。大门前，横列四杆旗杆，旗杆根部直径一尺八寸，高三丈有余，顶部饰有华光耀眼的风磨铜球。旗杆两侧，各有6根拴马桩，顶部饰有做工精细的猴像。

府中的院落，房舍多为回廊式建筑，按严格的等级制而建。府院分左、中、右三个部分，共有7进，计640余间房子。第一进院落为迎宾馆。两侧配有客厅、客房，以接待来宾及办事的官员。迎宾馆的东西厢房后为兵营，东西各11间。第二进院落是王爷的印务处，设大堂和牢房，文武官员的住宅，这里俗称衙门宫，设掌印的官"白靳达"，负责处理王爷的行政事务，如经济管理、税收征收等。大堂是处理诉讼，审问人犯的地方，设有皮鞭、金属笼、老虎凳等刑具。牢房分一般牢房、死牢、水牢三种，除此外，王府还设有"带租总局"，专门征收长春、农安、德惠等县的租赋。第五进院落设佛堂，内供释迦牟尼、千手千眼佛像，是王爷及福晋、格格祈福禳灾的场所。第六进院落是齐王爷的寝院。有正房7间，俗称"七间房"，东西厢房各5间。正房双龙滚脊，雕梁画栋，金龙盘柱，富丽堂皇，院内，回廊漫转，檐牙交错，极为壮观。这两进属于王府的后寝，也是最有可能设有机关、暗藏宝藏的地方。

齐王爷富可敌国,但若大的家业,却无子嗣继承。根据当地人的说法,这与王爷府中阴阳相冲,藏宝带来的阴气太重有关。

齐王爷有史可考的福晋是三位。

大福晋一生共生育三男二女,长子达木林旺吉勒,人称公大爷,二子和三子因病于幼年夭折。达木林旺吉勒生于光绪二十二年(1896年),光绪三十二年(1906年)随父进京,得到慈禧太后赏赐花翎的殊荣。他后来与张作霖弟弟张作相(曾任奉系吉林省长)的女儿成亲。可惜好景不长,达木林旺吉勒婚后不久,便得了肺结核,时称痨病,属不治之症。

齐王爷的侧福晋是吉林佟大人佟秉权的妹妹,满族人。据说她在与齐王结婚之前,其兄怕她婚后生育的子女与大福晋所生的子女争权夺势,便劝她服了不孕药,所以她嫁给齐王十余年一直未生育。她年轻时爱说爱笑,喜好活动。自齐王死后,她性情变得比较古怪,时常对侍女发脾气,有时甚至残酷吊打侍女。于1946年春,因染上霍乱传染病死在王府。

齐王的三福晋是扎鲁特旗人,其兄丹必扎拉森是当时郭前旗阿拉街庙的佛爷喇嘛。她的名字叫色力玛,人们都称她为色福晋,生有一男三女,男孩9岁时病死。

而关于齐王爷宝藏的秘密,始终和色福晋保持着最密切的关系。

色福晋的最后供词

1945年,日本人投降后,在共产党、国民党、土匪三方势力拉锯期间,位于长春西南200多公里的哈拉毛都王府屯的农民,包括长期在齐王府内外供王府使唤的奴仆、佣人、佃户们,在共产党的领导下,成立了"王府屯农民协会"。

农民协会成立后,第一个任务就是打土豪、斗恶霸、平分土地和财产。而此地的最大富户便是齐王府。然而,当农会干部带着当地农民打开齐王府的仓库和内室后,却发现里边除了一些粮食、布匹、家具和器皿等日常用品外,并没有任何贵重东西。

齐王府几百年的基业,每年数十万两白银的收入,难道只剩下了这点财产?

第二章
璀璨夺目的皇室贵族宝藏

农会立即盘问了还散居在屯里的原王爷府的仆人们,希望他们提供线索。据这些仆人回忆,从齐王爷去世后,王府并未发现有外运东西的车辆,也未有任何人往外搬东西。昔日王爷府里的金银财宝、古玩文物等贵重物品,究竟都到哪里去了?莫非被埋在了地下?

当时,由于齐王爷、大福晋、二福晋已死,几位格格也已经远嫁他方,王爷府唯一活着的老婆色福晋、齐王爷其他本家、齐王爷的秘书、亲信,都已在土改前夕逃离王府屯。经过大量调查走访,农会把目标集中在了齐王爷的三太太色福晋身上。因她出身贵族世家,是阿拉街庙活佛的妹妹,本人又足智多谋,齐王爷生前有事多与她商量,尤其在她生了齐王爷的小儿子清古吉后,更对她恩爱有加,言听计从。大家一致认为,在当时活着的王府的人中,色福晋最有可能知道王府地下宝库的下落。

1947年春,农会追捕小组一行化装成逃荒人,日夜兼程,一路北上,走进敌占区,历尽千辛万苦,最后终于在乌兰浩特色福晋的一个亲属家把她找到了。

为了避免打草惊蛇,经过密谋,农会决定,暂时不准任何人进占和骚扰齐王府,保证色福晋的饮食质量,同时,把原来色福晋手下的女奴胡其木格找回与其相伴,以稳定色福晋的情绪,促使她主动说出隐藏的财物的下落。经过了艰苦的劝说工作,色福晋告诉农会会长于万江,在她原来王爷府的卧室北墙角,第三块地面砖下,向下挖三尺,藏一铁制方箱,里面的东西可值万金。农会干部按照色福晋的指点,很快就挖出了箱子,经清点,箱里装有黄金20斤,白银20斤,各种款式金表20块,各种样式的金银、玉石、珍珠、玛瑙32件,各种古玩12件。

农会按计划处理完色福晋献出的财物后,多数人都认为,还有很多比较贵重的东西并没有交出来,如历年帝王御赐的各种物件和文献,王公家族几百年来传留和积攒的奇珍和巨额家资,这些东西还不知下落,应该继续在色福晋身上下功夫。她是齐王爷生前最亲近的人,特别是在她生下小王子后,齐王爷把满怀希望都寄托在小王子清古吉身上,对她更是百般呵护,唯言是听,所以,如果有地下金库,色福晋一定知道。

就在这紧要关头,却发生了一场惊心动魄的流血事件。

神秘的宝藏
寻找历代迷失的宝藏

当时,正是东北解放前夕,流窜着许多股土匪,小的团伙几十人,大的土匪帮派成百上千人。他们拉帮结伙,打家劫舍,强抢豪夺,无恶不作。其中有一个土匪绺子,匪首"西来顺"是土豪出身,心狠手辣,诡计多端。他听插扦的(密探)回报说,王府屯农会在齐王府挖出金银财宝一大箱,价值百万金。还说齐王爷的小老婆就在他们的手上,她知道王府地下金库的下落,农会马上就要追查出来了。为了捷足先登,"西来顺"决定围攻齐王府。

八月十五日的半夜时分,忽听王府外人喊马嘶枪声大作,此时居住在院内的色福晋听到枪声后,开始以为是国民党的军队,几次挣脱董主任的手,欲跳墙投奔国民党。后来听到墙外的土匪高呼:"抓住王爷的小老婆,要活的,赏金一千。"这才知道是土匪作乱,吓得脸都白了,便乖乖地与农会干部一齐突围撤退到后山树林里躲藏起来。

这场惊心动魄的突发事件后,色福晋惶惶不可终日。为了勾起她心中的往事和观察她对府内重要地点的反映,于会长还刻意陪她去了一趟齐王府,把三层院通通走了一遍。当走到佛堂、王爷卧室,特别是走到后花园假山底下时,发现她的心情非常沉重,还围着假山转了一圈,立足凝思,久久不愿离去。临走时,向西山的方向望了好一会,之后,神情浮动,步履迟缓,一步一挪地回到农会院内的寝室。

在农会的安抚下,色福晋道出了实情:那是在她儿子,也就是齐王爷唯一的继承人清古吉九岁那年,满怀希望的齐王爷正要为他举行册典的时候,小王子却得肺结核不幸死去。齐王爷悲痛万分,感到自己奋斗一生取得今天这样显要的王位已无人继承,更谈不到去发扬光大。在悲痛之余,他想到了本家族几百年的基业和积攒的财物以及那些价值连城的文物奇珍,不能轻易地交与外藏,更不能白白地被他人所得,便决定埋宝于地下。他请人设计的藏宝库位处地下三十米,四壁由石头、青砖、水泥砌成,由一华里长的地下隧道通往入口,由一层石门,二层铁门,把入口封严。前两层门内设有地枪炸雷,最后一层门如果被毁,自动爆炸装置将在瞬间启动,将一华里长的地下隧道与金库一齐炸毁。随后从山东河北逃往关外的难民中,选出二十名身强体壮和有手艺的青壮年,与他们的家人交完三年的高额酬金,并告诉他们是去深山老林采矿,暂与家人断绝一切联系。他们昼伏夜出，暗中劳作，经过三年的工夫，终于把地下金库建成。

色福晋就说了这么多，但她是否做到了知无不言呢？农会的耐心也在消磨着。然而不久之后，农会就不需要再等待色福晋的秘密了，因为，王府屯的村民发现，色福晋吊死在了一棵老柳树上。

色福晋的突然辞世，将藏宝库的秘密带去了另一个世界。但据当地居民的观察和推理，藏宝库的修建似乎确有其事。

线索汇聚，有望托出真相

齐王爷重建王府的时候，里面是一马平川，但是，等到王府建好后，王府的西北角，就是养鹿场那里，却突然出现一个高3.5米，长30多米，宽20多米的假山，这些土是怎么来的？如果是外面来的，整个屯子周围却没有取土的痕迹，所以最合理的解释就是，这些土是从王爷府内的地下挖出来的。取土的规模这么大，这个地下设施的庞大就可想而知，但是，直到现在，也没有人在王府里找到过什么地下设施，所以这个地下设施应该是个十分隐秘的工程。只是，齐王爷当初建府的时候，请的都是关内的人，所以这个地下工程究竟建在何处？怎么建的？结构怎样？拿来干了什么？没人能给出答案。

相传，齐王爷曾从关外特意定了18个大石槽子运回府里，因为这里离主要的交通要道很远，当时的运输工具又很落后，所以运这18个大石头槽子，是件很大的事，很多人都知道此事，但奇怪的是，这18个大石头槽子运进王府后，就神秘消失了，直到王府被扒干扒尽，也不见半个大石槽子的踪影，这些石头槽子哪去了？唯一的可能就是被埋在了地下，埋在地下干什么？这又让人不得不和藏宝联在了一起。

王府里的那口井也不寻常，不知什么时候开始，王爷开始不吃那里的井水了，称里面的水是苦的，王府做饭用水，都要从对面齐大爷家去拉。后来，王府被毁后，屯里的住家逐渐在王府原址上盖起了房子，家家都有一眼井，但打出的水并不苦。

其实王爷称井水是苦的不可信，真正的原因是，那口井可能与藏宝有关，因为据传说,当初帮齐王爷修地下金库的关内人,在修好地下金库后,都被活埋在了地下,王爷也许嫌弃被埋的尸体可能污染井水,所以从此对府内的井弃而不用。此外,那口井,还可能是地下金库的一个出口。

解放后,王府屯的农民曾在无意中,从王爷家分出去的其他几个宗室居住的地方挖到了财宝,在当地人的眼里,这也是王爷府地下藏有财宝的重要证据之一。

齐王爷有了小儿子清古吉后,为了保证自己这个比叔伯兄弟小得多的后代免遭夺权,齐王爷和自己的兄弟和叔父分了家,除了给每家几万亩地外,齐王爷还给他们每家按照北京四合院的样式,修建了几栋占地面积不菲,带有前、后花园的府邸。从而,王府屯除王府外,又增加了旺少爷府、祥大爷府、齐大爷府、包家大院几处典型的北京四合院建筑。其中,除旺少爷府和包家大院在土改时被毁外,祥大爷府、齐大爷府至今保存完整。

解放后,土改时期就被毁掉了的包家大院和旺少爷府,均被当地人无意间挖出或被其后人取走过财宝。

土改不久,一对从山东逃荒而来的崔姓夫妇,带着两个儿子定居到了王府屯,他家盖的院子,恰好包进去了一部分包家大院原址,有一天,崔家大儿子在院子里翻地,竟翻出来一个坛子,他不声不响把坛子抱进了自己房间,对这个举动,当时崔家上下谁也没在意。可是没多久,崔家大儿子突然暴亡,家里人在给他整理遗物时,竟发现他正穿着的棉袄里,藏着密密麻麻的钱。家里人这才知道,原来那坛子里装了不少财宝,“老崔家儿子被钱烧死了”的说法,也在王府屯周围传播开来。

最轰动的事发生在20世纪80年代初,一个春天,齐大爷娘家的后人带着图纸,在县公安局干警的保护下,前来齐王府挖宝,挖宝地点在土地所的后面,挖了有半铺炕那么大,不过,这次也没挖到什么财宝,只是从里面取走了两个大铁箱,但大铁箱子里除了各式各样的衣服外,别无他物。

这不禁让人立即想到,王府连衣服这样的常用品都会埋起来,数百年来积累下来的各种珍稀古玩玉器、黄金珠宝,一定也在地下某个地方,修建藏宝库的事越说越真,可宝藏的位置却成了无人能解的谜团……

5.哈布斯堡家族宝藏

如今到维也纳的游人必定要参观的艺术史博物馆,位于维也纳中央广场,里面收藏着哈布斯堡王朝的珍品,其藏品的丰富与珍贵在欧洲首屈一指。镶嵌着蓝宝石的纯金皇冠、硕大的绿宝石以及各种做工精美的金银餐具、器皿等,令几百年后的人们啧啧称奇、叹为观止。

哈布斯堡家族收藏的最古老的一件艺术品是一只叫"奥立凡特"的号角,1199年,由哈布斯堡家族的阿尔伯切特三世伯爵送给一个瑞士大寺院,500多年后又被作为礼物送还给哈布斯家族。号角本是中世纪人狩猎时普遍使用的东西,但这个号角却非同寻常,它是用象牙做的,雕刻花纹极其复杂精美。

由于16世纪以前的藏品十分稀少,因而也就格外珍贵。其中,一只水晶高脚杯原属于弗雷德里希三世,做工精巧,底座上刻着弗雷德里希三世那句豪气冲天的铭言:"奥地利帝国注定将统治世界。"奥地利确实也在世界上扮演着上帝的代言人角色。它成为欧洲历史上统治时间最长、人口最多、领土最为广大的一个王朝。

公元996年,奥地利这个名词首次在历史文献中出现。在此之前,奥地利是古罗马帝国的将士们抵御北方克尔特人侵袭的堡垒。随后,这里陆续居住过鲁吉尔人、黑鲁勒尔人、伦哥巴人、斯拉夫人和阿瓦尔人。976年,卡洛林王朝的奥托一世皇帝把这块土地作为封地赐给了巴奔堡家族。13世纪初巴奔堡王室绝嗣,哈布斯堡王朝建立。鲁道夫·哈布斯堡在打败了波西米亚人之后,开始了此后持续600余年的哈布斯堡家族的统治。

哈布斯堡家族强大的实力与明智的外交政策,使他们的版图迅速地扩张起来。哈布斯堡家族扩展自己势力的一个有效办法是联姻。马克西米利昂一世娶勃艮第的公主玛丽亚为妻,获得了法国、尼德兰、比利时的大片领土。他的儿子菲利浦的婚姻又带来了西班牙的大片领土。到了他的孙子卡尔五世的时代,

神秘的宝藏
寻找历代迷失的宝藏

哈布斯堡已经成为欧洲最强盛的一支王族。卡尔五世不仅是德意志神圣罗马帝国的皇帝,同时还是西班牙国王和那波利、西西里、沙丁的统治者。西班牙在南美的殖民地也因此进入了奥地利的版图。当时流行的一句话正好说明哈布斯王朝的用心:"啊,幸福的奥地利,结婚吧!"

联姻政策不仅为哈布斯堡家族带来广大的领土,也使其财政获利丰厚。马克西米利昂娶了法国勃艮第公爵的女继承人玛丽勃艮第, 她不仅为奥地利带来了法国、尼德兰、比利时的大片领土,其豪阔的嫁妆也着实让哈布斯堡家族大捞一笔。据说,玛丽的嫁妆足足装了400辆车子,金银、珐琅、水晶、瓷器等数不胜数,美不胜收。勃艮第家族的奇珍异宝让马克西米利昂大开眼界,他抓住这次机遇,把它视为难得的一次外交机会。后世很多学者认为,马克西米利昂,成为举世闻名的哈布斯堡家族丰厚收藏品的奠基人。今天人们在维也纳博物馆珍藏的一只高脚杯上可以看到马克西米利昂的画像,这只杯子也被称为"马克西米利昂高脚杯"。金杯的周围点缀着金珠,从杯盖上伸出挂着一个石榴的树枝,象征着王室的美德。这件艺术品是文艺复兴时期著名画家辛勒的杰作,艺术价值非常高。

18世纪初,哈布斯堡王朝领土空前广大,一派太平盛世景象。哈布斯堡家族开始向艺术领域涉足。自查尔斯五世开始,历朝历代的王室成员都悉心收藏珍宝,家族甚至于1364年作出规定:"不管我们当中的哪一个人拥有珠宝、现金或财产,也不管我们是买来的还是占有的,这些东西,包括珠宝、金币、银币、金饰、银饰、宝石、珍珠,不论何种形式、何种样子,它们都是我们的共同财产。"

有两件特别的东西是哈布斯堡家族的传家之宝。一件是独脚兽之角,因其神秘与稀有,在中世纪有着丰富的神话与宗教内涵;另一件是一只巨大的玛瑙碗,此碗大约造于公元3世纪罗马帝国时期,到哈布斯堡王朝时期它已经是一个有900年历史的老古董,所以显得分外珍贵。这两件稀世珍宝被哈布斯堡家族代代相传,并定下永不许割让、典当或出售的家训。

在哈布斯堡家族的历史上,狂热的艺术品爱好者和赞助者比比皆是,马克西米利昂的女儿玛格丽特,是哈布斯堡家族第一个伟大的艺术品爱好者。还有斐迪南二世大公,他将终生的精力都放在收集和制作珍宝上,他的许多日用品都是精美绝伦的艺术品。

玛利亚·特蕾西女王是哈布斯堡家族统治史上最具有声望的一位国王，被称为"国母"。她执政期间推行一系列促进商贸、改良机构、普及教育的政策，为奥地利历史写下了辉煌的一页。同时，她还是16个孩子的母亲，她为他们精心安排了与欧洲各王室的联姻，确保了奥地利帝国的强大与和平，而哈布斯堡帝国的势力也因此扩大至整个欧洲。他们的足迹留在了欧洲各国的艺术博物馆里，比如在西班牙的普拉多博物馆，其奠基者就是哈布斯堡王朝。自1819年开馆后，皇室藏品逐渐移入馆内。然后通过国家从艺术市场或展览会选购，或由私人捐赠，馆藏日益丰富。

在哈布斯堡家族收藏中有一块巨大的天然翡翠，它出自著名的雕刻家狄奥尼索·米索罗尼之手，这块翡翠重达2600克拉，是非常罕见的旷世奇珍。米索罗尼花了整整8年时间雕刻这块翡翠，他照着翡翠的天然形状，将它雕成瓶子的形状，通体碧绿晶莹，美不胜收。

有繁荣就必将有衰败，这个统治欧洲600多年的家族，在一系列的沧桑巨变中逐渐走向没落。

1914年，奥匈帝国哈布斯堡家族成员斐迪南大公在萨拉热窝被暗杀，成为第一次世界大战的导火索。一战结束后，帝国解体，成立了共和国。哈布斯堡家族最后一位国王卡尔一世被迫流亡，哈布斯堡家族退出了历史的舞台。

然而后来的一则大新闻重新勾起世人对这个庞大家族的好奇。人们又开始关注哈布斯堡家族的后裔流落到何方？过着怎样的生活？

2003年7月，一个重大的话题占据了捷克大小报刊的头条：哈布斯堡家族的后裔，弗兰茨·尤尔瑞奇·肯斯基要求收回原属于哈布斯堡家族的财产，总价值高达15亿欧元。弗兰茨·尤尔瑞奇·肯斯基被媒体称为"愤怒王子"，其曾祖父是维也纳哈布斯堡王朝的成员斐迪南王子。斐迪南王子去世时，留给子孙一份遗产。经历两次世界大战之后，这份遗产早已被战火与时局蚕食殆尽。

弗兰茨·尤尔瑞奇·肯斯基4岁被流放。之后时隔近一个世纪，他旧话重提，向捷克政府要求归还应属他名下的财产。这一份清单包括6座城堡以及城堡里的古董家具、金银器皿、11幅价值连城的17世纪地毯、277幅由哈布斯堡王朝收藏的油画和木刻。最后还有他所认为的其他零碎产业:数幢大大小小的楼房,12000公顷的土地和森林。其中,最值钱的当属布拉格堡,这是布拉格最美的古建筑之一,被世人公认为可以和巴黎的卢浮宫相媲美,这个建筑群的局部现在正分别被用作国家博物馆及总统官邸。法庭虽接受肯斯基的控告,公开审理此案,但结果却难以预料。无疑,这是令捷克政府不胜负荷的诉讼,也将是一场旷日持久的官司。

6.高贵与奢华——英国王室珠宝

英联邦一度被称为"日不落帝国",它强大的国力加上几百年来悠久的历史和亘古不变的传统,使得珠宝收藏成为英国王室举世为傲的习惯,无数的极品钻石和红蓝宝石被镶嵌在一顶顶王冠和一柄柄权杖之上,凸显着特有的高贵与奢华。

英王室的奢华尊贵

1830年,一场宏大而庄重的仪式正在进行,威廉四世即将加冕、登上英国国王的宝座。一顶硕大的王冠在阳光下熠熠生辉,周身闪烁着钻石的光芒,这比之前任何一个国王的王冠都要华丽。之前工匠曾经提出过疑议:将如此繁多的宝石和钻石嵌在王冠之上,重量未免有些让人吃不消。可是这位作风高调、喜欢奢华的君主,坚持自己的决定。此刻,在众目睽睽之下,他为自己的专断和高调付出了代价，刚戴上王冠开始脖子就一阵剧痛，他稍微坚持了一下，可是随后钻心的痛楚使他一刻也不能再承受，于是紧急命令周围众臣拿掉王冠，加冕仪式暂时中止。痛苦的威廉回到宫中，但疼痛仍未消失。太医慌忙前来查看，原来陛下已经伤到骨骼。

这件事成为英国皇室历史上因为追求极度高贵而引发的一次败笔。其实这种奢华的加冕风俗由来已久，英国王室的前身可以追溯到距今1600年前，这个古老而强大的王族在漫长的历史中形成了一套最为完整、最有历史渊源的加冕仪式。而整个仪式最为引人注目的部分，毫无疑问是国王头顶镶满珠宝的王冠和手中的宝石权杖。

一千多年来，王室一直在思考着一个问题，如何显示自己独一无二的高贵和至高无上的王权。为此，每一代英国国王都会竭尽全力搜罗来自各地的珠宝或钻石，因为只有地球上最稀缺的东西，才能显示自己的权势与荣耀。这种风俗使得英国王室拥有的珠宝和钻石在全世界都首屈一指。这些宝石对他们来说到底多重要？要知道在中世纪时期，如果国王御驾亲征，即便是在遥远的地方作战，也要将宫中最珍贵的宝石带在身边，仿佛这些宝贝要比战争的胜负还要值得重视。

1648年，英国发生内战，王党军被议军击败，查理一世被俘。1649年1月，特别法庭开始审判查理一世。克伦威尔下达命令，处死国王查理一世。查理一世被送上断头台之后英国王室的珍宝流失严重。为此，从1660年复辟成功开始，英国王室便动用举国之力，重新制作豪华的王冠和权杖，一批批新的无价之宝就这样再次诞生。到了18世纪，英国王室已经培养出世界上最优秀的珠宝工匠，同样也拥有了世界上最奢华的珍宝。

当英国的殖民势力向全球扩张，到达印度和南非之后，这两个地区便成为英国王室最大的钻石供应地。特别是19世纪维多利亚女王在位期间，她将珠宝的收藏癖好发挥到了极致，全世界范围内的附庸小国纷纷投其所好，各种奇珍异宝纷至沓来。印度地区甚至呈上了当时的一枚至宝——"光明之山"钻石，这块钻石历史古老，从14世纪流传至今，有拇指大小，重达191克拉。女王对之爱不释手，送往工匠处再度打磨。完工后的"光明之山"重达108.9克拉，周身的光泽无可挑剔,最终被镶嵌在女王自己的王冠之上。

1905年,一颗重达3000多克拉的钻石原矿引起了全世界的震惊,这颗钻石产于南非,估价高达75亿美金,是人类开采钻石以来的几千年里全世界范围内发现的最大的天然钻石。发现这枚钻石的矿山公司的经理将其按照自己名字命名为"库利南巨钻"。消息传出后,世界各地的宝石界一片骚乱,许多人开始筹划如何将其盗走。当时作为南非领主国的国王是英王爱德华七世,为了确保万无一失,他专门安排一支警察精英前往南非,负责将其安全运回国内。这可难坏了负责人,因为无论是走水路还是陆路,世界范围内一大帮"职业高手"都会虎视眈眈,他们早已经时时盯着这件价值连城的宝贝了。最后,一个让人大跌眼镜的方法被采用了,他们揣摩了人们的心理之后决定,将钻石装进一个没有任何标识的普通包裹里,通过邮局夹杂在一堆杂乱的物品之中邮寄了出去,白金汉宫于一个月之后安全收到。

爱德华七世看到南非当局的礼物高兴万分,将它通过特殊途径转运至阿姆斯特丹,由当地一位顶级珠宝匠打磨,历经几个月的精心雕琢,钻石被切割成大小不等的9块,成品钻总量为1063.65克拉,最大的一颗梨形刻面钻石重达530.02克拉,取名"库利南1号",后来被人们称为"非洲之星"。切角的长方钻"库利南2号"重达317.4克拉。国王当时仅要了这两块,剩下的梨形钻"库利南3号"重达95克拉,方形钻"库利南4号"重达64克拉,心形钻重达19克拉,一颗马眼钻重11.5克拉,另一颗马眼钻重8.8克拉,还有一粒长方钻重6.8克拉,一粒橄榄球形钻重4克拉,这些全部送给了这位加工钻石的阿姆斯特丹工匠。其中第六颗钻石后来又被国王回购,送给王后做礼物。1910年,南非当局出面将剩余的钻石全部买下,送给了当时的玛丽王后。

珠宝学家评价,像这样超过100克拉的钻石非常罕见,全球范围内也没有几颗。但是在英国王室的收藏中,已经占据了一半以上。再加上其他数不清的文物和艺术品,这种超乎寻常的财富集中,和英国王室自身的悠久历史和强大势力是分不开的。

英国王室历史

古老的英格兰曾经被罗马帝国统治,然后分裂为许多小王国。公元6世纪,盎格鲁·撒克逊人入侵,形成了七个较大的联盟。829年,其中的威塞克斯王国国王埃格伯特统一了英格兰各部,历经15代,埃德蒙二世统治时期被丹麦国王克努特入侵,并分割统治。1016年克努特将整个英格兰纳入帐下。1042年,拥有威塞克斯王室血统的爱德华继承了丹麦王位。在他死后,法国的诺曼公爵威廉在此建立了诺曼王朝,英格兰的王权从此开始加强。

1154年,亨利二世统治的金雀花王朝是英国历史发展的黄金时期。他在位期间进行了大量的改革,卓有成效。在他之后历经了理查一世、约翰王、亨利三世三代。其中亨利三世的儿子爱德华一世在外吞并了威尔士、远征苏格兰,在内完善了各种法规制度,为英国的统一打下了基础。

英法百年战争之后,英格兰又经历了"红白玫瑰战争",最后进入都铎王朝统治时期,期间英格兰同罗马教皇决裂,通过宗教改革,国王与宗教获得权力的统一。到了伊丽莎白一世统治时期,从1558年开始,在她在位的45年里,英国海军击败西班牙无敌舰队,成为海上霸主,将北美纳入殖民地统治,成立了伦敦证券交易所,成立了东印度公司,种种措施使得英格兰在经济、文化、军事各个方面都有了很大进步。在她死后,苏格兰国王詹姆士六世继位,英格兰、苏格兰第一次合并统治,他的儿子便是查理一世,其国内革命时期被送上断头台,查理一世之子查理二世于1660年复辟,随后经过"光荣革命",英国确立了君主立宪政体,英格兰和苏格兰正式合并为同一个王国。

1714年,英国进入汉诺威王朝时期,期间英国的海外殖民地迅速扩展,国内也开始了工业革命,一个空前强大的时代来临,维多利亚女王在位时期,国力达到全盛。非洲的加纳、尼日利亚、乌干达、肯尼亚、索马里等地先后成为英国殖民地。1877年,印度也归属于英联邦。英国已经习惯了被人称为"日不落帝国"。

第一次世界大战之后,英国王室进入温莎王朝。在如此更迭的王室历史背景下,英国人对王室珍宝的汇集产生了兴趣,在20世纪80年代民众呼声之下,撒切尔夫人指派了一个专家小组进驻白金汉宫进行清查,15年之后才完成统计。1998年年底,他们宣布英王室的宝石和宝器共有22599件,具体货币价值无法计算。

2002年，英国女王伊丽莎白二世的妹妹去世后遗留的珠宝财物在克里斯蒂拍卖行首次拍卖。根据统计,她的遗产高达1399万美元,计划拍卖的物品仅占遗产的一部分,共有800多件,几乎每一件物品都价值不菲。

2006年8月25日,经过女王批准,英国电视台组织的一个考古挖掘队对女王三大宫殿的花园进行挖掘,对外声称这次挖掘是为了考察历史遗迹,但是实际上到底有多少埋藏的珍宝重见天日,并没有对外公开。

同年,为了庆祝女王80大寿,白金汉宫首次展出了女王的小部分财产,其中包括名贵珠宝、华贵的晚礼服等。展出中,人们首次见识了女王收藏的在全世界首屈一指的珠宝,其中一些珠宝采用了大量的钻石、红蓝宝石,价值连城。

如今,英国王室历经几百年遗留下来的财宝依然在白金汉宫珍藏,门口不断更换的卫兵和宏伟沉寂的建筑,和那些财宝一样永远衬托着王室的威严与高贵。

7.神奇琥珀屋失踪之谜

俄国的琥珀屋曾被誉为"世界第八大奇观"。波斯王子访问圣彼得堡时,曾为琥珀屋的气派所慑,慌忙脱下鞋子,不忍心玷污了琥珀屋的地板。这样一个富丽堂皇、穷奢极侈的琥珀屋,自从1944年3月最后一次与世人见面后便销声匿迹、不复辉煌,它到底到哪里去了呢? 多少年来,人们一直在探究这个秘密。

珍宝奇观——琥珀屋

1997年5月13日下午,德国一支刑警部队突然包围了不莱梅郊区施瓦赫豪森的一幢别墅。房子的主人名叫曼哈特·凯泽,是一位公证人。在警犬的协助下,警方很快在别墅内找到了失踪了50多年的琥珀屋的一部分——4块墙板中的1块。警方立即用专车把这件失而复得的稀世珍宝运至了东部的波茨坦,并组织专家进行了鉴定。来自德国和俄罗斯圣彼得堡的专家经初步验证后一致认为,警方找到的这块墙板正是两个半世纪前琥珀屋的原物。

琥珀是远古时代的植物树脂经过石化形成的产物,它的纹理交错,图案清晰,十分美丽,是种贵似黄金的装饰品。

18世纪初,普鲁士国王腓特烈一世一时心血来潮,竟突发奇想,要建造世界上最美的珍宝奇观——琥珀屋。

为了建造琥珀屋,腓特烈一世颁发命令,调集各地的能工巧匠汇聚于普鲁士的首府柯尼斯堡,并让各地进贡琥珀石、琥珀板。不能直接进贡琥珀的,则必须交纳相应的税金。腓特烈一世还亲自到各地去查看琥珀的质量。进贡来的琥珀瑰丽夺目,有的似红色的火焰,有的似秋日的树林。

琥珀屋在腓特烈一世的亲自监督下,由建筑师安·休鲁达和戈·达思着手建造,用了近6年的时间,于1709年建成。琥珀屋面积约55平方米(长11米,宽5米),全部采用活动镶板。为了增加内部的亮度,室内的镶板全部用带银箔的琥珀板,有些地方饰以黄金。它银光闪闪、金碧辉煌,美丽的花纹像栩栩如生的蝴蝶,堪称世界一绝。

就在琥珀屋建成的这一年,俄国的彼得大帝在波尔塔瓦之战中大败号称"常胜将军"的瑞典国王查理十二,为普鲁士除去了一害,免去了普鲁士的北方之忧。普鲁士国王腓特烈一世为了能得到俄国的庇护,便忍痛割爱,把稀世珍宝琥珀屋作为礼物送给了彼得大帝,意欲与俄罗斯结成同盟。彼得大帝毫不客气地接受了。就这样,琥珀屋于1717年从普鲁士运到了圣彼得堡。

不久,彼得大帝病逝,继位的女皇叶卡捷琳娜用了1个月时间对琥珀屋进行了改造,把它放置在了宫廷中。琥珀屋的天花板被抬高了一些,1个门变成了3个,还增加了几个窗户。这样,原有的琥珀板便不够用了,于是设计师拉斯托里在房间里安了一些特制的镜子,镜子置于银白色与金黄色的镜台上,镜台用精美的玉柱装饰起来。这样,琥珀屋里的琥珀图案就更加精美绝伦了。琥珀屋实在是太美了,就像一颗璀璨的明珠,镶嵌在雄伟的叶卡捷琳娜女皇宫殿中。

几经周折,琥珀屋又为俄国女皇伊丽莎白所有。1755年,女皇将琥珀屋的部件运往郊外夏宫,并对它进行了新的改造。新的琥珀屋历时8年落成。它高达10米,比以前的5.3米高出了近1倍。四壁高大的玻璃镜托着琥珀镶板,佛罗伦萨式的彩石镶嵌画呼之欲出,镀金花饰的白色门晶莹剔透,地板亮得可以找到每一根毛发。清晨,当缕缕阳光透过乳白色的窗纱射进室内时,四壁的琥珀就会放出五颜六色的奇光异彩,画中的仙女、天使、雄鹰似乎都在飞舞;夜晚,壁灯、吊灯齐亮,满室流光溢彩,入室者无不为之倾倒。这座琥珀屋价值连城,惹得无数贪客垂涎,费尽心思想去攫取它,但都未能成功。在200多年的时间中,它一直被精心地保护在宫殿中,无人能染指。

十月革命之后,叶卡捷琳娜的皇宫改为了博物馆,琥珀屋也一直完整地保存在馆内。

第二次世界大战期间,德国法西斯成立了一个专门掠夺外国财宝和文物的组织。这个组织跟随大军行进,所到之处,凡有价值的文物,都被他们掠夺并运回了德国。

1941年8月,纳粹德国军队逼近了列宁格勒(圣彼得堡)。博物馆人员措手不及,来不及卸下镶板,唯一能做的就是在琥珀屋的墙面上蒙上硬纸板,便匆匆撤离了。

1941年年底,德军占领了叶卡捷琳娜皇宫,他们把宫里所有的金银珠宝和各种文物洗劫一空,连墙上和天花板上的名画都未放过。他们找到琥珀屋后,立即惊喜地向希特勒发电报。希特勒即刻回电,要他们把琥珀屋拆卸装箱,用火车运回德国柯尼斯堡。希特勒还恬不知耻地说:这是德国人的财富,理应归还。就这样,琥珀屋又到了德国。

1944年3月,琥珀屋连同其他被纳粹德国掠夺的苏联文物,曾在柯尼斯堡进行了一次公开展览。这也是世人最后一次目睹琥珀屋的绚丽风采。

1944年8月,英军两次空袭柯尼斯堡,老城区有40%被夷为平地。因此,人们猜测,琥珀屋已经化为灰烬。

旷世珍宝,不知去向
战争快结束时,苏联政府成立了一个寻找琥珀屋的组织,他们紧随苏联红军开进德国,在战争的废墟中到处寻觅,却一无所获。

1949年年底,经过多方调查,他们终于获悉在奥内斯克城有一个叫格诺萨斯的德国人知道琥珀屋的下落。于是,搜索队立即找到了这个德国人。当搜索队问他知不知道琥珀屋的下落时,格诺萨斯十分自信而干脆地回答:"是的,我知道琥珀屋——它被沉到波罗的海的海底了。德国人在1945年1月曾把一批财宝,包括琥珀屋丢入了大海中。"根据他的指点,搜索队动用了两艘船从海底打捞上来了17个大木箱子,然而打开一看,里面装的根本不是琥珀屋,而是滚珠轴承和汽车部件之类的东西。看来,这是一个精心制造的骗局,自以为知情的格诺萨斯也上当了。

搜索队并不气馁,这根线索断了,他们接着寻找其他线索。搜索队在研究了大量的原始材料后发现,罗德博士是一个十分重要的人物。罗德是德国的一个艺术权威,战前便发表过不少关于琥珀的著名的专题论文。他对琥珀的研究造诣很深,有"德国琥珀专家"的称号。1939年左右,他出任柯尼斯堡博物馆馆长,成了柯尼斯堡琥珀收藏品的管理人。纳粹分子把琥珀屋从叶卡捷琳娜皇宫中偷出来,运到柯尼斯堡后便交给了罗德博士,由他负责管理、研究并进行拼装。罗德博士收到这件旷世珍宝时高兴得欢呼雀跃,自认为是世界上最幸福的人。

罗德博士经过一番精心琢磨之后,决定把琥珀屋编入美术馆的目录,并将其重新组装起来,放在博物馆内展览。琥珀屋组装后便开始在小范围内展出。不久,在柏林有名的文物杂志《万神庙》上,便出现了罗德博士洋洋洒洒地介绍琥珀屋的文章。

1943年年底至1944年年初,斯大林格勒战役结束,苏军消灭了德军约90万人,苏德战场的形势开始逆转。苏军冒着暴风雪顽强地向西挺进。纳粹头子和要人纷纷撤至距离波苏边界很近的蒂尔西特和柯尼斯堡等地。随着形势的吃紧,一列列满载的火车开出了柯尼斯堡南站,一艘艘满载的货船驶离了海港。与此同时,英国空军也不断派飞机进入柯尼斯堡进行骚扰和轰炸。原普鲁士国王居住的王宫在一次轰炸中起火,设在王宫中的博物馆面临被炸毁的危险。琥珀屋和各种琥珀收藏品的命运使罗德博士心急如焚。因此,就在普鲁士王宫被炸的当天,罗德博士就下令拆卸琥珀屋,装箱待运。然而这些装着旷世奇珍的箱子究竟有没有运离博物馆呢?关于这个问题人们莫衷一是,但谁也无法确切地说出它们的下落。有人断言,琥珀屋还在柯尼斯堡,只是埋于某个秘密地点。然而,俄罗斯人在柯尼斯堡掘地三尺,也没有找到琥珀屋的一丁点儿碎片。

苏联的搜索队决心一定要找出琥珀屋。他们把眼光重新集中到了有关的资料上。经过一番查找,他们发现有个叫库尔任科的俄罗斯妇女,曾在罗德博士的博物馆里工作过。

1958年,经过多方调查,搜索队找到了库尔任科——她那时在科斯特罗马教育学院讲授美术史。刚过中年的她,衣着考究,十分精干,一听说搜索队是来调查琥珀屋等博物馆展品的,她便开始有些紧张,但是很快就平静了下来。她向搜索队提供了一些十分重要的情况。她说:"1944年11月14日,我跟罗德博士一起到了维尔登霍夫。罗德把我介绍给施威林伯爵之后,便把我带到了一个大房间中。房间里有许多加封的箱子。罗德博士说,柯尼斯堡博物馆的所有展品都已经装在这些箱子中待运。至于琥珀屋,我一点儿情况也不知道,我倒是问过他一些关于琥珀屋的问题,可他却从不正面回答我,而总是把问题绕开。此后,我们的话题就再未涉及过琥珀屋了。况且,战局的变化使我精神负担很重,我总不禁去想,博物馆那么多展品交给我了,我能保证它们的安全吗?"库尔任科坦诚地说。

接着,她又说道:"1945年1月22日,形势越来越糟糕,施威林一家打算离开维尔登霍夫,而且希望我跟他们一起走。可我决意不去,我要留下来照顾博物馆的财产。1月23日,德国部队为了阻止红军开过维尔登霍夫,要我把自己住的房子腾出来供部队驻扎。德军进入庄园,看见这些箱子,便歇斯底里地发作起来。他们说,箱子太沉,不好搬运,用来作燃料倒蛮不错。我见势不妙,便威胁德军军官说:'你们必须为这些价值连城的文化财富负责,否则,军事法庭不会饶了你们!'德军军官哼了一声,扭头便走了。但他身边的一伙暴徒狂呼乱叫起来:'绝不能把这些东西留给俄国人……'他们一边喊叫,一边破坏。我试图上前阻止,可无济于事,他们几下子就把我推搡到一边去了。正当我感到绝望之时,突然,城里燃起了一片大火,炮声隆隆,红军进攻了。火光中人影绰绰——

德军开始撤离了。我想,那些箱子完了。我望着熊熊的大火一筹莫展。我就这么站着,一直站到了早晨5点半,直到苏联红军进了城。我立即去找红军首长,要求派人去抢救那些财产。可是,现场除了烧焦的木头和圣像之外,我们什么东西也没有找到。整个城堡已经变成一片灰烬。"从库尔任科的这些话看来,琥珀屋早已被转移走了。

1945年4月,美国巴顿将军的先头部队在德国魏玛附近的默克斯盐矿矿井下,发现了纳粹秘密窖藏的一个宝库,仅黄金就有285吨,总价值52亿美元;图书珍本200万册,唯独不见最珍贵的琥珀屋。

德国战时的柯尼斯堡地方长官科克,西逃时被盟军俘获,被波兰政府判处了死刑。苏联政府照会波兰政府暂缓处决,科克向苏方透露:琥珀屋仍在世上,镶板装箱埋在柯尼斯堡郊外,但具体位置记不起来。

美国的寻宝专家奥尔福德也从各种档案文件中查寻宝物的踪迹,他在原东德的奎德林堡发现了一个纳粹的宝库,里面有德军从世界各地搜刮来的大批艺术珍品,但仍然没有找到琥珀屋。

就这样,搜寻琥珀屋的线索三续三断,搜索队员无不感到万分懊丧。

然而,与此同时,有不少好心的德国人也在帮助俄罗斯人寻找琥珀屋。其中值得一提的是《自由世界》杂志,这家杂志为此特地登载了一则启事:"战争期间,纳粹分子从苏联抢走了大量文物,有些至今下落不明。现在苏联朋友正在寻找琥珀屋,若有谁知道相关的情况或线索,请直接函告《自由世界》,我们不胜感激。若要求保密,我们绝不泄露情报来源。"《自由世界》杂志的这份启事吸引了不少人。信件像雪片一样从柏林、莱比锡、汉堡、慕尼黑、柯尼斯堡飞往《自由世界》。其中,一封化名鲁道夫·林格尔的信最引人注目,它重新燃起了搜索队寻找琥珀屋的热情。

鲁道夫·林格尔的信是这样写的:"我的父亲叫乔治·林格尔,战争爆发时,他在希特勒的卫队和秘密警察署里工作,掌握着一支由中央帝国安全局直接指挥的特种部队,在国内和德国侵占的外国领土上活动。由于他卓越的成就,战争结束前他得到了不少胸章和奖章。就在他逝世前一个月,他向我讲述了他的平生经历,谈话中曾提到琥珀屋和其他琥珀收藏品,说它们都藏在斯泰因塔姆的地下室中。我问他那个地下室在哪儿。他看着我,笑了笑,说我太年轻,不要什么都刨根问底。我父亲于1947年10月在格赖茨医院病逝。1948年1月的一天,我无意中走进家里的地下室,发现了一个写得密密麻麻的日记本,上面记下了近100多条命令和执行命令的情况,其中的两份文件直接跟琥珀屋的转移有关。"

在这封信中,林格尔还附上了这两份文件。

林格尔上校:

立即在柯尼斯堡执行"绿色行动"计划命令,你把琥珀屋转移到B城的指定地点。完成任务后,按计划把入口伪装起来。若建筑尚完好,必须夷为平地。

中央帝国安全局:

根据中央帝国安全局的指示,已将30箱琥珀板和琥珀收藏品移交运输部。转移琥珀屋的任务已完成。按指示对入口进行了伪装,爆炸十分成功。

乔治·林格尔

林格尔的来信使人们似乎看见了琥珀屋那缥缈的幻影。然而,它究竟藏匿于地球上的哪一个角落,人们仍然无从知道,它成了人们心中的一座海市蜃楼。

世界奇谜待揭

1996年12月,德国波茨坦无忧宫内的一幅价值500万马克的油画《港口即景》被盗。德国警方在侦破名画被盗案中,意外地获得了有关失踪多年的琥珀屋的重大线索——有人看见两名24岁的大学生在柏林出手琥珀屋的一块墙板。

1997年4月,汉堡一家杂志曾报道说,一块宽50厘米长70厘米大小的琥珀屋墙板在黑市上售价达250万马克。德国警方顺藤摸瓜,发现不来梅市的一个公证人有重大嫌疑,这才最终出现了本文开始的那一幕。据警方初步透露的消息,这个名叫凯泽的公证人是从一个已经死去了的德国纳粹党卫队军官那里获得这块琥珀墙板的。

被警方查获的这块墙板宽50厘米,高70.5厘米,经有关专家确认,这块墙板正是琥珀屋内4块最大的墙板中的一块。

1991年11月,叶利钦访问德国,在德议会演讲时语惊四座:"我虽不知道琥珀屋藏在哪里,但我们不久之后一定会有一个新的琥珀屋。"

原来,苏联政府于1947年发布了修复战争中重要文物的命令,大部分工程均在70年代完成。1982年,苏联放弃了寻回琥珀屋的希望,组成以珠宝专家布利诺夫为首的工程机构,参照战前拍摄的琥珀屋照片,想要着手重建一座新的琥珀屋。

他们首先要做的,是取得6吨同样质地和色泽的琥珀原料。而琥珀的市场资源已濒于枯竭,新采掘的琥珀质量又很低劣,大部分只适合工业用途。因此,苏联政府必须耗费大量金钱和精力,从市场上收购琥珀旧货,再取其适用部分进行加工。刚开始的收购行动还算顺利,不料,到1984年年底,货源突然断了,国际市场上竟寻不见琥珀的踪迹——原来国际珠宝商见琥珀奇货可居,因此大量收购而囤积待售,货源多走私到丹麦去了。1984年11月和1985年1月,哥本哈根海关在轮渡码头分别破获了两起走私案,截获了琥珀珍品169公斤,这才煞住了走私之风。

走私集团覆灭后,苏联的采购原料和复建工程又得以继续进行。专家使用现代科技手段,消耗了数以万计的琥珀块,终于在1988年8月仿造出了一批琥珀镶板。到苏联解体前夕,总算完成了工程的一半,但其工艺是否达到原来琥珀屋的水平,还要打一个问号。

或许某天会出现奇迹,其余的琥珀镶板会在欧洲某地出土。那时,世界上便有两个相同的琥珀屋了。

第三章

帝王陵墓中的隔世奇珍

每个皇帝或者国王在其在位之初无不倾国之力，开始营造自己的陵墓，为自己打造一个地下王国。其奢华程度令人难以想象。不但有各种金银珠宝、玉器丝帛，还有大量孤本书籍陪葬。不但为后人保留了一个丰厚的地下宝库，更揭开了许多悬而未解的历史谜题。

1.国王洛本古拉的宝藏

在古老的非洲土地上，不仅有象征着往昔辉煌的金字塔，还有代表了近代苦难的黄金矿藏。当19世纪末欧洲殖民势力的魔掌伸向南非大陆时，马塔贝莱王国的国王洛本古拉领导人民进行了英勇的抵抗。虽然最终失败了，但他为后人留下了一段传奇的人生，外加一座诡异的墓地。

传奇的国王

洛本古拉是19世纪中后期南部非洲大陆马塔贝莱王国的第二任国王。他的父亲穆兹里卡兹原是南非祖鲁王国查卡王朝的将领,1839年发动叛变,在今津巴布韦西部建立了马塔贝莱王国。1870年,洛本古拉接任国王。他是穆兹里卡兹的庶子,因嫡出的太子在早年已故,所以在王位继承的问题上引起了极大的混乱。当时正是资本主义列强在南非极力扩张的时候,为了谋取本国利益,列强纷纷插手马塔贝莱内政,支持能够维护本国利益的王子争夺王位,甚至还推出了一个假冒的失踪太子,在王国中最英勇善战的一个兵团拥护下造反。

洛本古拉坚决实行了残酷的镇压政策,将整个兵团全部歼灭,由此登上了王位。这对洛本古拉是一个极大的胜利,但战争也严重削弱了王国的实力,为了报答支持他的大臣,他将王国的大量财富赐予他们,这更加重了王国面临的危机。

这时,殖民势力已经深入南非,老国王一生都在与布尔殖民者浴血奋战,保卫着黑人的每一寸土地。而德国地质学家毛赫关于津巴布韦的马绍纳兰就是传说中的所罗门王宝藏所在地的猜想,更使欧洲各国的殖民公司对马塔贝莱的黄金和钻石虎视眈眈。洛本古拉为了争夺王位,曾得到过伦敦林波波河公司和南非公司在北金山的采矿权以及伦敦林波波河公司在塔泰的采矿权。

然而,1888年,南非公司的罗德斯派约翰·莫法特与他签订了欺骗性的《莫法特条约》,实际上将他的国土纳入了英国的势力范围。接着又派查尔斯·拉德等人以1000支枪、10万发子弹、1艘汽艇和每月100英镑补贴的代价,诱使洛本古拉将其王国内的全部开矿权让了出来,然后狡猾地将开矿权解释为领土主权。这使知道真相后的洛本古拉极为愤慨。

1893年9月,英国南非公司的雇佣军以亚当斯中校为总指挥,开始向马塔贝莱王国首都布拉瓦约进发。配合他们行动的还有另外两支部队,总人数在3000人以上(包括白

人和土著),他们装备精良,甚至使用包括马丁尼·亨利斯步枪、马克沁机枪等当时最为先进的武器。洛本古拉也及时地将远征在外的6000多名士兵调了回来,布置在首都附近的重要关口,准备伏歼侵略军。但因为天降大雾贻误了战机,只好转为艰苦的阻击战。在以前与布尔人的战斗中,训练有素、英勇善战的马塔贝莱战士几乎攻无不克、战无不胜,但是,面对机枪、步枪这样杀人不眨眼的高科技武器,战士的英勇反而造成了更大的伤亡,他们一次次顽强的进攻都在冷酷的机枪扫射下失败。太阳慢慢西移,阵地上的尸体越积越多,马塔贝莱人的力量终于彻底耗尽了。洛本古拉无可奈何地下达了撤退的命令,并在撤出时焚毁了布拉瓦约。他率领人马一直向西北撤退,希望能找到一处僻静之地作为据点,重整旗鼓,东山再起。不幸的是当他到达维多利亚瀑布(今名莫西奥图尼瀑布)时,感染了霍乱,很快于1894年年初去世。

1895年,英国南非公司将其占领的原马塔贝莱地区改称罗得西亚,大肆占用当地居民的土地和牲口,对他们进行残酷的压迫和剥削。但是殖民地的反抗斗争从来没有停止过,直到1980年获得最后的胜利,建立起津巴布韦共和国。

诡异的宝藏

洛本古拉死后,按照马塔贝莱人的风俗,由巫师为其选择了墓址,并监视一批士兵挖掘了墓穴,将他埋葬在了赞比西河的一条支流附近,随葬的有大批象牙、黄金和钻石等撤退时携带的珍宝,按照当时的估价约值300万英镑。随后挖掘墓穴的士兵也被作为随葬品杀死,一同去往另一个世界继续守卫国王的灵魂。而杀死士兵的士兵则在与另一个部落的遭遇战中全部被杀,于是知道国王秘密墓地地点的就只剩下了巫师一人。但国王死后4年,巫师也跟着上了天堂,洛本古拉的珍宝墓地遂成了千古之谜。

第一次世界大战时,一名正在南非服役的名叫李波尔特的英国军官,从一堆德军战俘的材料中和一些当地人那里知道了洛本古拉珍宝墓地的传说,并发现一些可疑的地图和密码,但他对于密码的内容却百思不得其解。当地人告诉他,这些德国士兵曾经招募了一些土著士兵前往丛林中进行勘察,大概也确实得到了一些关于珍宝墓地的信息,但是没见他们找到什么宝物。李波尔特听后怦然心动,决定按照那些地图的指示亲自去看个究竟,但由于战争的延误,一直未能成行。

战争结束后的1920年,李波尔特设法找到了巫师的儿子。因为巫师死了,关于国王财宝的唯一线索就在巫师的儿子身上了。之前英国殖民政府就曾逮捕并严刑审讯过他,但他一直装疯卖傻,并最终被一个好心的传教士保释出狱。李波尔特找到他时,他已经年迈体衰,并且因为终日酗酒而变得精神失常了。但根据他模糊的描述和地图的标记,李波尔特居然成功地将目标锁定在一个方圆30千米的确定范围之内。他也想招募一些马塔贝莱人带路前去进行实地勘察,但人们知道真相后谁也不肯跟他去。两年以后,他才从别的地方招募到一批人,最终来到了墓地周围。那里的环境是令人紧张的一片死寂,李波尔特和工人们心里都感到一种莫名的恐惧。他硬着头皮走向前去,翻开表层的土壤,看见了墓室的石壁,不知道该是兴奋还是害怕。因为随着洛本古拉的珍宝一起流传下来的,还有那个巫师的一条恶毒的咒语,目的是警告贪婪的人们不要轻举妄动。那天晚上,李波尔特果然做了一个不祥的梦,梦见大群的苍蝇围着他飞来飞去,嗡嗡直叫。梦中的他惊出一身冷汗,醒来后还觉得头皮发麻。因为根据当地人的说法,梦见苍蝇是死亡的前兆,难道白天里他对国王亡灵的触犯,真的会带来什么不好的后果?果然,第二天挖掘时,两个护卫士兵挖出的断脚骷髅让所有工人都希望尽快离开这个诡异的地方。当天晚上,李波尔特的一个最英勇无敌的护卫竟在离营地不远的地方被一头狮子咬死。在工人们的极力请求下,李波尔特只好在天亮之后就带着他们匆忙返回了。

贼心不死的李波尔特于数年之后又曾两次前去探宝,尽管他搜罗了各种不同的魔法和护身符,但似乎都不是那个巫师咒语的对手。一次因为出现了莫名其妙的塌方造成10名工人死亡而结束,另一次因为各国殖民者对财宝所有权的问题与他争论不已、纠缠不休而压根就没有开始。长期的操劳和忧虑使李波尔特的心脏病也越来越严重,几乎卧床不起。无可奈何中他只好相信确是那巫师的咒语在保护着国王的墓地,最终决定修复墓地,烧掉地图,洗手不干。

据说后来又有两个德国人在柏林的德军文件中找到了相同的地图和密

码,并沿着与李波尔特一致的路线前去寻宝,结果却怎么也没有找到那个李波尔特曾经找到过的地方。另一个版本的"据说"是这样的:这两个德国人没有找到洛本古拉的珍宝墓地,是因为他们根本就没有去成,而是在前往的路上因飞机失事坠入海中一命呜呼了。这样的事情没有必要考证,总之那个传奇的非洲国王的诡异宝藏从此再也没有被人发现,也再也没有人敢问津。

2.清东陵宝藏之谜

清东陵位于遵化市西北昌瑞山南麓,占地70平方公里,距北京120公里,是清朝三大皇家陵园中规模最大、葬人最多、最具特色的一座。据传,明崇祯皇帝朱由检认为昌平陵已无佳穴,遂想另觅坟地,于是选择了昌瑞山南麓。但当时天下大乱,未能动工。清顺治帝福临死后,就利用这个地方建陵,称为孝陵。另有资料认为,清东陵是顺治帝到这里打猎时选定的。

从公元1661年(清顺治十八年)孝陵始建,到1908年菩陀峪建东陵(慈禧陵)全工告竣,清东陵内先后建起了皇帝陵5座,皇后陵4座,妃园寝5座,公主园寝1座。在这15座陵寝中埋葬着清朝的5位皇帝(第一帝顺治,第二帝康熙,第四帝乾隆,第七帝咸丰,第八帝同治),15位皇后,136位嫔妃,3位皇子,2位公主,共161人。这些陵寝全都极尽奢华之能事,其中的慈禧陵更是尽显了这个统治

清王朝48年的女独裁者的穷奢极侈。据大太监李莲英等著的《爱月轩笔记》记载:慈禧入棺前,棺底先铺上3层金丝串珠绣花锦褥和1层珍珠,共厚1尺多。棺头置放了一个满翠碧透的

翠玉荷叶,此玉叶面上筋络为天然生成。棺尾安放着1朵粉红色碧金大莲花。慈禧头戴珍珠串成的凤冠,是无价的稀世之宝。身着通贯金线串珠彩绣袍褂,盖的衾被上有珍珠制成的1朵硕大牡丹花。手镯是用钻石镶成的1大朵菊花和6朵小梅花连贯而成。尸身旁放置有蒲翠、白玉、红宝石、金雕佛像各27尊。脚下左右两边各放菊翠白菜2棵、蒲翠丝瓜2个、蒲翠西瓜1个,还有宝石制成的杏、枣、桃、李200多枚。尸身右侧放置一株玉雕红珊砌树,上绕青根绿叶红果玉蟠桃1枚,树顶处停落一只翠鸟,左侧放置1枝玉石莲花和3节白玉石藕,藕上有天然生成之灰色"泥污",藕节出绿荷叶,上开粉红色莲花,这些奇珍异宝全是天然雕琢。棺内还有玉石骏马8尊、玉石18罗汉等700多种珍宝。为填补空隙,棺内还倒入了4升珍珠和红、蓝宝石2200多块。慈禧口中含有一颗巨大的夜明珠,当分开为两块时透明无光;合拢时则是一个圆珠,射出一道绿色寒光,夜晚百步之内可见头发。可见,慈禧太后不仅生前穷奢极欲,死后也要躺在成堆的金银珠宝之中。面对如此规模的陪葬宝物,那些渴望一夜暴富、心怀鬼胎的盗宝者当然不会让她就这样轻易地安眠。

慈禧死后不到20年,就在1928年7月2日,孙殿英以军事演习为名,秘密挖掘了清东陵的慈禧墓和乾隆墓。据孙殿英回忆:慈禧的棺盖一掀开,满棺珍宝使人眼花缭乱,就连手电筒的光亮也黯然失色!盗墓贼将慈禧的尸身挖出扔在了地宫的西北角。后来去收拾的人发现,慈禧全身都被剥光,伏于破棺椁之上,脸朝下,长发散而不乱,手反转搭于背上,反转尸首通体长白毛。慈禧墓被盗的随葬财宝除极小部分被孙殿英用于贿赂当时政界要人外,绝大部分至今下落不明。民间有一种传说,孙殿英将盗掘得来的部分东陵宝藏用来贿赂上司徐源泉,徐源泉将宝藏埋在了自家公馆的地下密室中。"文革"期间,有人在武汉新洲徐公馆附近挖出了不少枪支军备,结果有关徐公馆藏有巨宝的说法也不胫而走。

2001年2月中旬,西北某大学历史系的两名教授来到了新洲区。他们未与新洲区文物部门联系便直奔徐公馆,并走访了当地的多位老人收集资料,以求证1928年孙殿英送给徐源泉的部分东陵财宝的下落。这两名教授临走时透露,徐源泉的确可能将财宝埋在了徐公馆的地底下。

沉寂了70多年的东陵宝藏历史悬案再度搞得沸沸扬扬，东陵宝藏果真埋在武汉吗？臭名昭著的东陵盗宝，曾作为一段史实被搬上荧幕，73年后这段历史又被炒热。那么，东陵宝藏真的藏在武汉市新洲徐公馆吗？

徐源泉公馆坐落于武汉新洲区仓埠镇南下街。据史料记载，1931年，时任国民党中央执委第6集团军陆军上将的徐源泉，耗资10万大洋在仓埠镇建成了占地面积4230平方米的徐公馆，融中西建筑艺术风格为一体，极其富丽堂皇。据当地老百姓讲，徐公馆是徐源泉为其母亲和妻室建造的，他并没有入住，公馆建成后徐派出了两个连的兵力保护。

徐公馆外观雄浑壮观，内里装饰十分精美。公馆的地下室有一个秘道，传说宝藏就埋在这条秘道里。"文革"期间，曾有人在徐公馆附近挖花坛，结果挖出了一条深可过人、内有积水的地道。由于当时挖开的地道中不断冒出腾腾的水气，众人怀疑地道下可能有机关和毒气，就没敢下去。

1984年全国文物普查和1989年文物普查时，包括武大历史系教授在内的专家组多次对徐公馆和徐源泉的亲属、街坊进行了仔细的寻访，结果并未发现任何有价值的线索。

为搞清徐公馆的埋宝之谜，1994年，时任新洲文物管理所副所长的胡金豪，专程探访了徐公馆东厢房下的密室。他仔细地清扫了这间仅几个平方米大、空无一物的密室，并细细敲打每一面墙砖，查看里面是否藏有机关。胡金豪发现，密室的墙没有糊上泥巴，有一面墙的砖还参差不齐，似乎是临时砌上去的。但由于种种原因，他没有作进一步的调查。

胡金豪认为，要论定徐公馆地下是否藏有清东陵宝藏，至少还有几点需要核实：孙殿英是否将东陵宝藏送给了徐源泉？徐源泉是否将宝藏埋在了徐公馆地下？从徐公馆建成到1949年徐源泉离开大陆期间，他有没有将宝藏移往它处？而这些在史料上都没有记载，所以断定徐公馆埋有东陵宝藏尚为时过早。

1994年9月18日，新洲区文物管理所副所长胡金豪还走访了当时已93岁高龄的徐公馆女佣袁一全(现已去世)，并作了现场笔录。

袁一全回忆说，孙殿英盗东陵，徐源泉是司令，因此发了财，就用这笔钱修建了徐公馆，当时盖房用的还是武昌城墙上的砖。公馆建成后，国民党曾在徐公馆附近枪毙人。不少人怀疑，被枪决的人就是修房的工匠。

胡金豪随后还走访了60多岁的夏名老人，夏家曾与徐公馆相邻。据夏老转述其父亲的说法，1931年6月15日，红军打下仓埠时，号召穷人分富人的财产，夏家因此分得了徐公馆的一个明代花瓶。但红军走后，穷人分得的财物又都被徐家要回去了，所以徐公馆的财宝并未丢失。

而世代居住在新洲区仓埠街的林庚凡老人则提供了又一种说法。林庚凡是徐源泉姐姐的养子，据他介绍，他10岁时曾到徐公馆玩耍过，那时的徐公馆富丽堂皇，地道里尽是值钱的宝贝，徐源泉的妻子当时有一顶凤冠金光灿烂。徐公馆的大门原先朝北，但徐源泉认为这寓意着败北，不吉利，于是将大门改为现在的西北方向。1940年，徐公馆一度成为日本驻军的兵站，自此，他再没去过徐公馆。"文革"时，林庚凡被批斗，与徐源泉及其家属划清了"界线"。他认为，徐公馆的地下很可能藏有清东陵财宝。

对于沸沸扬扬的藏宝之说，新洲区文物管理所所长胡德意却认为这纯属无稽之谈。清东陵的部分财宝是否在武汉？徐公馆与被盗财宝到底有没有关系？其实目前还没有任何确凿可信的科学证据可资证明。

胡金豪说，关于目前清东陵被盗的部分财宝藏于武汉的消息，来源只是民间的一些传言以及某些研究人员的推测而已。早在60年代，他就听到附近的老人传说徐公馆可能是埋宝的所在地。早些时候，文物部门曾对徐公馆进行过一次较大规模的维修工作，但并未发现传说中的藏宝地道。

从新洲区文物所整理的史料中我们可以得知：1927年，41岁的徐源泉被任命为国民党第6集团军总司令。1928年7月，他放任部属孙殿英盗挖清东陵，并接受其的贿赂，将部分受贿所得的清东陵财宝转移，据为己有。1949年逃到台湾，1960年在台北病死。徐源泉到底将清东陵的财宝藏于何处，还是一直就带在身边？这一切至今仍是一个难解之谜，有待于文物部门进行科学的研究判断。

胡所长透露，他们将会就此事会同湖北省、武汉市各文物局和相关部门，展开细致的史料分析和深入的地质勘察论证工作，以得出科学有力的证据。他强调说，揭开徐公馆的清东陵财宝之谜还有待时日，"目前只能说有这个可能"。

徐公馆藏有宝藏的消息传开后，公馆原主人徐源泉的儿子徐钧武也接受了采访。

徐钧武退休前为湖北省第二机床厂职工。他出示了武汉市公证处1985年12月就徐源泉遗产继承之事而出具的一份公证书，其上写着徐钧武、徐明为徐源泉之子，其女徐明现居美国。

徐钧武说，父亲徐源泉曾任国民党第6集团军总司令，而"东陵大盗"孙殿英为其麾下第12军军长。1928年，孙殿英秘密挖掘了清东陵慈禧和乾隆墓，盗窃了大批金银财宝。作为孙的顶头上司，徐源泉因此被怀疑受了贿赂。但建于1931年的徐公馆只是一幢普通的2层木质建筑，有一个普通的地下室，自小离家的徐源泉和家人并未在此居住过。抗战胜利后，父亲卸甲还乡，一直住在武汉市区。1948年他到广州开会，写信让徐钧武去。徐钧武去了才知道，父亲已决定不回武汉了。1949年，父亲飞往台湾时也并未带多少行李。徐钧武推断，"如果说有什么东陵财宝的话，他肯定会要我带过去，或嘱咐我将财宝转移。而我们从未听说有东陵财宝的事，所以徐公馆藏宝的可能性不大"。

那么清东陵遗失的大批宝藏到底藏在何处呢？徐源泉公馆是否就是传说中的藏宝之地呢？我们只能期待历史学者和考古学家的进一步调查证明能够为我们提供确切的答案。

3.尚未出土的塞提一世宝藏

当权者都喜欢财宝，尤其帝王更是比普通人要喜欢得多。而且似乎他们更相信有来生，或者是更希望有来生。所以要把金银财宝都收藏起来，或是带进坟墓，以备来世之需。

提到埃及，我们首先想到的就是金字塔，以及金字塔里面的木乃伊和财宝。但是金字塔是在旧王国时期建造的，到了新王国时期，法老们就不再建造金字塔了。不过国王的坟墓还是有很多的陪葬品,并且都是极其珍贵的宝物。讲到新王国时期,那么就不得不讲一下新王国时期第十九王朝第二代法老塞提一世,他统治了埃及二十七年,是埃及历史上最富有的国王。

塞提一世极其富有,就以其以雄厚的财力大兴土木,广建纪念物,尤其是在人迹罕至的"帝王谷"中,为自己建立了一座外表相当隐蔽,里面却十分豪华的陵墓。塞提一世死后,大批金银财宝连同他一起葬在这个陵墓中。

近代最早在塞提一世陵墓寻宝的人是意大利人乔万尼·贝尔佐尼。据一个强盗家族的后代阿里·阿布德·埃及·拉苏勒介绍,贝尔佐尼在国王山谷挖掘时,曾得到他曾祖父的帮助。他的曾祖父是当时这个家族的族长,传说他能够准确无误地感觉到,哪棵树下或哪块巨石下埋藏着珍宝。

1817年,贝尔佐尼来到帝王谷寻找塞提一世的陵墓。他在拉美西斯一世陵墓的入口附近清除了一块石头的障碍之后,就凭自己的感觉,认为这里有继续挖掘的必要。于是,他命令手下的劳工们在此处挥汗大干。挖至地下6米深处时,碰上了塞提一世陵墓的入口,之后,劳工们继续深挖,直到发现陵墓。可是墓室里除了一口空荡荡的镶金雪花石膏石棺之外,便什么也没有了,这一切显示着该陵墓在古代曾被盗过。无奈,贝尔佐尼只好将这口仅存的空石棺运到了他的第二故乡英国。

其实塞提一世的木乃伊并未被盗,这不过是塞提一世为防盗而修建的一座假墓,现在真正的木乃伊仍完整地存放在开罗博物馆中。它是由阿里的祖父穆罕默德兄弟三人于1871年在靠近"帝王谷"的沙克埃尔塔布里亚的一个山崖洞穴中发现的,第二十一王朝法老彼内哲姆为防盗而将许多国王的木乃伊集中虚葬在该洞穴中。十年之后,穆罕默德兄弟三人被捕,这些木乃伊遂归开罗博物馆所有。

在阿里家族中至今还保存着他曾祖父留下的文字记载。文字记载最后说,当他本人看到墓室的墙壁及地面全由巨石所封闭,便断定塞提一世的宝藏并未被盗而且就在这里,他骗了贝尔佐尼。1960年,阿里将这个隐藏了近半个世纪的秘密告诉了国家古文物部门,并且主动承诺承担经费,倡议古文物部门寻找塞提一世的财宝。古文物部门接受了他的请求。

　　1960年，阿里与古文物部门主要视察员阿布德·埃尔·哈飞兹以及数百名来自尼罗河西岸的民工正在为探寻宝藏工作着。半年以后，雇工们由墓室的墙壁开出一条只有80厘米高、1.5米宽，但长达141米的倾斜向下的隧道。雇工们猫着腰用篮子往外运送岩沙。隧道在一米一米地往里延伸，好不容易挖过200米，古人凿下的台阶也清理出了四十级。此时，雇工们被突然出现的一块巨石所挡，另外有三块深深埋在地下的四方大石块垫在下面。由于狭窄的隧道没有回旋余地，撬开大石块是不可能的；即便大石块能够撬开，也无法搬运出去。如采用爆破手段，恐怕这条隧道也将毁于一旦，那更是前功尽弃，挖掘工程陷入了绝境。

　　由于资金不足的原因，探宝工程最后不了了之。在这以后，古文物部门的官员们提出了两种猜测：其一，该隧道是不是用于存放塞提一世珍宝的仓库？其二，建筑陵墓的工匠们是否有意用这些巨石封住了这个专门存放财宝的墓室？其实最合理的推论是，要识破事情的真相，只有继续进行挖掘。但是，古文物部门的官员们却辩解说，他们还有许多事情要做。事实的确如此，20世纪60年代初的埃及正是大规模考古挖掘的时代。然而不管怎样，他们错过了如此重大的机会，实为一件憾事。

　　作为埃及最富有的国王，塞提一世坟墓中的财宝一定不会少。相信未来的某一天，这些财宝会与世人见面的。

4.图坦卡蒙陵墓宝藏

　　在埃及利比亚沙漠的一个山崖间，有几十座神奇的地下墓地。这些陵墓建造得十分巧妙，墓穴的入口完全是隐蔽的，人们很难发现它。

　　许多考古学家想敲开地下宫殿的大门，但都没有实现。有个叫卡特的英国考古学家带着助手们不停地勘察，最终也一无所获。卡特下令在工人搭有棚屋的地段动土挖掘,在清理了大量的沙石之后,16级宽大的石阶展现在人们眼前,尽头是严密封印的墓门。石梯凿在岩石上,通向一个以一堵墙封住的门。石膏墙面上,盖着基地守卫者和一个鲜为人知的法老的印章,一切完好无损。

卡特立刻停止发掘工程,封闭墓穴入口,给英国的伙伴卡纳冯发了封电报,让他马上来埃及。卡纳冯收到电报,决定立即赶往埃及。这时,一位预言家赶来劝告他此次埃及之行非常危险,卡纳冯的心里也有一种不祥的预感,但他还是带着女儿起程了。两星期后,卡纳冯和女儿来到发掘现场,工作人员用了两天的时间,重新把石门清理出来。他们走近墓门仔细审视,石门下部盖着图坦卡蒙法老的金印,现在他们可以肯定,这扇门后面很有可能是图坦卡蒙法老的陵墓。他们还发现门的下部有过修补痕迹,显然门被毁坏过,法老的陵墓是不是已经被盗过了?

卡纳冯和卡特小心翼翼地打开墓门,门里是一条斜坡状通道,通道尽头是一扇门,用一堵墙封住,同样盖着图坦卡蒙法老的印章。这扇门也被修补过,所有的人都很紧张,里面会不会是间空室?碎石被清理走了,卡特用颤抖的双手,搬开第二扇门门口的几块石头,从窟窿里伸进一支蜡烛。起初墓穴里的热气使烛光摇曳,随后,显现了一些奇特的动物形象和雕像,三张金漆的卧榻、四周雕成怪兽形状;两尊跟真人一样大小的法老雕像,面对面站着;周围还有数不清的花瓶、神器、床架、靠椅、箱笼、宝座,到处金光闪烁,卡特被眼前的景象惊呆了。

但是这间墓室没有棺材,有可能只是一间藏宝室。第二天,电线接通,墓室里灯火通明,他们发现了两尊立像中间的石门,原来这间墓室只是前厅。在门的底部也有被重新堵塞的痕迹。接着,他们在一张卧榻后面的墙上发现一道封闭的石门,门上有一个不规则的小洞,显然也是盗墓者留下的,不过没有重新封上。拉过电灯照进去,里面也是一间墓室,比前厅略小,卡特花了3个小时卸下石门,卡纳冯和女儿伊夫琳走了进来,后面是卡特的助手卡伦德。令人吃惊的是这里的墙上还有一道矮门。他们走了进去, 发现这间墓室比前面几间都小,却陈列着最珍贵的物品:一座精美无比的立碑,一只形状像神龛的包金箱子,美得难以形容。箱盖上刻着9条眼镜蛇,周围是4位女神,张开双臂站着,守护着这个"神龛"。房间的另一面也摆着许多黑色的神龛和箱子,除一只开着之外,其余都关着。在开着的神龛里有几尊站在黑豹背上的图坦卡蒙立像,房间中间还有几只嵌着象牙的木箱。这是一座未被盗过的完整的陵墓。卡特终于找到了公元前4世纪图坦卡蒙法老的陵墓。

为了找到图坦卡蒙法老的陵墓,卡特花了五年时间查看了大面积的山地,运走了不计其数的山石,资金即将耗尽,挖掘的许可证也即将到期,但仍一无所获。就在他们将要绝望的时候,卡特请来协助他的李德博士在法老哈里姆哈伯的墓室附近,发现了刻有图坦卡蒙及其王后姓名的陶器,这一发现,为找到图坦卡蒙陵墓提供了主要线索,他们最终找到了图坦卡蒙法老的陵墓和巨大的宝藏。

发掘工作刚刚开始,埃及政府与卡纳冯爵士之间却发生了争执,在等待问题解决的日子里,卡纳冯突然神秘死亡,这只是一连串厄运的开始。

卡纳冯死去后不久,卡特得到埃及政府的许可,开始拆卸神龛。卡特揭开花岗岩的棺盖,第一眼看见的是麻布的尸衣,揭开一层又一层的麻布后发现是一只精美无比的棺材。棺材的外形酷似法老本人,全部用黄金制成,除了手和脚被塑成富有立体感的样子外,其余部分采用浮雕。图坦卡蒙双手交叉放在胸前,手里握着权杖。法老的脸是用金片塑成的,眼珠用的是白石和黑曜石,眉毛和眼圈用的是透明的蓝玉,前额镶嵌着埃及的图徽:眼镜蛇和兀鹰。套在这两样东西上的是一只小小的花环,枯萎的花儿仍然保持着原来的颜色。棺内又有内棺,内棺也是人形的雕像。揭开这层棺盖,里面是一个纯金的棺材。揭开最后一层棺盖,里面才是法老的木乃伊。

令人遗憾的是,资助这次挖掘的卡纳冯未能亲眼目睹这一切,但是从他开始,参与陵墓挖掘的人却相继神秘死亡,人数有50多个,人们把这一连串的死亡之谜称为"图坦卡蒙的咒语"。

相传,在古代埃及,法老是神的代表,他们发布的咒语,具有神奇的魔力。"图坦卡蒙的咒语"有一条就刻在墓室外面一块不易被人看见的陶瓷碑上,是象形文字,内容是:"谁扰乱了这位法老的安宁,死神将展翅在他头上降临。"还有一条绘在主墓室里一尊神像背面，内容是："我是图坦卡蒙陵墓的保卫者，是我用沙漠之火驱赶那些盗墓贼。"令人不安的是，"图坦卡蒙的咒语"似乎从远古中复活，开始惩罚那些打扰冒犯陵墓的人。第一位牺牲者是卡纳冯，他在一次全开罗停电事故中死去，距离图坦卡蒙的陵墓发掘不到20个星期。死因是面颊上的一个肿块。当卡纳冯进入图坦卡蒙陵墓的入口时，突然被什么东西叮蜇了一下，顿时左边面颊上出现一阵难熬的疼痛，而且没有消肿的迹象。几天后，卡纳冯小心翼翼地刮脸，特别当心避开那个肿块，不料手中的刮胡刀却不听使唤，一失手切进了肿块。正是这个微不足道的创伤导致他得了败血病。

卡纳冯高烧四十多度，住进开罗一家医院。他浑身颤抖，多数时间昏迷不醒，偶尔醒过来时便发出惊呼声，不停地呼唤图坦卡蒙国王的名字，请求国王饶恕他，他的面目表情似乎在忍受着巨大的痛苦。

一天凌晨，值班护士突然听见卡纳冯大声叫喊道："我完了！我完了！我已经听见召唤了！"还没等护士赶到他身边，医院里突然停电了，变得漆黑一团。5分钟之后，当电灯亮起来时，人们奔到卡纳冯的床前，只见他极其恐怖地瞪大眼睛，半张着嘴，已经断气了。之后，电力公司对这次开罗城突然停电又来电的诡异事故，无法作出合理的解释。

在停电的5分钟内，卡纳冯的病房里发生了什么事？卡纳冯临死前看见了什么东西？没有留下任何痕迹。奇怪的是，当后来研究者用X光检查图坦卡蒙木乃伊时，发现在他的左脸颊上也有一个伤痕，形状、大小和部位都和卡纳冯被某种东西叮蜇的肿块一模一样。

卡纳冯之死，不过是一连串死亡事件的开始。神秘的死亡一个接一个，从开罗到伦敦，第二位，第三位……大小报刊竞相报道这一件件神秘的死亡事件。被"法老的死神翅膀"掠过的人数迅速增加。

卡纳冯死后不过6个月，他同父异母的弟弟奥布里·赫巴德上校患精神分裂症，继而自杀身亡。据说，在这以前从未发现上校患有这种病。

不久，在开罗那家医院里护理过卡纳冯的护士也突然不明不白地死去。

被卡特请来帮忙的美国考古学家梅西，莫名其妙地昏迷不醒，死于卡纳冯住过的旅馆。

由卡特陪同参观图坦卡蒙墓的一位名叫戈德的美国人，在参观完毕次日便发高烧，傍晚就死了，检查不出任何病因。另一位叫乌尔的英国实业家参观陵墓后，在乘船回国途中，也死于高烧。南非的一个富豪参观图坦卡蒙陵墓的挖掘现场后，从游艇跌落进风平浪静的尼罗河中淹死。

第一个解开图坦卡蒙裹尸布，并给尸体做X光透视的亚齐伯尔特·理德教授，在拍了几张照片之后，突发高烧，身体变得极度虚弱，不得不回到伦敦医治，不久便一命呜呼。

三年之后，卡特在挖掘图坦卡蒙陵墓时的得力助手，52岁的亚博·麦斯也不幸去世。接着卡特的另一个助手理查·范尔猝然死亡，年仅45岁。

此外，亲手接触过图坦卡蒙黄金面具的道格拉斯·李德博士，以及参加过挖掘、调查的学者和专家，都在很短的时间内陆续神秘死亡。

最奇怪的是，1929年的一天清晨，卡纳冯的遗孀伊丽莎白夫人长辞人世。据报道，她也是被虫子叮蜇而死的，叮蜇的部位也在左脸颊，与6年前死去的丈夫一模一样。

卡特幸免于难，活到了65岁，最终平静地辞世，但死神的阴影却降临在他家属的头上。据说，这种复仇比直接让他去死更可怕。图坦卡蒙对卡特的诅咒更为残酷。卡特的女儿伊夫琳曾与父亲一起踏进图坦卡蒙陵墓，从此得了忧郁症。卡特眼看着爱女郁闷忧愁，肝胆寸断的他却一筹莫展，其内心的痛苦可想而知。怀特在卡特死后不久留下一封谜一般的遗书："我再也无法忍受诅咒了。"随后上吊身亡。这种死法在西方国家是异常罕见的，引起了轩然大波。

据不完全统计，至少有22个直接或间接与发掘图坦卡蒙陵墓有关的人先后逝世，其中13人曾参与挖掘工作。以后，至少有35名学者、专家成了图坦卡蒙咒语的牺牲品。

四十多年平安过去了。突然，发生了一起新的死亡事件。这次被图坦卡蒙的咒语诅咒的是一个埃及人。

一天，开罗博物馆馆长加麦尔·梅兹菲博士坐在开罗一家旅馆的游泳池旁,与一个名叫菲利普·范登堡的德国作家谈起法老的咒语。梅兹菲说:"生活中常有些奇怪的现象,至今仍找不到解释。"

范登堡问:"那么说来,你是不是相信法老的咒语了?"

梅兹菲沉吟片刻,说道:"如果把这些神秘的死亡事件统统放在一起,我很可能会对咒语的事深信不疑,尤其是在古埃及的典籍中,类似这样的咒语可以说是俯拾即是。"他苦笑了一下,接着说:"我不信这个邪。我一辈子与法老的陵墓和木乃伊打交道,你瞧,我不是活得挺好吗?"

谁知,一个星期之后,52岁的梅兹菲莫名其妙地死去了。

据说,收藏在开罗博物馆地下室里的图坦卡蒙的木乃伊和陪葬品仍然在显灵,死神的阴影还在蔓延。一位作家打算撰写一部有关图坦卡蒙咒语的小说,刚开始动笔时就突然莫名其妙地死去。有人试图将关于图坦卡蒙咒语的传奇搬上银幕,也发生了意外的可怕事件,吓得女主角拒演、导演逃走。

发生在法老陵墓里的奇怪现象远不止这些。据说,有位记者在墓室内待了一会儿,出来后就一病不起。一群学生进入金字塔后,像遭电击一般,中邪死去。一些游客进塔后,倒在地上大叫道:"救命!救命!我要出去。"有人当场倒地身亡。

法老的咒语究竟是什么?果真会"显灵"吗?谜底在哪里?

在古埃及的典籍里,法老咒语"显灵"的记载比比皆是,而它之所以神秘,是因为在一些死亡事件上往往笼罩着令人毛骨悚然的恐怖气氛。对此,科学家、学者众说纷纭,其中有几种猜测似乎比较合理。

生物系教授阿扎丁·塔哈认为,那些考古学家和工作人员,是在陵墓中感染细菌得病去世的。

联邦德国哥廷根的研究人员,在电子显微镜下发现一种杀人真菌。他们认为墓室被打开后,墓穴里的真菌粘在考古学者和工作人员这些挖墓人的身上,通过人的器官侵入,引起一种致命的病症。

科学家们认为陵墓本身或是陵墓附近有放射性物质的存在,比如说铀矿。埃及中部发现的含铀矿石也可以证明这种说法。或是法老陪葬的物品有放射性的物品,含有一种现代人未知的能量,置人于死地。

尽管存在着各种各样的说法,但是最终都未能揭开"法老咒语"的真正秘密。我们的科学还没有达到能揭开"法老咒语"真正秘密的程度,那么古埃及的年代,国王们又是如何知道咒语的秘密并用它们来保护自己的陵墓中的宝藏呢?

5.匈奴王阿提拉的宝藏

一个国王在新婚之夜死亡,这绝对是有阴谋的。在其死后,忠实的士兵将其埋葬,并放置巨量的珍贵陪葬品,为防陵墓被盗,指挥者和参与埋藏的工人都自杀或被杀,成为了国王的陪葬。从此,这批宝藏连同阿提拉的陵墓隐迹于世。

匈奴人是历史上的游牧民族。他们居无定所,不善农耕,常年在马背上生活。欧亚大陆北部广袤的草原是他们的故乡。他们自公元370年侵入欧洲东南部,在七十余年间以旋风般的速度劫掠了绝大部分欧洲,并建立起一个庞大的军事政权。

匈奴人在给予欧洲第一次沉重打击之后,便停留在多瑙河沿岸一带,以匈牙利平原为中心,在中欧地区建立了一个匈奴帝国。入侵欧洲的匈奴王是阿提拉,他是匈奴最伟大的统治者。阿提拉时期的匈奴帝国是匈奴征服史上最辉煌的篇章。

公元432年,各匈奴部族的领导权集中在鲁奥的手里,公元434年,阿提拉继任匈奴最高统治者。公元443年阿提拉再次发起进攻,击溃了东罗马帝国的主力军,兵锋指向君士坦丁堡。东罗马帝国万般无奈之下与阿提拉订立和约,阿提拉强迫东罗马帝国支付6000磅黄金,并将每年要缴纳的贡金增加两倍以上,即以后每年向匈奴人纳贡2100磅黄金。

阿提拉在连年征战中,每踏平一个城市,都要抢掠大批的金银财宝。到公元5世纪中叶,匈奴帝国已成为横跨欧亚两洲的当时世界上最富有的大帝国,匈奴王阿提拉也是世界上拥有最大权势与最多财富的人。有人统计,在这近十年里,仅东罗马上贡给匈奴王的黄金就达21000磅之多。由于匈奴人一直保持着游牧民族的习惯,不事建筑,没有更多的开支,而阿提拉又有收藏珍宝的嗜好,因此匈奴人从各地掠夺来的金银和珍宝大多保持着原有的形态。"匈奴王的珍宝"早已是闻名于世的一笔巨大财富。而且阿提拉厉行严酷的专制制度,其臣民稍有不合其意者即遭受严惩。因此在匈奴王国内部,他的珍宝除他本人和极少数亲信之外,根本无人敢过问,更无人知晓其所在。

然而,令人难以置信的是,一年之后,阿提拉在新婚之夜突然死去。据说是来自东罗马的新娘给他暗下了毒药。

此后匈奴帝国一蹶不振,渐渐沦落灭亡。但是,有关阿提拉的陵墓和宝藏的故事却渐渐流传开来。人们传说,在东欧平原的某个不为人知的偏僻山区,隐藏着阿提拉的秘密墓穴,而举世闻名的匈奴王的宝藏,就埋藏在那地下墓穴之中。但是,它又埋藏在哪里呢?目前仍是个谜。

6.成吉思汗陵墓宝藏

一支由美国和蒙古组成的探险队在蒙古共和国首都乌兰巴托,靠近俄罗斯边境的一处偏远树林里,发现了一座由60个坟墓组成的大型墓群,其中有20座没有被盗过的古蒙古上层社会的坟墓。这座巨大而神秘的墓群距离成吉思汗出生和封汗的地方不远,其中很有可能包括元太祖成吉思汗的陵墓。13世纪,元太祖成吉思汗叱咤天下,是人类历史上最著名的征服者,但他无法征服死亡。成吉思汗死后被神秘下葬,更没有人知道陵墓里有多少稀世珍宝。

成吉思汗原名铁木真,他13岁继承父位,成为部族首领,1204年灭乃蛮部,统一大漠,两年后在斡难河源被各部推举为"成吉思汗",建立蒙古国。

统一蒙古以后,他开始积极发动战争,先后向西夏和金国进攻以致后来的元朝横跨欧亚大陆,成为当时最强大的封建帝国。成吉思汗在返回蒙古后不久,在进攻西夏途中意外坠马身亡,蒙古统治者为了防止盗墓者打扰成吉思汗的安息,将成吉思汗的尸体秘密下葬。传说有2500名工匠为他打造陵墓,陵墓建成之后,400名士兵把所有的工匠带到一个秘密地点集体杀死,随后这400名士兵也被全部处死。成吉思汗陵墓安葬之地成了永远的秘密。

为了保住这一秘密,在元人文献中不记载帝陵位置、陵号,而是统称为起辇谷。所以元朝没有留下任何有关成吉思汗陵墓的文字记载。为了不让外人找到成吉思汗陵墓的具体位置,成吉思汗手下的将军还修建了很多假的成吉思汗陵墓,成吉思汗下葬后,将真正陵墓上的土堆踏实踩平,再移植上茂盛的牧草,与周围草地毫无差别。参加成吉思汗葬礼的2000余人被800名蒙古勇士全部屠杀,而这800名蒙古勇士随后也被全部杀害。这之后,再也没人知道成吉思汗陵墓的秘密。

成吉思汗陵墓吸引着世界无数考古学家,各国的考古学家都尝试着寻找这座神秘的陵墓,但是最终都以失败而告终。

2000年,美国探险家穆里·克拉维兹向外界宣布了探险计划,其传奇性和

可操作性立即引起了一些投资者的浓厚兴趣,几位实力雄厚又值得信赖的私人投资者,募集了120万美元的探险经费。投资者只有一个要求:在3年内找到成吉思汗的陵墓和陵墓里埋藏的宝物!

为了寻找到成吉思汗陵

墓,克拉维兹做了充分的准备,他收集了600多本与成吉思汗和元朝有关的书籍,又在蒙古生活了6年,几乎花尽自己的几千万积蓄。

费尽心思的克拉维兹能否如愿以偿找到800年前的成吉思汗陵墓呢?

克拉维兹带领着探险队来到蒙古,把考察的范围缩小到两个地点。

第一个地点是传说中埋葬成吉思汗的一座大山,可是考古小组在这座大山里什么也没发现。很快他就来到第二个地点穆里,考古小组在这一地区发现了150座不同时期的古墓,但最后证明都不是成吉思汗陵墓。后来他们在探险途中偶然认识了一位60多岁的牧羊人。牧羊人说他受父母之命,一直在看护一堵石墙。他的父亲告诉他,石墙里面埋葬着一位重要人物。

在牧羊人的指点下,考古学家克拉维兹找到了那堵石墙。在石墙里面,他意外地发现了60座坟墓,他相信这个庞大的墓葬群里一定埋葬着数不尽的历史文物。

这座庞大的神秘墓葬群,一面靠山,其他三面被又长又高的石墙环绕着,其间没有断口。在围墙内部有上下两层墓区,上层墓区有20座未被破坏的陵墓,从坟墓的建造工艺和大小判断,应该是元朝贵族的陵墓,下层墓区有40座坟墓,也都完好无损,规格比上层的20座墓稍低一些,但也十分考究,绝不是寻常百姓的坟墓。上层墓区和下层墓区之间有一条隐约可见的古道连接。

从初步勘探的情况来看,较大陵墓低洼的地带有40多个大小不一的蒙古贵族墓葬群,有一条古道从大陵墓通往四周的小陵墓。墓地表面发现的一些陶瓷碎片上刻着日期,专家根据历史资料推断,这可能是成吉思汗的诞生日期,当地的民众将这个神秘的墓葬群称为"成吉思汗城堡"。

在这座墓群里是否安葬着成吉思汗呢,只要发掘开陵墓马上就可以知道结果了。就在克拉维兹多年的心愿马上要实现的时候,他遇上了一个难题。

蒙古人信仰宗教,蒙古人告诫克拉维兹,如果他们胆敢把铲子铲到地上,那他们谁也别想活着走出蒙古。

克拉维兹面对着充满希望的陵墓,陷入了绝境,他一边与蒙古政府周旋,一边想办法确定成吉思汗陵墓的具体位置。

这座庞大的神秘墓葬群里真的有成吉思汗的陵墓吗?陵墓里会不会像蒙

古历史学家预言的那样:成吉思汗陵墓里埋藏的奇珍异宝,绝不逊色于图坦卡蒙国王陵墓里出土的宝物, 陵墓里的工艺品甚至会比秦始皇陵墓出土的兵马俑还要壮丽?

这一系列问题的答案只是人们的猜想,直到陵墓打开的那一天,所有的问题才会有一个准确的答案。

7.楚王陵墓宝藏

徐州是汉高祖刘邦起家的地方。西汉建立后,刘邦分封诸王,将徐州周围36县划为楚国,分给了他的弟弟楚元王刘交,史称楚王。此后共延续了12代楚国,他们死后都葬在环绕徐州的山丘之中。

原来人们并不知道汉朝的皇陵群建在徐州的狮子山里。自从推土机在狮子山的西部取土时偶然地铲出一批兵马俑后, 狮子山才引起了考古学家的重视。这样规模宏大的兵马俑为何葬在这里?从已经发现的咸阳兵马俑和临潼秦始皇兵马俑来看,这里一定是汉代某个王陵的陪葬物。

于是,考古学家们开始寻找,目光渐渐地集中在这座状如卧狮的山丘上。他们草拟了各种有关陵墓形状的模拟图,利用各种仪器进行探测,还请来了地质勘察队钻孔探究,然而却一无所获。

有一次考古人员征用了一户民房, 打下的探沟距楚王墓的外墓道仅10米之远,就此失之交臂。考古队员在山丘上又寻找了6年,但是一无所获。一天,考古学家王恺在狮子山村里与老人闲聊,老人说,他家祖辈挖过一些非常深的大地窖,其中最大的一个地窖能放几吨红薯。这句话引起了王恺的怀疑,狮子山上都是石头,怎么可能挖出这么大的地窖?老人所说的"地窖"会不会是古代皇陵的墓穴呢? 地窖成了寻找楚王陵的重要线索。

考古队员在老人已废弃的地窖里开始了寻找历史的遗迹, 当探沟挖到地下3米时,发现了外墓道上人工开凿的痕迹,它距离陪葬的兵马俑只有500米远。

楚王陵是一座坐北朝南的陵墓,规模宏大,掏空了半座狮子山。陵墓采用的是汉代流行的横穴岩洞式,却又开凿了一个巨大的正方形天井,已发现的汉墓中从未有过这种构造,人们用铲车、吊车清理天井中的夯土和填石,就用了3个多月时间。专家们推测,这座规模宏大的楚王墓至少要花20年才能完工。

据史料记载,古代皇帝与王侯从即位起,就开始为自己造墓,并且把每年从府库中挑选的财宝放进墓里,以致死后也陪伴他荣华富贵。这座天井就像奢华而美丽的大厅,一条高11米,长117米的墓道穿过天井通向山体深处。

此时,考古工作者们都异常紧张,因为在这之前,他们开掘过八位楚王的陵寝。这些陵寝已经被盗掘过不止一次,他们不敢想象面前这座陵墓里会是什么样?一座宝库,还是一座空陵?或者已经被盗墓贼破坏得惨不忍睹?

发掘之初,考古人员在天井中部的填土中找到了一个盗洞,它斜向西北方向,直通向石门。盗洞外口小,仅能容身,里面的直径却达到9米多。内墓道是由4块一组,共4组石板严密地堵着,在一组石板上,可以清楚地看出当时盗墓人在一组石板上凿成"牛鼻扣",穿了绳子将每块重6吨的石板硬拉出墓道,这种全凭人力的作为令现代人难以想象。盗墓贼走时,也不是仓皇逃走,而是将盗洞的洞口填上、堵住。一般被盗过的墓葬里总会留下点痕迹,可是这里竟一点儿也没有。

考古队员们带着照明灯爬进了墓道。当他们爬到墓穴深处时,里面的景象实在令人难以忘怀。

楚王安眠的王椁长2.8米、宽1.40米,上面镶嵌着一千六百多块玉片拼合成的各种图案,空白部位绘着汉代漆画,已经被盗墓者砸开,裹着金缕玉衣的楚王已失去昔日的威风,被盗墓者毫无顾忌地拉了出来,剥下金缕玉衣,七孔中塞着的金玉和身上佩着的金印全都被拿走。

在古代,只有君王才配装金缕玉衣。据说它可以使尸体不腐、灵魂不灭,因而是能让人"永垂不朽"的葬衣。

陵墓里的楚王也穿了一件金缕玉衣,但是已经被盗墓贼剥了下来,盗墓贼只拿走了衣服上的金银,却没有动那些质地上乘、工艺精致的玉璜、玉璧、玉牙冲和玉龙,经清查共有二百多件完整的玉器,这些东西任意拿出一件都是国宝。

盗墓者为什么只拿走金缕玉衣上的金银,却不拿这些更值钱的玉器呢?

汉代的时候,对使用玉器有严格的等级规定,普通人是没有名贵玉器的,如果谁有,就等于告诉别人这些东西来历不明,不是偷来的就是盗来的,会招来杀身之祸。正因如此,墓中的这些玉器才被完整保存下来。一件"绝品"的金缕玉衣,从此金玉分家。

值得庆幸的是,盗墓者仅在主墓室内进行了破坏,主墓室外的3间耳室没有被盗,在这几间耳室里留下了可观的文物。如果当年盗墓者再往深挖几厘米,那么耳室也会被扫荡一空。

狮子山楚王陵是国内规模最大的墓葬之一,它集中出土文物一千五百多件,对研究汉代文化有着重要的作用。楚王墓的发掘像许多遗迹一样,打开古墓只是窥视了历史的一角,有待考古学家和历史学家去研究探索其中的奥秘。

陵墓采用的是汉代流行的横穴岩洞式,却又开凿了一个巨大的正方形天井,已发现的汉墓中从未有过这种构造,那么楚元王刘交为什么要采取这种独特的修建陵墓的方式? 他这种建筑方式又是从哪里学来的呢?

8.亚历山大陵墓宝藏

1964年的一天,埃及亚历山大市的报纸发表了一则耸人听闻的消息:"马其顿国王亚历山大的陵墓找到了!"消息很快传遍了全世界。各国记者也争先恐后地飞抵埃及。同时,大批旅游者的涌进使得埃及警方处于戒备状态。

可惜,这则消息是假的。原来被发现的并不是亚历山大的陵墓,而是古罗马时期的一座剧院的遗址。

亚历山大是一位赫赫有名的英雄,同时也是一位神秘人物,有关他的传说数不胜数。

亚历山大大帝是古代马其顿国王腓力二世的儿子。他于公元前336年即位后，大举侵略东方。用了十多年的时间，就建立起版图广阔的亚历山大帝国。

令人感到遗憾的是，这样一位伟大的英雄，生前的一些历史记载却没有流传下来，而后来的一些传抄本及书籍又众说纷纭，矛盾重重，而且带有浓厚的传奇色彩。因此，在他死后两千三百多年的今天，这位古代伟大统帅的业绩仍令人们十分关注。人们迫切希望发现这位不可一世的帝王的陵墓，以求从出土的文物中获得一些有价值的历史证据。

这位著名历史人物的陵墓究竟建在什么地方？

亚历山大当了十二年零八个月的国王，死时才32岁。关于亚历山大的死因一直有两种说法。第一种说法是亚历山大可能是由于行军路上过于艰辛，多次作战，遍体伤痕，在沼泽地里又感染上了疟疾等原因造成的。第二种说法是有人在亚历山大的酒杯里下了毒。如果这种说法是真的，那么亚历山大就不是自然死亡，而是死于阴谋。

亚历山大死后，他的部下后来成为埃及王的托勒密将军，用灵车把他的遗体运往埃及，安葬在亚历山大城，并为他建造了一座富丽堂皇的陵墓。恺撒大帝、奥古斯丁皇帝、卡拉卡尔皇帝等许多历史上的著名人物都曾到此陵墓朝拜过，还在亚历山大的塑像头上加上一顶金冠。可是到了公元3世纪，有关陵墓之事，不知为什么就无声无息了。后来阿拉伯大军攻占亚历山大城时，这里辉煌的历史古迹使他们感叹不已。当法兰西拿破仑的军队进入亚历山大城时，这里已呈衰落景象，城中只有六千居民。跟随拿破仑的一些学者还看见不少古建筑遗址的废墟。19世纪初，这里开始修建海港，古老的建筑遗址成了采石场，有许多遗迹被深埋地下。亚历山大城虽然很快成为地中海上一个重要的贸易中心，可历史古迹却荡然无存了。

考古学家对亚历山大陵墓作出过种种推测，其中英国考古学家维斯的猜测最有可能接近真相。维斯认为亚历山大陵墓应该与托勒密王朝的陵墓相似。他认为亚历山大的棺木是安放在一座宏伟的庙宇里，周围是一些圆柱。墓里一定有许多稀奇精美之物。墓内还可能保存着从埃及各处庙宇送来的经书。

20世纪70年代,一个惊人的发现大体上证实了这些猜想。专门研究古代马其顿历史的考古学家安得罗尼克斯发现了亚历山大的父亲的陵墓。陵墓大殿中央停放着高大的大理石石椁,上面设有镶着宝石的、沉重的金质瓶状墓饰。腓力二世的遗骨就在其中,周围是一些珠宝金器。三权标志、战盔等物闪耀着璀璨的光芒,其中有五个用象牙雕刻的雕像,制作得相当精美,特别引人注目。这五个雕像是国王的一家:腓力二世本人、他的妻子、他的儿子亚历山大和腓力二世的父母。这个发现在考古界引起了轰动,被认为是20世纪考古中最伟大的发现。

惊喜之余,人们不禁会问:腓力二世国王的陵墓都能找到,难道他儿子的陵墓就不能找到吗?可是亚历山大陵墓的位置的确神秘莫测,一直也没有任何线索。人们期待着尽快解开这个陵墓之谜。这位著名历史人物的陵墓究竟建在什么地方?亚历山大的陵墓里究竟会有多少稀奇精美之物?墓内是否可能保存着从埃及各处庙宇送来的经书呢?

9.一座陵墓,两代帝王——"二圣"并葬的乾陵藏有多少宝藏?

在我国历史上,有一座特别的陵墓,那里面埋葬着一对夫妻,两朝帝王,其中一位帝王就是我国历史上唯一的一位女皇帝——武则天。

乾陵建于公元684年,位于今陕西省咸阳市乾县城北6千米的梁山上,距古都西安只有76千米。乾陵是西安唐18陵中规模最大、保存最完整的一座,据说当时共花了23年才将它修建好,除了武则天与唐高宗的合葬陵外,四周还有17座陪葬墓。

乾陵一向被人们称为考古界的"三峡工程"。它里面埋藏着历史上独一无二的一对夫妻、两位皇帝,自古以来,人们便对乾陵极感兴趣,想揭开它所笼罩的面纱,将它所埋藏的宝藏呈现出来。所以从五代时起,就有不少盗墓贼惦记着乾陵里的宝藏,虽然他们几次对乾陵进行轰炸盗掘,可是却一直没有找到乾陵的地宫墓道入口。乾陵地宫的宝藏也就一直被人们猜测。

令人神往的乾陵

在乾陵,最吸引人的还是它掩映在茸茸青草和灌木林之下的地下宫殿。乾陵的地宫到底是什么样子的呢?自它修建成后,便一直吸引着人们的兴趣。

因为乾陵并没有被发掘,所以乾陵地宫到底是什么样子的,人们只能根据相关文献与资料进行推测,不过,在这些推测中,还有一些是比较能得到人们的认可的,人们认为,这些推测很可能就是乾陵地宫的真实地形构造。

猜测一:乾陵的地宫应该和唐代的皇城宫殿极为相似,这是人们根据相关史料推测出来的。史料中记载,乾陵是依照唐长安城修建而成。因此,人们根据史料中对古长安城的相关描述,来猜测乾陵地宫的大致模样。

猜测二:《五代史》中记载昭陵曾被温韬盗过,书中说:地宫内"宫室宏丽,不异人间,中为正寝,东西厢列石床,床上石函中为铁匣,悉藏前朝书画、钟(繇)王(羲之)笔迹,纸墨如新"。虽然《五代史》记载的是关于昭陵的事,看似与乾陵无关,然而昭陵毕竟是唐高宗之父唐太宗李世民的陵墓,尤其是他们父子修建陵墓的时间间隔又很短,所用的工匠应该是全国工艺最高超的,很可能是同一批工匠,那么,修建的结构布局变化应该也不会相差太大。

猜测三:目前我国虽然没有将乾陵发掘出来,但是它旁边的五座陪葬墓却都已被发掘出来了,尤其是懿德太子墓,在其发掘开后,考古专家们发现,这座墓可以说是再现了唐代墓葬的基本形制,据此,人们推测,乾陵应该也是按照唐代墓葬的基本形制修建的。

虽然人们根据相关文献、史料对乾陵地宫的结构做出了如此精准的描述,然而乾陵毕竟没有被发掘出来,人们的这些猜测也只能是一种推断罢了。要真正知道乾陵地宫的真实面貌,还是需要等待它的重见天日,或者等待科技发展到足可以不用挖掘即可完全探知地宫信息的那一天了。

地宫内的奇珍异宝

如前文所述,由乾陵陵区的地面建筑和人们推测的地宫可知,它是仿照古长安城修建的,因此可以说,它就是唐代社会生活尤其是宫廷生活的一部形象缩影,对于人们研究唐代的文化与工艺,是宝贵的实物资料,因此人们也称乾陵是一座完整的艺术宝库。人们对乾陵有如此高的评价,那么,乾陵的地宫里到底有哪些奇珍异宝呢?

棺椁

想到地宫,自然会想到埋藏于地宫中最重要的物品——棺椁。人们认为,在乾陵中,存放唐高宗和武则天尸体的棺椁就应该是精妙绝伦、举世无双的工艺品。据传说,那两座棺椁的材质是玉的,因为传说玉棺可以防腐,使存放于其中的尸体仍能保持生前的模样。人们之所以会猜测乾陵里的棺椁会是玉棺椁,是因为在唐代,我国和田玉就极为出名,高官贵族尤其喜欢和田玉,比如武则天也很喜欢和田玉。因此人们推测,乾陵里的棺椁是和田玉雕凿而成的。不过也有人持反对意见,他们认为一是神仙难断寸玉,想要找两大块足可以存放尸体的玉石并不是一件容易的事,尤其是还要得皇帝的欢心,就更不容易了。二是要防腐,并不是非玉石不可,来自深山中的千年楠木也有一定的防腐功能,所以他们认为乾陵里的棺椁很可能是由千年楠木装镶而成的。

不管乾陵的棺椁是由什么做成的,它肯定是由技艺高超的工匠精心雕琢而成的。人们从相关资料中得到这样的猜测:在乾陵棺椁上,刻画着内容丰富、技艺高超的线刻画,在外部,还装饰有金丝银线、美玉宝珠,它们将棺椁装饰得金碧辉煌、光彩耀人。

专家们根据相关文献以及从乾陵陪葬墓中发掘的相关资料推断,乾陵墓室中存放的棺椁底部应该有防潮、防腐材料,在棺椁上面,还应该覆盖着珍宝,在这些珍宝上面,还有"七星板",除此之外,应该还有席、褥,旁置衣物及珪、璋、璧、琥、璜等"六玉"。

除了棺椁十分贵重外，在棺椁内，唐高宗及武则天的衣冠鞋裙，以及尸体的口里都有宝珠。而在他们的龙袍皇冠上，也佩戴着让人无法想象的奇珍异宝，以表现他们所拥有的皇权的至尊至贵。

专家们猜测，两位皇帝应该都是身穿12套的大敛之衣，头枕在玉匣上，口里应该含有玉贝。他们应该是仰卧于褥上，面朝上。在棺椁内侧应该镶饰着黄帛，黄帛上还应该绘有日、月、星辰及金乌、玉兔、龙、鹤等图案。

在乾陵地宫的后墓室里，应该仿照古长安城的皇宫，设有石床，在石床上，应该放着衣冠、剑佩、千味食及两位皇帝生前喜欢的物什等。

陪葬品

在乾陵地宫里，除了最贵重的棺椁外，还有大量珍贵的陪葬品。人们根据乾陵修建是按照唐代墓葬形制来推测，在乾陵内，至少应该包括有唐高宗和武则天用过的玉玺、私印、文房四宝以及衣物书籍等。

仅说陪葬品中的书籍而言，它们对相关专家学者研究唐代的政治、经济、文化、军事、法律、宗教、艺术等情况，能提供详细的、完整可靠的宝贵资料，必然使他们对唐代有一个更加深入、具体的了解。人们猜测，唐代著名史学家吴兢所著的《武则天实录》一书在乾陵地宫中也应该会有，这本书比较全面真实地记录了武则天的生平，如果它能被发掘出来，并被完整保存下来，必然会为人们揭开笼罩在武则天这位我国历史上唯一一位女皇帝头上的神秘面纱，使武则天统治的大唐王朝中许多悬而未解的问题有一个相对圆满的解答。

据乾陵中的述圣纪碑记载，唐高宗本人十分喜爱书籍、字画，因此在他临终时，要求将他生前收集的书籍、字画等全部随他一起埋到乾陵里。可想而知，乾陵里面埋藏了多少稀世珍宝与珍贵书籍、字画。

除了乾陵地宫后墓室里的棺椁与陪葬的玉玺、私印、文房四宝以及衣物书籍外，人们推测，在乾陵地宫的前墓室里，应该设有"宝帐"，在宝帐内应该放着神座、玉质的"宝绶"、"谥册"和"哀册"。

另外，在其他墓室及各便房内，还应该陪葬着数量惊人的金、银、玉、陶、瓷质祭器和古币,因为它们也是陪葬品的一个重要组成部分。

线刻画和壁画

除了那些陪葬的财宝外,在乾陵地宫的地道、石门、棺椁、墙壁上,还应该有工匠们雕刻、绘制的大量线刻画、镶嵌画和壁画,这些线刻画、镶嵌画与壁画也是宝贵的历史财富,可以说,在乾陵地宫中,再微小的东西,也是不可多得的无价之宝。

正因为乾陵内有如此多的珍宝,因此让乾陵地宫重见天日,可以为世界展现盛唐文化的独异风采。而要想达到这个目的,就需要进入乾陵内,那么怎么才能进到乾陵内呢?目前还没人可以给出确定的答案。

第四章

乱世辉煌的战争宝藏

当残酷的战争席卷人类文明后,沉淀下的是用生命作为代价换来的宝藏。这些宝藏的数量往往都是极其巨大的。然而,一旦拥有,这些巨额的宝藏就会被想尽一切办法地藏匿起来。即使留有藏宝图,或者相关的线索,也依然难以寻获。于是,人们产生怀疑——这些宝藏真的存在吗?

1.消失的"黄金船队"

如果要评选人类探宝史上最诱惑、最耀眼、也最富传奇的悬案,那么有一个是一定会入选的:它就是西班牙的"黄金船队"。但不可思议的是,300多年过去了,宝藏埋藏的地点却仍然深深地困扰着许多勇敢的探索者。

遗失:维哥湾不再平静

1702年,在大西洋平静的海面上,一支由17艘大帆船组成的庞大船队,满载着从南美洲殖民地掠夺的金银珠宝,按照国王的指示,火速运回西班牙。这就是著名的"黄金船队"。

这只庞大的"黄金船队"即将结束它原本辉煌的旅程。突然，亚速尔群岛海面上，船队司令贝拉斯科透过望远镜发现，一支由150余艘舰船组成的英、荷联合舰队，由远及近，拦住他们的去路。"黄金船队"被迫转向，驶往维哥湾躲避。

面对强敌，如果能将财宝通过其他途径运往皇宫，任务或许也能够完成。但历史偏偏又同他们开了个玩笑，时任当局有个看上去非常谨慎的严格规定：塞维利亚港是所有南美船运货物的唯一验收港，严禁直接从其他途径入境。

根据史料考证，船队随后停留在维哥湾时，通过皇后玛丽·德伊瓦的特别命令，一部分财宝改从陆地被运走，共有1500辆马车的黄金。但它们的命运也非常之坎坷，据说在途中有一部分被强盗夺得，并藏在庞特维德拉山区某地，直到如今也没有人知道确切的位置。

在包围了维哥湾一个月之后，英荷联军的海军上将鲁克看到时机成熟，下达了总攻命令。维哥湾的炮台和工事被3000多门重炮迅速摧毁。伴随着无数珍宝在眼前闪烁着灿烂的光芒，英荷联军共3万战士很快将港湾攻陷。此时的贝拉斯科绝望了，炮声轰鸣之中一动不动地站在那里，他仿佛已经看见那些财宝被哄抢的场面，在他看来，世上简直没有什么能比这更加让人难以忍受的了。良久，终于，贝拉斯科揉了揉眼睛，直起腰来：黄金珠宝是从美洲土地上搜刮聚积来的，伟大的国王亲自下令将它们运回故乡。而今天，他，贝拉斯科，要将把这些财宝还给上帝。于是运载着金银珠宝的船只在一片火海之中葬身海底。没有人可以估计这批财宝的数量有多大。西班牙海军上将恰孔在被俘后承认：共有5000辆马车的黄金珠宝随着焚毁的船队永远沉睡于海底！

前世：因为战争

古希腊历史学家修西底德说道："战争中，金钱远比武器更重要。"他根本不会想到，对千年之后的"黄金船队"来说，这句话简直是一语成谶。

16世纪，哈布斯堡王朝在整个中欧、地中海地区和美洲都布下自己的霸权时，处于其势力包围下的法国十分不安。当时南德意志的诸侯，称雄北欧的丹麦和瑞典，也试图和哈布斯堡争夺地盘。一个半世纪后的1700年，西班牙在经历了著名的三十年战争后，逐渐没落，而新锐如英国、法国、荷兰等国家便开始虎视眈眈。此时哈布斯堡家族对西班牙历经五代的统治刚好宣告结束，时任国王卡洛斯二世死后没有后代，他在遗嘱中将王位传给他的外甥——法国国王路易十四的孙子安茹公爵，这引起了他在奥地利的表亲们的强烈不满，他们认为西班牙的王位应该由同是哈布斯堡王朝的奥地利大公查理六世继承，因此他们组成利益同盟，以期通过战争夺回王位。

在著名小说家凡尔纳的作品《海底两万里》中有这么一段基本遵照史实的叙述："西班牙当然要抵抗这个同盟，可它很缺士兵和海员，不过金钱是有的。但是有一个条件，那就是要装满美洲金银的船只，能够进入它的海港中来……"

这就是西班牙王位继承战争爆发前的形势。

当时的西班牙财政困窘，根本无力应付巨额的军费开支。为了解决这一问题，1492年8月3日，西班牙王室任命哥伦布为海军大元帅，并资助他三艘帆船，命其启航一路向西。10月12日，船员们在哥伦布的带领下，看到了北美巴哈马群岛的陆地。这一天后来被定为西班牙的国庆日。

1496年6月7日，为了与早已成为航海大国的葡萄牙解决利益分配问题，通过罗马教皇从中协调，两个海上霸主在里斯本郊外的一个小镇达成共识：在地球上画条线，一分两半。东一半归葡萄牙所有，而美洲所在的西半球归属西班牙。从此，西班牙在美洲大陆上开始了疯狂的掠夺。据资料显示，在不到60年（1502~1560年）的时间里，西班牙从美洲搜刮黄金200多吨，白银1.8万多吨。到1600年，西班牙控制的金银总产量占全球同期产量的83%。当然，美洲也经历了一场地狱之灾，经历西班牙殖民者疯狂屠杀之后，美洲大陆全部原住居民减少了九成。

1702年6月初，南美洲西班牙殖民当局突然接到面对战争困窘的国王菲利普五世急令，要他们把上缴和进贡的金银财宝火速送往西班牙。他们也明白，17艘装满财宝的大船在哪里都将引起人们的注意和贪欲，经过紧急商讨，当局决定派经验丰富的贝拉斯科带队。终于，在6月12日，船队离开了哈瓦那，朝西班牙进发了。当然，贝拉斯科绝对不会想到，自己将要在人类遗失的宝藏中亲手添上最金光灿烂的一笔,同时也将在人类探宝史上留下最富传奇的遗案。

今生:初露端倪

在因为那场海战而扬名于世的维哥湾中,大批的财宝仍然神秘地隐藏在海底某一处沙尘之下,等待着人们的发现。

随着时光的推移,直到今天仍然有人不遗余力地进行探寻,而美国人雷格·斯特默的成功,仿佛让人们看到了新的希望。雷格·斯特默精通航海,拥有当今世界上首屈一指的沉船搜索打捞设备,甚至包括深水机器人和深海摄像机等高科技设备,组建了当今世界头号打捞商业机构——奥德赛海洋探险公司。

2007年5月18日,美国奥德赛公司宣布,他们成功打捞出大西洋海底一艘古船。大约50万枚金银币被他们收入囊中,专家估算价值约5亿美元。西班牙政府认为,这些金银币是在英国的暗中协助下被空运至美国的,但这些金银币应属于西班牙。

7月12日,一艘名为"海洋警戒"号的船只,在离开直布罗陀港后被西班牙警方扣留一周并进行了仔细检查。

7月16日,另一艘打捞船"奥德赛探险者"号又被西班牙国民卫队的巡逻艇截获。

10月16日,在"奥德赛探险者"号启航后,西班牙海军的一艘炮艇和一艘海岸警卫巡逻船又一次将"奥德赛探险者"号打捞船拦住了去路,并以开火相威胁,迫使其调头前往西班牙阿尔赫西拉斯港。"奥德赛探险者"号上的代表尼萨尔称:"我们在炮口下被强迫驶往阿尔赫西拉斯港。"在僵持之后,西班牙警察登上该打捞船,开始寻找有关可以获知沉船地点的信息。船长因为拒绝服从命令而于当晚被逮捕,因拒绝承认警方所说的关于探宝的盘问,在监狱中度过一晚。

西班牙方面的理由是"防止本国海底遗产被盗"。

为什么西班牙当局如此关注这些打捞船只呢?只有一种可能,那就是为了传说中的海底宝藏,也只有宝藏,才值得西班牙当局不惜动用海军炮艇。然而,有知情学者声称:"如果说奥德赛公司利用先进的科技手段发现的5亿美元的财富已经让人兴奋不已,足以震动整个地球上的探宝界的话。那么我不得不提醒一句让你失望的事实:这点收获和'黄金船队'的财宝比起来,不过是九牛一毛。"

三个世纪过去了,或许在机缘巧合的时刻,会有一批上天眷顾的人,来把这份财宝从沉睡中唤醒,然而,这一时刻、这一批人,或许永远没有出现的可能。

2.西楚霸王宝藏的奇特"符号"

宋朝第一女词人李清照曾写过这样的一首诗:"生当作人杰,死亦为鬼雄。至今思项羽,不肯过江东。"一代"力拔山兮气盖世"的英雄,除了不回江东让人惋惜外,他更给人们留下了也许只有他自己才能读懂的符号。

相传楚汉相争时,西楚霸王项羽失败,在乌江自刎而死,还留下所谓的"霸王宝藏"。据说宝藏就埋藏在现浙江绍兴的草湾山,当时项羽在石碑上,留下两个类似英文字母"P"和一个注音"∏"的符号,但这两个符号至今还无法破解。

楚汉订立和约,以鸿沟为界后,项羽履约,率兵东归。而刘邦则采纳张良、陈平的建议,乘势追击楚军,由此开始了刘邦对项羽的歼灭战。经过数次激烈战斗,至汉高祖四年(公元前203年)十二月,韩信率三十万汉军和诸侯联军,将项羽的十万军队紧紧包围在垓下(今安徽灵璧东南)。到了夜间,四面汉军都唱起楚歌,以瓦解项羽的军心,十万楚军最后逃得只剩下了数千人。

项羽听见四面楚歌,以为汉军已经全部占领了楚

地,于是陷入绝望。半夜在帐中饮酒,情怀悲凉,不由得对着爱姬虞姬慷慨悲歌:"力拔山兮气盖世,时不利兮骓不逝。骓不逝兮可奈何!虞兮虞兮奈若何!"高歌数遍,虞姬唱和,随后自杀。于是项羽乘乌骓马率八百精骑趁夜突围南逃。

天明,韩信命令灌婴率五千骑兵追赶。项羽渡淮河时,跟从者仅百余人,至阴陵(今安徽和县北)迷失道路,陷入沼泽中,为汉军追上。项羽又率兵向东逃到东城(今安徽定远东南),这时身边仅剩骑兵二十八名。最后退到乌江(今安徽和县东北),准备渡江返回江东。当时乌江亭长在江边已备好渡船,但项羽感到自己无颜见江东父老,在斩杀汉追兵数百人后举剑自刎,年仅三十一岁。不过,项羽死后,却在浙江绍兴的草湾山上留给后人一个极大的谜。

在绍兴的项里村,一直流传着一个关于项羽宝藏的传说。相传,项羽曾在草湾山秘密练兵,在离开前,他因为感念村民的帮忙,想留下礼物,但大笔金钱又不知道该给谁,最后只得将这些宝物埋藏起来。

草湾山位于绍兴著名风景区豆雾尖北麓,海拔约70米,东西长400余米,山西面是一座新修的项羽庙,山上则覆盖着厚厚的灌木林。

前些年,项里村的村民在村东草湾山茂密的丛林中,发现了一块相传为秦汉之交、西楚霸王项羽刻下的神秘字符的石碑。据说,谁能破译这个字符,谁就能找到当年项羽埋下的藏有十二面金锣的宝藏。但一直以来没有人能破译神秘字符,关于宝藏和字符的传说,成了绍兴当地一大迷团,至今无人能解。

那么,十二面金锣又是怎么回事?据《史记·项羽本纪》上记载,项羽因叔父项梁犯命案,两人一同避难吴中,并曾有一段时间生活在会稽一带(即绍兴)。在绍兴当地新近出版的一套鉴湖系列的丛书中,对项羽和项羽宝藏的传说更有详细记录,书中写道:项羽为避难,在项里村一带隐居,得当地村民庇护。此后项羽募集八千江东子弟在附近练兵,铸十二面金锣日夜操练,金锣质地80%为金,20%为铜,价值不菲。起兵前夜,项羽为报答村人,命士兵在附近连夜埋下十二金锣,并在草湾山上刻下指引找到那十二金锣的字符。

两千余年来,时时有人在山上发现该字符,但至今没有人能解开字符的含义。还有传说,明末清初时绍兴著名学者张岱曾在草湾山一待数月,意图解开字符之谜,但终究未能如愿。乾隆游会稽时听闻该传说,曾特意到项里村附近查访,但最后却是失望而归。那奇特的符号,究竟是经文还是蝌蚪文?到今天也无人知晓。宝藏还在不在? 这已经成为千古之谜。

3.寻找拿破仑的藏宝地

不可一世的拿破仑大帝看到了自己觊觎多年的富贵之都克里姆林宫,一番尽情搜刮之后,却遭遇了严寒带来的天灾和强劲的对手带来的人祸。无望之中,在撤退时将所有珍宝和艺术品统统抛弃,留下了一个至今尚未被揭开的谜。

攻占莫斯科

1812年9月16日,莫斯科的夜晚已经有深深寒意。克里姆林宫中,拿破仑皇帝正在寝房闭目休息,享受这番刚刚到手且来之不易的胜利。

3个月前, 他雄心勃勃地率领着跟随自己多年、横扫四方的精锐大军,浩浩荡荡45万人,从西部横渡涅曼河,进入广袤无垠荒芜人烟的俄国。俄国沙皇亚历山大一世明白自己这位对手的分量:拿破仑的部队空前强大,整个欧洲仅剩俄国未被涉足。他紧急任命巴莱克为陆军大元帅,以求迅速迎战,保家安国。但拿破仑并没有将这些举动放在眼里,在他看来战争一定会胜利的,无非是时间长短的问题。

6月26日,拿破仑得到情报,俄军主力在维尔纽斯附近。为了夺取主动权,他率

领大军迅速赶到,打算将其一举歼灭。但是没想到当他赶到时,俄军主力已经撤退,在德里萨驻扎。此时另外一支俄军也正在朝此进发,准备会合。为此,拿破仑率军于7月3日来到维捷布斯克城,阻止对方两军会合。但是天不遂人愿,两支俄军已经在斯摩棱斯科城碰面了。拿破仑大军一路狂追,在俄军进驻不久后便来到了莫斯科城下。

此时,经过一路激战和行军追赶,加上恶劣的沼泽坏境,拿破仑45万大军损失惨重,仅剩16万兵力,由于战线的深入,后勤供应也成了问题。在斯摩棱斯克一战虽然胜利,但是对方已经将城焚烧,军队并没有获得新的补给。拿破仑将赌注压在了最重要的城市莫斯科上。

俄军节节败退,沙皇利亚山大一世相当不满,任命当时俄国最有军事才能的元帅库图佐夫为全俄联军新总司令。此人足智多谋,为了阻挡拿破仑大军前进,迅速在博罗季诺修筑了坚固的防御工事。

果然,拿破仑率军如期而至博罗季诺城前,双方共投入兵力26万、大炮1200门,在几千米长的战线上展开了殊死较量,激战从清晨一直持续到下午,双方士兵伤亡达到10余万人。夜晚时分,俄军撤退,拿破仑最终胜利。

此时的库图佐夫,正在面临一个艰难的抉择。经过白天激战,损失士兵约4万人。为保存俄军仅剩力量,他毅然决定,放弃莫斯科城!9月15日清晨,拿破仑大军终于进驻莫斯科城,但是让拿破仑失望的是,莫斯科城一片沉寂,早已撤空。

但无论如何,此刻躺在床上的拿破仑已经非常欣慰了,他认为俄国都城都已经攻陷了,沙皇投降是早晚的事,疲惫的部队终于可以休息才是当前的重点,这场战争胜得太不容易了,已经远远超出自己的预估。

天有不测风云

突然,一阵骚乱将拿破仑从喜悦的思绪中拉回现实,副官神色慌张地闯了进来,大事不好,城中起火了。拿破仑向外望去,只见莫斯科城正陷入一片火海中,风助火势,火焰冲天。其中一排房子的火势甚至蔓延到了克里姆林宫的一角,拿破仑心中一团迷惑,但是面对大火已经由不得他多想,匆匆收拾一下行李,便逃离了克里姆林宫。

拿破仑布置下属组织救火,但事到临头才发觉所有的灭火工具都已被毁坏,士兵们一团混乱。大火慢慢吞噬着法军的粮草、武器,直到三天三夜之后一场暴雨来到大火才被扑灭,灰烬里到处都是惨不忍睹的尸体。

此时的拿破仑万万没有想到在自己叱咤风云的战争中会遇到如此大丢颜面的局面,但他始终侥幸地觉得,俄国军队已受重创,莫斯科沦陷,天平仍然向自己倾斜。于是派出一名使者从莫斯科出发,找到沙皇媾和,表示愿意与俄国缔结"最宽大、最光荣、最不侮辱人的停战和约"。亚历山大对使者说:"只要俄国疆土上还存在一名法国士兵,停战就免谈。"

此时的拿破仑如果率领军队直接进攻圣彼得堡,或许会一举擒获亚历山大一世,但是法军却在莫斯科城的废墟中驻扎下来,一直到10月中旬,雪花纷纷扬扬飘落,身着夏装的法国士兵根本无法御寒,再加上后勤补给严重短缺,拿破仑不得不命令部队撤退。

11月,正在撤退途中的拿破仑军队遇到了恐怖的暴风雪,士兵冻死无数,兵力锐减。此时的俄军由库图佐夫率领,突然向西挺进,扼守住拿破仑军队的补给线,不让拿破仑军队得到任何军需给养。然后在小亚罗斯拉韦茨进行阻击,法军此时已经无法应对强敌,只好撤退。当4万人撤至比利西纳河时,俄军已经将桥拆除,法军士兵只好跳入河水中搭桥,冻死了许多人。三天后的11月29日,他们刚刚渡过河,就遭遇到守候在对岸的俄军的埋伏,2万多名法军在比利西纳河岸阵亡。12月中旬,法军终于走出了噩梦般的俄罗斯领土,拿破仑驰骋欧洲的45万大军此时仅剩2万人,元气大伤。1814年3月,亚历山大率反法联军趁机攻陷巴黎,威震四方的拿破仑结束了自己光辉的历程。

在拿破仑大军从俄国撤退的过程中,庞大的辎重车队中有25辆满载战利品的马车消失了。后来当局派人寻找,却毫无结果。从此,关于这批神秘的战利品的传说开始蔓延开来。

临危藏宝

拿破仑于1769年8月15日生于地中海科西嘉岛的阿雅克肖城,他的诞生昭示着一个伟大时代的来临。

拿破仑具有没落意大利贵族的家庭背景，在他父亲英明的决定下，9岁的拿破仑前往法兰西共和国布里埃纳军校学习。1784年，成绩出众的拿破仑被选送到巴黎军官学校。在那里，他用一年的时间就考取了正常情况下三年才能取得的炮兵学军官资格，成为王家炮兵少尉。之后跟随部队驻防各地，期间阅读了许多书籍，特别是文艺复兴时期的人文论著，这也造就了他很高的艺术修养和收藏品味。

很早的时候拿破仑便对俄国首都莫斯科城非常感兴趣，聚集了天下财宝的克里姆林宫是俄国的象征。当他率领大军来到莫斯科城下时，非常兴奋。他手下那些和他一样对艺术珍宝珍爱有加的大臣们更是如数家珍地告诉他，克里姆林宫内丰富的收藏品是世界上绝无仅有的。于是当他占领这里之后，首先做的事，便是下令将此地留存的金银珠宝和各种艺术品搜刮一空。其中包括莫斯科收藏的古代武器、伊凡大帝纪念塔上的十字架、克里姆林宫中的珍贵物品、教堂的装饰品，还有许多珍贵的绘画和雕像。

根据资料记载："拿破仑撤退时非常痛苦，因感到目前处境的危险，他深知这些财宝带走无望，临危命令下属，将这些珍贵的物品全部沉入湖里。"

苏联学者尤·勃可莫罗夫研究了许多来自俄国、英国和法国的资料，认为在1812年11月2日，拿破仑掠夺的25辆车的战利品确实沉入了湖里无疑。他翻阅了许多萨姆廖玻的地图，却并没有发现附近有湖泊存在。苏联科学院地理研究所的学者认为："在比亚吉玛西南二十九公里的沼泽地有条叫萨姆廖夫卡的河。那块沼泽地也是以这个名字命名的，很可能这里在当时就是一个湖泊。"尤·勃可莫罗夫向当局问询，但是得到的答案却是"无可奉告"。

1835年，斯摩棱斯克当局派遣一支工兵部队对这里进行考察，他们激动地发现水下有堆像岩石般的堆积物。此事一呈报给沙皇，便获得沙皇的拨款支持，但当他们把水抽干时却发现，水下仅仅是一堆岩石。

就这样，谁也不会想到伟大的拿破仑皇帝，会在莫斯科失利之后又惨遭滑铁卢，在南大西洋中的圣赫勒拿岛病逝。而他当年搜刮而来的满载25辆车的财宝，也永远沉睡在俄国境内的某一个地方，成为一个鬼神难料的谜。

4."杀人湖"与纳粹黄金之谜

为了搞垮英国经济,德国决定发行大量假英镑,并把这项任务交给了帝国中央保安总局第四局,并成立了一个叫SHARP4的新部门监管此事。1942年夏,党卫军在萨克森豪森集中营开设了印刷伪钞的工厂,伯恩哈德·克鲁格少校领导伪造工作,这就是"伯恩哈德行动"。该计划在柏林又被称做"一号行动"。纳粹为此集中了德国最优秀的雕刻专家、造纸技术专家和数学专家,并负责推算英镑纸币的编号规则。

萨克森豪森的印钞车间与集中营的其他区域互相隔离,由职业印刷匠博德领导60名囚犯日夜工作。

随着伪造工作的进行,假币的质量也不断提升。德国特工曾专门携带一批5镑和10镑纸币前往瑞士兑换成瑞士法郎,并大胆地要求检验这些英镑的真伪(他解释说这些英镑是在黑市买来的)。经过提醒银行从中拣出了约10%的"伪币",将剩下的假英镑全额收下。印刷精美、质量高超的假英镑甚至骗过了银行的资深职员。只是一次偶然,英格兰银行发现了一批假币,并为这名特工的"诚实"感谢不迭。英国人也是通过偶然机会才发现假英镑的存在:一位英格兰银行职员偶然发现她手里的两张钞票的序列号竟然是一样的。可见假币已经到了以假乱真的程度,只有通过检查序列号才能发现。

1945年5月初的一天,一个常在湖上打鱼的渔夫,忽然发现湖中漂浮着一张印着莫名其妙符号的纸片。捞上

来后他揣摩着，莫非这是一张哪国的钞票？第二天，渔夫拿着那张弄干展平的纸片来到巴特奥塞的一家银行，银行付给他一笔数目可观的奥地利先令。一夜暴富的渔夫更加仔细地寻查了那个地方，他又发现了同样的纸片。于是，他接二连三地来到那家银行，终于有一天在银行付款窗口旁被两个美国军官拦住了……

不久，党卫军曾把托普里塞湖当做保存财宝的"保险柜"的消息不胫而走。紧接着传闻四起，说托普里塞湖里埋藏着党卫军搜取的黄金，即德意志帝国的黄金储备。传闻过了很久后被证实了。

1946年2月，两位林茨的工程师——奥地利人赫尔穆特·梅尔和路德维格·皮克雷尔来到托普里塞湖。同行的还有一个叫汉斯·哈斯林格的人。在后来奥地利宪兵队的调查材料中，他们均被列为"旅游者"。三个奥地利人在湖边支起了帐篷。作为有经验的登山家，他们决定登上可以俯瞰整个托普里塞湖的劳克冯格山。哈斯林格或许感到了某种不妙，或许本来就知道此举的危险性，在与另两位同行了一昼夜后，半路返回了出发地。一个月后，那两个登山家已经杳无音讯了，营救小组开始寻找他们。在山顶发现了一座用雪堆成的小屋，旁边有两具尸体，皮克雷尔的肚子被剖开，胃被塞到了背囊里。案情在之后的很长时间里都是个谜。后来查明，原来，二战期间这两人参与过托普里塞湖边一个"试验站"的工作，德国海军在"试验站"进行过新式武器的研制。显然，这两个知情者被灭口了。

1947年，时常出现在托普里塞湖周围的外地人当中，有一个人被指认出是前德军参谋官鲍曼。奥地利法院起诉他在战争快结束时曾从这里运走两箱黄金，但被告只承认从教堂金库里拿走过收藏的古币。在托普里塞湖地区一个别墅花园的干枯花丛里发现了一堆废弹药，下面藏着三只箱子，里面有1.92万枚金币和一块500克重的金锭。环湖一带的种种发现引起了人们的骚动，大家趋之若鹜地涌向托普里塞湖。1950年8月，汉堡工程师凯勒博士和职业攀岩运动员格伦斯来到这里。他们试图爬上雷赫施泰因山南坡的一处峭壁，因为从那里观看托普里塞湖可谓一览无余。结果，格伦斯失踪了，他身上的安全绳"意外"地断了，凯勒博士做了见证，而不久后他也突然失踪了。格伦斯的亲属进行了私人调查，他们注意到，失踪的凯勒博士战时曾在党卫军服役，担任潜艇秘密基地的负责人。回想起来，正是潜艇军人才有可能与托普里塞湖边的"试验站"发生瓜葛，才有可能成为转运和储藏帝国财宝的同伙。

同年夏天，三个法国学者光顾托普里塞湖。他们操着半通不通的德语在旅馆开了一个房间，然后前往当地警察局出示了一封奥地利因斯布鲁克市军方开出的介绍信。信中说，该三位法国学者专门研究阿尔卑斯山区湖泊的生物，他们需要潜入托普利塞湖湖底，请求当地警察机关在法国学者的科考过程中给予支持。奥当地警察局毫无保留地批准了三名外国人在托普里塞湖的考察。三个法国人返回的那天，他们迫不及待地把四只沉甸甸的箱子装到汽车上，慷慨地付了小费后便原路而返。当旅馆经理到银行兑换从三位学者手中得到的外币时，银行发现竟是假币。因斯布鲁克市军方对那封所谓的介绍信也是一无所知。旅馆的女服务员事后来到警察局反映说，她听到过三个"法国人"说着一口地道的汉堡方言。这三个人很可能就是前德军"试验站"的专家。

1952年是"杀人湖"托普里塞湖死亡人数最多的一年，先后有几个人在此神秘地死于非命。1959年夏，掩盖"杀人湖"秘密的帷幕开始徐徐拉开。由西德《明星》周刊资助的潜水队获得了在托普里塞湖潜水作业五周的许可证。工作进展得相当顺利：从湖底打捞出15只箱子和铁皮集装箱，在里面发现了1935年至1937年版的5.5万英镑假钞。

1983年初秋，又一件莫名其妙的悲剧发生在托普里塞湖。一位慕尼黑潜水运动员A·阿格纳不顾当地政府的禁令潜入湖底，结果漂上来的却是他的尸体。调查发现，不知是谁割破了他的氧气管。这次事件后，奥地利当局便制止了一切在托普里塞湖的民间业余潜水活动，除非持有特别许可。1984年11月，西德考察专家汉斯·弗里克教授宣布，他将乘特制的微型潜艇探察托普里塞湖。11月15日，奥地利一家报纸披露，汉斯·弗里克乘特制的微型潜艇在水下80米处发现了假英镑，并打捞上一些水雷、轰炸机骨架、带水下发射装置的火箭破损部件等，可是关于大家都关心的第三帝国的黄金却只字未提。弗里克本人对此也保持沉默。《巴斯塔》报揭露说，弗里克与西德侦察部门有密切联系。教授考察的资金来源也是个谜。持续了几个月的考察活动每天需3万先令的支持，而出面组织考察的西德科学考察学会不曾为弗里克支付过一个马克。发生在托普里塞湖所有事件的前前后后引起了奥地利政府的警惕，当局决定把托普里塞湖的探察工作置于自己的管理和监督之下。

1984年11月，奥地利军队的考察专家们开赴托普里塞湖。宪兵队在所有通往湖区的大小路上实行戒严。专家们在湖底发现了假币，还打捞出一枚长3.5米、重1吨的火箭。沉在水底40年之久的金属骨架竟没有一点锈蚀的痕迹，这使美国工兵部队人员感到惊诧不已。在湖西南部的湖底，奥地利扫雷部队的专家们借助探雷器和检波器发现，湖底可能有大量金属存在，金属集中在大约40平方米左右的范围内。是黄金还是地下弹药库？对此，奥地利侦察部门人员表示，目前还很难确定到底是湖底原有的稀有金属，还是发现了第三帝国埋藏的黄金。奥地利军队的考察专家们收获颇丰。在距湖岸仅70米的环湖山岩的峭壁上发现了一个似乎是地下仓库的入口，但遗憾的是入口已经被炸毁。专家们找到了有关的见证人，得知战争结束时入口还未被堵上，此人曾钻进洞口，顺着坑道爬进了一个人造的大山洞，里面放着写有"易爆品"的箱子。战时确实有一批囚犯被押解到托普里塞湖修筑地下工程，这些囚犯在湖底水下开凿过水平坑道及一些入口。

1985年掀开了托普里塞湖寻宝的新一页。萨尔茨堡工兵小分队试图从森林密布的湖南岸进入湖底的地下坑道。但是，当专家们推断，希特勒分子有可能在通往财宝埋藏处的坑道里布下地雷之后，所有的考察活动便很快停止了。结果，这个"阿里巴巴山洞"里到底有什么始终是个谜。

5.太平天国窖藏珠宝的下落

太平天国运动，是在清朝统治后期的一次最为轰轰烈烈的农民起义，最终被清政府联合列强镇压下去。太平天国前期所到之处都实现了男女平等、废除裹脚等恶习，女子的地位得以和男子同等，是近代中国民主的开端。甚至马克

第四章
乱世辉煌的战争宝藏

思也认为太平天国是世界上第一个具有共产主义性质的政权，曾称太平天国为"中华共和国"。可惜，太平天国运动的领导者们终究没有摆脱封建帝王的思想，在掌握一定的政权后就开始腐化了。

洪秀全建天朝宫殿时，是倾"全国"所有，掠各地宝物于宫内，其他王府也都藏金。据说，洪秀全所用的碗筷，其至马桶、夜壶都是黄金制成，以致国库黄金一度告急。他在宫中享乐，很少有时间和心思坐朝，11年里只因"天父下凡"出宫一次。当时南京城里盛传，宫中金银财宝"如山如海"。然而，英雄末路，积聚了全民的财富也终不免一败，至于那些财富的去向，就成为了人们想要探知的秘密。

1862年年初，曾国藩之弟曾国荃率湘军主力进攻天京，5月，湘军呈围困天京之势，面对湘军主力的围困，太平天国方面也一意死守。从上海撤回的李秀成军队与湘军在天京城外血战46天，最终未能解围，李秀成建议洪秀全"让城别走"，被拒绝后，李秀成率1万多太平军留守天京，同5万多敌人进行殊死斗争。

直到1864年，天京外围已无回旋余地，城内将士食野草充饥，而围城湘军又增至5万余人，太平天国危在旦夕。6日，洪秀全病逝。但太平军将士仍固守天京，同心同德，决心与天国共存亡。湘军每前进一步都要付出沉重代价。不久，天京城被破，太平军将士又与湘军展开巷战，宁肯战死，也决不投降。

为了一座城池，湘军与太平军都不惜血本的把主力军押了进去，难道这只是为了军事上的战略考虑吗？还是为了金龙殿和圣库里的宝藏？

围城三年的湘军蜂拥闯进了天京各个城门，他们的目的就是抢掠。上自前敌总指挥的大头头曾国荃，下至军营里雇佣的民工、文职人员，都想发横财，当时传闻洪秀全和天国新贵收敛的财宝都藏在此地。

湘军花了三日三夜的时间搜查全城，曾国荃和提督萧孚泗率先洗劫天王府，他们捞尽了官衙甚至民宅的一切财富，连同几万名女俘虏，一并作为战利品带了回去。但是，他们还不满足，因为长期以来，大家都传言天京城内有大量的金银财宝和各种珍稀之物，因而他们认为还有更多财宝埋藏在地下各处。

天京城内也确实可能有大量的金银财宝被埋藏。当年，太平天国为了应付残酷的军事斗争,所有公私财产都必须统一集中到"圣库"(即国库)。人们生活的必需品由圣库统一配给,百姓若有藏金一两或银五两以上的都要被问斩。这种制度使得太平天国的财富高度集中,为窖藏提供了可能。

太平天国兵败南京之后,清朝政府曾下令追缴圣库里的财宝,但曾国藩以"城内并无贼库"的回复,否认了天王府存在财宝的推断。百年来人们从来没有对其地下进行过勘查。关于"金龙殿"下边的传闻很多,却没有证据。然而《能静居士日记》中却说萧孚泗"在伪天王府取出金银不赀,即纵火烧屋以灭迹"。曾国藩兄弟俩当然所获很多,1866年5月19日的《上海新报》上记载说:"宫保曾中堂之太夫人,于三月初间由金陵回籍,护送船只,约二百数十号。"这些搜刮物似乎包括窖金。但天京窖金如果藏了很多,那也很可能不会全数遭挖掘的,很难排除确有更多的深藏巧埋之物至今仍未被发现。

如此巨额的窖藏珠宝,当然会引起世人极大的兴趣,因此众说纷纭,但这些珠宝的下落究竟如何,到现在也还是一个谜。

6.默克斯宝藏

在纳粹德国还未彻底崩溃之前,纳粹上层官员就制订了周密的复兴计划。纳粹早有计划把在战争中掠夺的财富运往其他国家隐藏起来。与此同时,盟国也在尽力寻回这些财富,然而直到1945年4月初他们才意识到这项任务的规模之大,形式之复杂。

1945年3月22日晚,乔治·巴顿的第二集团军渡过了莱茵河。4月4日傍晚,一辆美军巡逻吉普车在默克斯村看到两名德国妇女违反宵禁令在街头行走,于是停下来对她们进行盘问。她们自称是法国难民,其中一人即将分娩,要到邻近的基瑟尔巴赫村去找接生婆。美国士兵把该妇女带上吉普车,送到了基瑟尔巴赫村，还为接生婆提供了帮助。次日清晨在送这两名妇女回家的路上，当吉普车路过凯瑟罗达矿井的井口时，美军士兵问这是一座什么矿？令他们大为惊讶的是其中一名妇女告诉他们说这是藏金子的矿井。

该地美军指挥官拉塞尔中将得到这个消息后，立即于当天中午前往默克斯。经过询问，难民证实了这个消息的真实性。此外拉塞尔还得知，德国国家博物馆馆长保罗·赖夫博士正在那里看护一些藏在矿井中的名画。拉塞尔接着盘问了矿上的大小官员以及德国国家银行外汇部首席出纳员维尔纳·维克。维克向美军交代说，从1942年8月26日起，德国国家银行就把其黄金储备，以及党卫军掠夺的财物藏到默克斯的矿井中。藏匿活动一再持续到1945年1月27日，一共运来76批次财物。此外，在1945年3月16日、20日和21日，德国东部地区的14家博物馆和美术馆也将其藏品运到了那里。由于美军进展神速，德国人曾想将默克斯宝藏转移到别处，但还没来得及筹集车辆，美军先头部队就已经到达了该地。

为了加强对矿井的保卫工作，美军将领拉塞尔下令在其周围拉起军用电网。他起初命令第712坦克营前往默克斯保卫矿井入口，但到晚上又发现了其他5个入口，一个营显然不足以担任警戒任务。于是，赫伯特·厄内斯特少将命令第773反坦克营和第357步兵团前往默克斯增援。拉塞尔还将这个矿的情况通知了美军第12军的指挥官。

1945年4月7日清晨，这个矿井的所有入口已全部被发现，美军立即派兵守卫。上午10点钟，拉塞尔和另两位美军军官，以及赖夫博士和矿上的官员从土坑道进入矿井。在离地面2200英尺的主隧道内，他们发现了堆放在墙边的550个大麻袋，里面全是德国马克钞票。再往里走是一堵三英尺厚的砖墙，中心是一扇厚重的钢制保险门，后面可能藏有一座地窖。此时巴顿的部队正闪电般地进入德国，急需人手执行战斗和占领任务。当他得知矿内只发现了大量德国马克纸币而没有黄金的消息后，立即下令357步兵团撤离该矿，只留下第一营继续驻守。

4月18日清晨，拉塞尔、一名部队公关人员、摄影师、记者和第282战斗工兵营的工程师再次进入该矿。他们来到地窖前，现代化的钢门很难被撬开，但是保险门周围的砖墙很容易就用炸药炸开了。美国人发现他们进入了天方夜谭般的宝库。周围的景象难以用语言形容：展现在他们面前的是一个有照明的、宽23米、长45米的密室。里面有超过7000个作了标记的袋子，高度齐膝，足足码了20排，每排间距大约是1米。房间另一边发现成捆的现钞，每捆的标签上都印着"梅尔默"的字样。这些箱子明显属于纳粹党卫军的化名账户，这是关于纳粹在欧洲所掠夺财富的首条线索。他们打开袋子，将这些财物列入清单：8198块金锭；55箱金砖（每箱2条，每条重10公斤）；数百袋黄金器皿和制品；超过1300袋的金马克、金法郎和金镑；11袋美元金币；来自15个国家的数百袋金银币；数百袋外汇钞票；9袋珍稀的古代金币；2380袋和1300箱的德国马克现金，面值达27.6亿；20块各重200公斤的银锭；40袋银条；63箱零55袋银盘子；1袋白金（内有6块白金锭）；还有110袋钻石和珠宝。在其他的隧道里还发现大量来自欧洲各国博物馆以及从私人那里抢来的珍贵艺术品：油画、版画、铅笔画、雕刻、古董钟表、集邮册……这些宝藏还揭露了纳粹的残忍性：在金制品中包括数袋从灭绝营的囚犯口中拔掉的金牙。

巴顿注意到其中的外国货币和艺术品，迅速认识到这笔巨大的财富背后的政治意义。他立即请求将该笔财富交由盟国远征军最高统帅部接管。艾森豪威尔任命伯恩斯坦上校为财政副主管。接着，在战斗机的护卫下，这些财宝由数百辆卡车运往法兰克福的德国国家银行。8月中旬，盟国对其进行了称量和估价。其中的黄金价值2.62213亿美元、白银27.0469万美元。

1946年年初，默克斯宝藏中的货币黄金被移交给盟国战争赔款委员会，最后交给美、英、法三国黄金归还委员会，他们负责尽快将这些黄金交还给受害国的中央银行。在欧洲找到的其他纳粹宝藏没有任何一批能与默克斯宝藏相匹敌。另一笔规模近似的宝藏是克罗地亚乌斯塔沙政权掠夺的黄金，但这批黄金没有被找到。有迹象表明，它们极可能被梵蒂冈和中央情报局秘密运出了欧洲。这份宝藏究竟有多少留在梵蒂冈仍然是个不解之迷。在奥地利的阿尔卑斯山地区还发现了几处规模较小的纳粹藏宝。纳粹曾经在这里设立了坚固的"人民堡垒"试图进行最后的顽抗。人们对于默克斯宝藏的具体价值并不存在分歧。争论在于这些宝藏的来源，以及后来是如何处理的。另一个谜团是这份宝藏在纳粹掠夺的巨大财富中占多大比重？

7.赤城山的黄金

赤城山是当今日本藏金规模最大的金库，据估计黄金藏量高达400万两，折合成日元约100万亿日元，而1987年日本的财政预算也仅为54万亿日元而已。

赤城山盛贮黄金，大约是19世纪万延元年的事。当时的日本政权由幕府控制，世界银行的金银兑率为1:15，而在日本仅为1:3，国内存有的黄金便大量外流。由于"硬通货"的剧烈流失不利于当局储备财产，幕府的最高执政官"大老"井伊直弼便以储备军费的名义，亲自控制了赤城山的整个黄金储藏计划。

赤城山被选为黄金贮库，原因有四：

第一，它是德川幕府为数较少的直辖领地之一。

第二，它是德川幕府的"根据地"，易于保守机密。

第三，地理的优势——它地处根川与片品川两河之间，四周是延绵起伏的高山，乃是一个易守难攻之地。

第四，它是德川幕府垮台之时全线崩溃的最后凭借之地。

其实，日本当时的中下层武士也已立意打倒幕府统治而实行革新。1800年3月3日，正当井伊秘密藏金之际，改革派武士便将其刺死在了江户(今东京)雪的樱田门外。他死后，他的属下小粟上野介和林大学头仍继续执行埋金计划。直到19世纪60年代末，倒幕派取得胜利，属于幕府的江户时代宣告结束。1868年7月，明治天皇出掌大权，改江户为东京，赤城山的藏金秘密遂成为了一个世纪之谜。

根据埋金计划执行人之一玉总兵卫在其所著《上野国埋藏理由略述书》的记载，这批鲜为人知的作为军费而埋藏的黄金总数到底有了些眉目：当时从江户运出了360万两黄金。小粟上野介的仆人中岛藏人，在遗言中说到还曾从御金藏中运出24万两黄金,加上其他的金制品,总共藏贮量达400万两之巨。

100多年来,有不少探宝者妄图一夜之间成为巨富,纷纷到赤城山查考。明治三十七年,岛追老夫妇有幸在此捡了几个装有黄金的木樽;昭和三十七年,又有57枚日本古时的纯金薄片在一次修路过程中被发现,这些椭圆形的金片已经被证实为古币。对赤城山藏金最为执著的探宝者,要数水野一家祖孙三代。

水野家第一代的水野智义是中岛藏人的义子,中岛藏人临终前曾告诉他,赤城山藏有德川幕府的黄金,藏宝点与古水井有关。于是,水野智义便萌发了寻找赤城山黄金的念头。他变卖家产筹款16万日元,开始调查藏宝内幕,得知在1866年1月14日,曾有30名武士雇了七八十人在津久田原突然出现。他们运来极其沉重的油樽22个,重物30捆,并在此处逗留了近一年。他们秘密地分工行动,不少当事人是幕府的死囚,完工后即被杀以灭口。

后来,水野智义在1890年5月从一口水井北面30米的地下挖出了德川家康的纯金像。他推测,金像是作为400万两黄金的守护神下葬的。不久,他又在一座寺庙的地基下挖出了自认为是埋宝地指示图的3枚铜板,但它们所蕴含的谜团却始终无人能读懂。昭和八年4月,水野智义又发现了一只巨型人造龟。这就是第一代水野家奋斗一生的收获。

第二代水野爱三郎子继父业,在人造龟的龟头下发现了一个空洞,洞内有五色岩层,但不知是自然形成还是人为造成的。

第三代水野智子进一步在全国搜集有关赤城山黄金的传说,他与别人合作,利用所谓的特异功能来寻宝,但收获甚微。

水野家三代在赤城山发掘的坑道总长22公里,却仍没有寻到藏金点。向水野三代这种半盲目的脑力与体力提出挑战的是高科技的运用,有人用最新的金属探测器在水野家挖的坑道内发现了金属反应。经分析,此处地层内极难存在天然金属,所以有可能是德川的藏金所在。但由于地质松软,挖掘需要有强力的支撑物,因而只能暂时作罢。

由于迄今仍未挖掘出黄金,所以有人断言藏金之事未必可靠。然而事实上藏金是有可能的。德川幕府时期的江户南北两灯奉行所这种小单位都存有1万两黄金,更不用说幕府了;幕府与萨、长联军对抗时有1.5万军队,若无雄厚的财力哪能维持这笔庞大的军费开支?那现在这些资产哪里去了呢?总不能不翼而飞了吧,因此被藏起来的可能性还是比较大的。另外,水野一家的发掘收获也是一种证明。

然而,这些仍旧只是推断,人们至今也没有找到幕府埋藏的巨额黄金,赤城山的宝藏也只能成为人们茶余饭后引为谈资的一个谜了。

8.圣殿骑士团宝藏

据说,当法国国王菲利浦四世对圣殿骑士团下手之前,曾有人向圣殿骑士团通风报信,以致他们抢先一步将财宝藏了起来。

而圣殿骑士团人员内部发明了一套神秘的符号,只有能猜解出那些看起来犹知天书一般的东西的人,才可能找到埋藏的宝藏。

圣殿骑士团的组建

历史上,耶路撒冷是一个神圣的地方。无论是公元11世纪主宰西欧的基督教,还是伊斯兰教,耶路撒冷都被视为圣地,从世界各地赶赴耶路撒冷朝圣的基督教徒和穆斯林络绎不绝。公元8世纪,巴勒斯坦虽然被阿拉伯人占领,但他们并不干涉基督徒的朝圣。同时期,东面的拜占庭帝国却屡屡遭到土耳其人侵扰,许多前往巴勒斯坦朝圣的基督徒不是被抢劫,就是被处死。因此埋下了宗教战争的祸根。

神秘的宝藏
寻找历代迷失的宝藏

　　1094年,土耳其攻打拜占庭帝国首都君士坦丁堡,眼看首都危在旦夕,拜占庭帝国向罗马教皇求援,说愿意把东正教重新归在教皇统治下。这一举动,对早已垂涎东方富庶的罗马教皇来说无异于投怀送抱。次年,教皇乌尔班二世便打着恢复教会统一的旗号,将所有基督教民众召集起来,进行一次大规模的远征,对土耳其进行圣战,收复圣地巴勒斯坦。于是,由教皇组织的法国、意大利、德国组成的4支十字军吹响了东征的号角。

　　1099年7月,十字军攻占耶路撒冷,建立了耶路撒冷王国。为了保护圣地,保护朝圣者,抵御伊斯兰教的卷土重来,1119年,教皇在耶路撒冷犹太教圣殿成立了"圣殿骑士团"。

　　"圣殿骑士团"的全称是"基督和所罗门圣殿贫苦骑士团",团员由作战经验丰富的基督教骑士构成,其中很多都是贵族,也有少数是军官、教士和神父。他们在圣殿宣誓效忠罗马教皇,恪守安贫、守贞和听命三大戒律,履行保护耶路撒冷各要塞以及朝圣之路安全的职责。

　　圣殿骑士团的创立引起了贵族和教会上层的重视,耶路撒冷国王鲍德温二世将犹太教圣殿内一部分院落划归圣殿骑士团,作为驻地;教皇也颁布法令,肯定了圣殿骑士团的地位;这些举措使得圣殿骑士团在欧洲大规模招兵买马,在短短几十年内发展成为一支精锐强大的职业军队。

圣殿骑士团的内幕

　　从外表上看,圣殿骑士团像是修士僧侣:他们当中的骑士身披白色斗篷,军士则身披黑色斗篷。无论骑士还是军士,衣服上都佩戴一枚红十字徽记。圣殿骑士团内部实行严格的集权制,最高首领是"总团长",直接听命于罗马教皇。教廷为了将骑士团牢牢掌握在自己手中,便赋予他们各种特权:政治上,仅效忠罗马教皇,不受十字军国家的僧俗统治者管辖,包括耶路撒冷国王;经济上,不仅享有免税的特权,而且还有权在自己的领地上收税。

　　在特权的保护下,圣殿骑士团开始了明目张胆的敛财行动。首先是在封地肆意征税;其次是掠夺;还有很大一部分是接受赠予。他们在欧洲大陆四处举行征募活动,获得朝圣者、贵族源源不断的赠予,并用这些财产从事商业和银行业活动。让人惊奇的是,现代银行业经营模式的始创者,竟然就是圣殿骑士团。上文提到,骑士团许多成员就是贵族,由于要恪守"守贫"这一戒律,他们都将自己的财务包括不动产交给骑士团统一存放。这种方式被许多欧洲的贵族效仿,连英国和法国国王,都曾经将财富托付给巴黎和伦敦的圣殿骑士团保管。为此,骑士团还发明了一种与现代银行存款单相似的票据,凭借这种印有骑士团特殊记号的票据,就可以在遍布欧洲的骑士团分部取出财物。这项生意异常地火爆,骑士团各分部和圣殿总部迅速拥有了大量的财产。这时,他们又开始了贷款业务。渐渐地,上至各国国王,下至普通的朝圣者,都成了骑士团的借款人,而且都要为此付上一笔不低的利息。据说,骑士团里堆放着一摞摞有天花板那么高的借据和账簿。

圣殿骑士团的灭亡

12世纪,圣殿骑士团已经发展成为一支强大而独立的军事、政治、经济组织。圣殿骑士团的巨额财富连教廷都垂涎不已;骑士团在各地横行霸道,受到不少诟病,甚至有传言骑士团想要建立一个骑士团国,这便严重威胁到各基督教国家的统一。

法国国王腓力四世是反对骑士团的主要力量。1307年10月13日,腓力下令逮捕法国所有的圣殿骑士,占领他们的会所,没收他们的财产。被捕的圣殿骑士被宣布是异教徒,绑在火刑柱上烧死。圣殿骑士团突遭横祸,几乎全军覆灭。这天恰好是星期五,历史上便称这天为"黑色星期五"。然而,不知是走漏了风声还是凑巧,在屠杀前夕,一支圣殿骑士团奔赴法国南部,"受命执行紧急任务",从而幸免于难。而且,腓力四世也没有搜掠到圣殿真实存储的财富。

据记载,当圣殿骑士团总团长雅克·莫雷被捕入狱后,便当机立断地将自己的职位传给侄儿基谢·博热伯爵,并让他在上帝面前发誓将宝藏的秘密保存到"世界末日"。他告诉博热:"圣殿骑士团的档案全都放在前任总团长的墓穴里。我们可以通过这些档案找到许多圣物和珍宝……其中包括所罗门王的七支烛台、耶路撒冷国王们的王冠和四部金福音。它们都藏在总团长墓穴入口处祭坛的两根大柱子里。这些柱子的柱顶能自行转动,空心的柱身即为圣殿骑士团巨额财宝之所在。"

后来,博热从圣殿骑士团教堂的大柱子里取走了黄金、白银和宝石等几箱子的宝藏,并将它们转移到安全的地方。据说,圣殿骑士团设计了一套神秘符号,他们利用这套符号来标志藏宝的所在。正因如此,圣殿骑士团巨额财宝的下落成了一个难解的历史之谜。

圣殿骑士团留下的谜

有人根据传说和圣殿骑士团的神秘符号,推测圣殿骑士团的宝藏在法国罗纳省博热伯爵封地附近的阿尔日尼城堡里。阿尔日尼古城堡现在的主人是雅克·德·罗斯蒙伯爵。但是他断然否认城堡有圣殿骑士团宝藏一说。1952年,考古和密码学家克拉齐阿夫人(她对圣殿骑士团神秘符号颇有研究),在实地考察阿尔日尼城堡之后声称:"我深信圣殿骑士团的财宝就在阿尔日尼。因为我在那里找到了一些关键的符号,这些符号从大门的雕花板一直延续到阿尔锡米塔楼⋯⋯"

对于这番断言,城堡主人的罗斯蒙先生却含糊其辞,他表示,也许城堡藏有财宝,但在没有科学的探测仪器证实此事之前,不能仅凭猜测而毁坏古老的城堡。

另有一种说法认为,圣殿骑士团的财宝在法国夏朗德省的巴伯齐埃尔城堡——那里曾有一块圣殿骑士的封地,其中一个墓穴同样有着神秘叵测的符号;又有人指出,圣殿骑士团的一些财宝可能隐藏在法国瓦尔市的小村庄附近,因为这里也发现了圣殿骑士团的神秘符号。

这些刻着神秘符号的砖石,究竟蕴含了什么密码呢?威风凛凛的圣殿骑士团,还有什么秘密会被发现呢?这一切,让我们拭目以待吧。

9.纳粹宝藏疑云

纳粹战败40多年之后,他们盗窃的宝藏现在仍然不断被发现,但这些发现仅仅是一小部分而已,大部分还没有被找到。那么他们的宝藏到底有多少,这也许永远都是一个谜。

特别的部队

在第二次世界大战中,纳粹头目希特勒曾组织了一支特别部队,专门有计划地对各国的金银财宝和珍贵文物进行大规模的抢劫。每占领一个国家,纳粹的财政人员便马上夺取这个国家的黄金、外汇、外国证券,并向这些国家征收一大笔"占领费"。侵略别人,还向对方收取巨额费用,这个创意恐怕只有纳粹才能想到了。到战争结束时,单单"占领费"的收入就有600亿马克。纳粹还用种种理由迫使占领国支付"罚金"、"贡金",榨取金额共1040亿马克。这种掠夺,不管在规模上还是组织上,都没有别的国家能望其项背。

1939年,德国纳粹征服波兰后,纳粹第二号头目赫尔曼·威廉·戈林就下令掠夺波兰文物。据德国官方的一份秘密报告表明,到1944年7月为止,从西欧运到德国的文物共装了137辆铁路货车,共计4174箱,20973件,单单绘画就有10890幅,其中绝大多数为名家杰作。

纳粹头目戈林从这种强盗行为中得到了惊人的好处,据他自己说,他收藏的文物价值高达5000万马克。其中有5000幅世界名画,16万件珠宝镶嵌的宝物,2400多件古代名贵家具。这些物品中有1500多件属于稀世珍宝,简直可以开博物馆了!

纳粹财务悬案

纳粹战败50多年后,他们盗窃的宝藏现在仍然不断被发现,但这些发现仅仅只是传说中宝藏的冰山一角而已，还有很多对宝藏感兴趣的人在孜孜不倦地寻找着。

二战接近尾声时，美国第七军团在德奥边界的新天鹅堡发现了部分准备运往希特勒的故乡——林茨的货物，来自欧洲各占领区的珍贵油画，有的甚至还没有从装运箱里拆开。直到20世纪80年代，被纳粹盗取的绘画还不断地在荷兰等地出现。

落入纳粹手中的金条也有好几批被发现。1983年，在意大利北部的一个修道院里，人们发现一个旧通风井里堆满了箱子，里面装着60吨黄金，市价大约8亿美元。通过纳粹的资料记录可以找到这批宝藏的出处：它来自1944年的罗马中央银行，但是似乎只有当时从银行金库里提走的一半。现在没有人知道另一半的下落。

作为纳粹第三帝国的首都——柏林，积聚了相当大一部分的战利品。但是，在1945年盟军获胜之后的混乱中，大部分财宝从这个城市消失。失踪的财宝中包括德国人谢尔曼19世纪70年代在特洛伊遗址发现的一批珍贵的迈锡尼黄金制品。

对于纳粹德国陆军元帅隆美尔当年掩藏黄金宝藏之地，外界向来众说纷纭，而法国科西嘉岛一直是众人猜测的焦点。相传在二战时期，隆美尔在撤退途中，曾命人把一批宝物投进科西嘉附近的海域，打算日后回来挖掘。2007年，考古学家霍奇金森称，他在距离法国巴斯蒂亚城不足1海里的水域中发现了一大批纳粹藏宝，装在6个钢制弹药箱内，至少价值2000万美元。据传，这批黄金藏宝是纳粹从突尼斯犹太人手中掠夺来的金条、首饰和珠宝。其中，仅黄金就有大约200公斤。但是，又有人认为，尽管隆美尔当时担任德国国防军驻北非司令官，但他本人对这批财宝可能一无所知。

独裁者最后的战争财产

1945年4月，德军战败前夕，人们发现，有近千辆卡车在负责转移德国银行的财产和一大批首饰、金条、宝石、稀世艺术珍品，以及纳粹头子们的私人财产和教会财产，总价值估计可达7000亿法郎。这是希特勒的命令，目的是将还留在德国的财宝以"国家财产"的名义隐藏起来,作为日后东山再起的经济支撑。

这笔财产数额之巨,自然成为很多人的目标,他们在战争结束后纷纷着手寻宝行动。传言宝藏的埋藏地点,是奥地利萨尔茨堡的乔纳斯谷。而根据历史资料显示,希特勒确实曾经召集成千上万的劳工,在乔纳斯谷的悬崖上修建了25条复杂的地下坑道和一个多层的地下掩体——纳粹德国打算将这个地下掩体当作纳粹德军的通讯指挥中心。

战争结束后,盟军就曾组织一支寻宝队,对乔纳斯谷进行了仔细地搜查,尽管此事已经数十年过去了,可英、美、苏对当年在谷中发现了什么守口如瓶。据说他们发现了一批黄金、银器、宝石、瓷器、雕像、名画,价值达100亿法郎。后来,苏军从美军那里接管了乔纳斯谷,一接手立即将其宣布为军事禁区。东西德统一后,这里被德国武装部队接管。

20世纪50年代,在这个地区发生的几起奇怪事件更加助长了这些传言的传播。有个男人被发现在山上遭到枪杀,子弹从他的两眼中间穿过。之后不久,此处有两名登山者被刺死,在离尸体不远处,是几个已经被挖开了的藏宝的洞。看来被这两个人掘出的财宝已被秘密转移。后来这个地方在1952年、1953年5月,曾连续发现尸体和8个已经被掏空的藏宝的地洞。在这些事件中,杀人动机和杀人凶手至今都没有找到。

还有人指出,主要藏宝点应该是在奥斯城周围,因为奥斯在战争期间是纳粹德国最后顽抗的据点之一。原联邦德国政府和奥地利政府、法国、美国、苏联和以色列的秘密机构也都在此地竭力寻找这批财宝。希特勒最后的战争财宝的命运究竟如何,只有历史来见证了。

10.船形屋:天地会的密室宝藏

江西省黎川县的洲湖村是一个未沾"尘缘"的古堡围城,村内的船形古屋,更为小村蒙上了一层神秘的色彩。据传这船形古屋与当年的天地会有着千丝万缕的联系，是反清复明的秘密基地，古屋内埋藏有大量天地会的宝藏。古屋为何成船形？其中有何隐喻？这里是否埋藏有传说中的宝藏？诸多谜团，至今无人能解。

经世百年的豪宅船屋

道光二十四年（1844年），鸦片战争的炮声在东南沿海一带刚刚停息，一座称为"大夫第"的豪华住宅却在这片山高林深之地点响了竣工的爆竹。据当地人介绍，"大夫第"的意思就是由大夫级官员修建的私宅。这座豪宅的落成在乡间引起了非同的反响，以致当时的《黎川县志》都为它记上一笔："建筑面积约10亩，房屋高6米，砖木结构、一进三厅、每厅三层，共108间。"但奇怪的是，除此之外，《黎川县志》却没有更多的记述，比如它的屋主是谁、"大夫第"的由来等都无一字提及。时间过去150多年之后，这座豪华古宅重新引起世人的关注。

古宅呈三角形，东窄西宽，宛如一条自西向东的船。院墙高6米多，磨砖对缝，浑然一体，在它的周围有数座古屋护卫环绕，形成一片颇为壮观的建筑组群。这种船形古建筑，在我国古建筑中还是第一次发现。也许因为船形古宅是全村最大的建筑，越是走近它，就越会感到它的高大。

至于古宅到底有多少房间，一直没有定论。就是现在住在古宅中的人家也说不清，有的说有200多间，有的说有107间，有的说是108间。为了进一步核实古宅到底有多少房间，村长带了七八个人，用传统的插香点数的方法，在每个房间插一炷香，就是这样，也来来回回地数了五六遍，还是数不清。每次统计出来的数都不一样，总是相差两三个数。

这座古宅的房屋结构，非常复杂，有些是大房套小房，一进门，屋屋相通，许多暗房像迷宫似的散布于楼上楼下，一不小心就会数漏。最后还是县文物部门规定了统一的标准，一些储藏室和根本不能住人的小暗房一概不算，统计出的房间数字最后竟然和传说中讲的一样是108间。

虽然有重重的迷雾，但古宅本身却是一座体现当时最高建造水准的建筑。豪宅内有30多个天井，厅堂宽敞明亮，门窗钩花烫金，梁椽处处浮雕，连燕子巢都雕成形态各异的动物,栩栩如生。砌墙的砖块均由田泥包裹小卵石特制,隔温良好,冬暖夏凉。砖墙用糯米饭掺和石灰垒砌,经多道工序粉刷,滑润无比。正房、偏房、横厅、书房、杂房、工房、厨房、膳房错落有致。风火砖墙间立其中,排水系统设计科学,一百多年来水火无忧。从屋内走出,爬上邻近高处,俯瞰整个村庄,船形巨宅逆水向东,周围数座古屋护卫驱逐,相当气派。

这是我国建筑史上的杰作,它成功地利用风阻隔热原理,把连成一片的院落分割成了数个防火安全区。这座以砖木结构的大宅院,取暖、做饭,使用少不了柴木,这种极易发生火灾的混合体建筑由于防火墙的使用,百年来一直平安无事。特别是宅院的地下水系统,每天都有大量的生活污水和垃圾倾泻而出,150多年了居然从未发生过下水道堵塞。宅内所有天井,雨过即干,不留积水。据这里的老住户讲,这条下水道从地下直通到下面的河里,可古宅的地面与河水只有很小的落差。为什么这么多年还能保持畅通无阻?村里的人说,在下水道建好后放进了两只巨龟,它们在里面不停地清除着从古宅流下的污物,村里的很多小孩在河边玩耍时都曾看见过这两只大乌龟。

古宅庭院是村里夏季的最佳纳凉地点,在夏天最热的时候,古宅内的温度最高也没有超过27摄氏度, 和开着空调的房间差不多。因为古宅内无论是房间,还是庭院,建筑造型都是呈竖立的长方形状,有如烟囱的原理一样,这种结构加速了空气的流动。更奇怪的是,古宅房间内一年四季不见蚊虫,尽管紧紧围绕在古宅墙外的就是蚊虫肆虐的猪栏和水田。

这么一座象征着家族基业的巨型豪宅,如今却成了无主之宅。洲湖村的历史上也鲜有达官贵人的记载。这座建在小山村里的豪华大宅, 到底是谁的功业,它背后又隐藏着什么秘密呢?

神秘宅主为何造屋似船

据查证,船形古宅的主人叫黄惠楼。洪门研究者分析,黄惠楼很可能就是洪门的一名干将,关于黄惠楼的资料十分稀少,只有零零碎碎的传说和记载:相传,黄惠楼原来本是个家境一般的小商贩,从贩卖皮油起家。凭着精明勤劳,年轻的黄惠楼在短短的三十年时间里,迅速发展成为一名在黎川至光泽、福州、台湾一路有20多家当铺的巨商大贾。为了夸富乡里,同时也为了在家乡置办一份永久的祖业,黄惠楼请来风水先生,在这四面环山、形似女式兜肚的洲湖村,以巨款购得"脐眼"这一风水宝地,修建了这座规模宏大、富丽堂皇的豪宅。

古宅的大门朝向也为人们提供了一点关于主人的线索,那就是古宅的大门是朝东开的。古代建筑十分讲究风水,尤其是对门的朝向极为重视。主人若是经商,按后天八卦讲,商字属金,而南方属火,火克金,也就是说宅院大门如果开在南面,不利经商,而朝向是东方,也就是属土的方向。土生金,很吉利。由此可见,宅院主人极有可能是商贾。

这座船形豪宅建成以后,黄惠楼却很少来这里住,很快豪宅就成了一座"无主之宅",不仅如此,黄惠楼的后人不久也不知所踪。只有许多不明身份的人来来往往,在这里住宿,更确切地说,这座豪宅成了山村中的一所公共住宅。

村里一位据说是黄氏远亲的人,至今还保存着一批黄氏家谱,但这个家谱里有关黄惠楼的记载,依然是语焉不详。

黄惠楼既然是"洪门干将",这倒可以揭开黄惠楼一夜暴富和豪宅建在深山小村里的谜团。不长住豪宅,又突然消失的问题似乎也迎刃而解了,那就是他作为洪门的一员,参加了1852年有史可查的闽南小刀会和洪门起义。起义失败后,他逃到了海外,从此古宅成了公产,留给了村里的人们。

黎川县洲湖村的这座宅院有很多谜团,它的谜,几乎可以串连成串。古宅最大的谜团,还在于它的船形结构。为什么房主要把房子建成船的形状,而不是内地比较常见的四合院呢,这着实令人迷惑。

而且,在船屋和它的周围又接连发现一连串神秘的符号和图案。船屋中36个天井、72个地漏、108间房屋似乎在向我们暗示着什么。一百六十多年的岁月沧桑,使老屋变得斑驳破损,但是在雕梁画栋之间,我们仍然能清楚地看到一个奇怪的现象,房子的屋梁是油漆过的,而窗格、门板、廊柱却没有油漆。在船屋建造前期不惜巨资投入,却放弃了最后一道工序,到底出了什么问题呢? 一个意外的发现更是透露出船屋暗藏的玄机。黄氏宗祠外墙皮突然脱落,砖墙上赫然出现了一排"明"字。

专家由此推断,这座船屋或许与清代以反清复明为旗号的秘密帮会——

天地会有着某种特殊的联系。

屋饰暗合天地会

公元1644年,清军入关,铁骑横扫中原,清政府实行"留发不留头,留头不留发"的野蛮政策,民族矛盾日趋尖锐,在这样的背景下,抗清斗争在全国各地,特别是南方各省纷纷展开。天地会正是在这样烽火连天的动荡岁月中产生的。在清朝268年的统治时期,天地会以"反清复明"为号召,一刻也没有停止过抗清斗争。

随着康乾盛世的到来,民族矛盾的缓解,清朝统治逐渐趋于稳固,天地会的反清斗争不得不以秘密方式进行,鸦片战争后也成为中国南方最大的秘密结社,对外称天地会,对内则称洪门。

那么在历史上,天地会与黎川这片土地有着怎样的联系呢?在县档案馆的清代黎川县志上可以发现,从顺治年间开始,在黎川就开始存在着天地会的早期组织"百花英盟"的活动。

在清代,黎川称为新城,属建昌府所辖,府治设在邻近的南城县。当年,官兵清剿百花英盟,由于大山阻隔,最快的方式是走水路,但是从南城出发,沿抚河到洪门水库要一天,从洪门水库沿资福河到洲湖又要一天。关山重重,水路迢迢,令官军鞭长莫及。这里是号称闽西第一关的"杉关",距离洲湖村东南12公里,自古就是从江西进入福建的必经之路。

在洲湖村东北8公里的深山密林中,还完好地保留着一条已经废弃的古驿道,今天看起来阴森幽静的石板路,在清代时却是商旅不绝,马拉肩挑的货物频繁往来于闽赣之间。然而这两条官道极易被官府封闭,据洲湖村的老人讲,在紧邻船屋的后山,还有一个很隐秘的山洞,据说可以直通福建,但从没有人敢进去过。

在清代,江西福建曾经是天地会活动最活跃的地区,洲湖村虽然地处偏僻,但是由于它连通闽赣的特殊地理位置,极有可能被天地会所利用,在历史的风云际会中被推到前台,扮演了一个隐秘的角色,而文献资料也恰恰证明了这一点。

由于天地会一直受清廷追杀清剿，其创始时间、创始人物等重要情节都密不示人，就连其帮会成员也不知情，天地会内部山堂林立，一度发展出小刀会、双刀会，三合会、三点会等十多种名目，而在各堂口之间，并没有一套完整的组织机构来管理会众会发布指令。为便于同会者互相识别，逐渐形成了一套独特的切口，也就是通常说的暗号，乾隆、嘉庆之际，开始把以往口耳相传的诗句、问答等暗语汇集成册，这就是在天地会会员之间秘密流传的"会簿"，会簿中的暗语看似俚俗，文意却似通非通，外人看来如读天书，当年天地会成员之间全凭一本会簿进行联络和发展新的成员。因此其内部秘密文件"会簿"就成为研究天地会的重要文献。在查阅天地会的"会簿"时，出现了一个重大的发现。

虽然"洪船"在洪门秘史中频频出现，但是在此之前，所有的研究者仅仅把它看作是天地会的一种虚幻象征物，研究者没有想到，居然在洲湖村看到了一个实实在在的"洪船"。

会簿中绘声绘色描述的"洪船"刺激了我们的神经。更为关键的是，会簿中有这样一段暗语："船用何料所造，上36，下72，合共108。"联想到船屋中的36个天井、72个地漏、108间房屋，它使我们确信，这绝不是巧合，而是暗合了天地会早期的"水浒"崇拜。

随后，在县志中，我们还找到了天地会利用小乘佛教进行传播的记录，那么洲湖村反复出现佛教中的万字符，会不会与此有关呢？

作为民间学者，于永旗曾经在30年的时间里潜心研究天地会的历史，他对天地会的各种暗语进行过专项研究。对于万字符，他提出了一种说法，由于天地会尊万云龙为始祖，在初期，天地会兄弟都称自己姓万，就像僧人都姓释一样，所以万字在天地会中是具有特殊含义的一个字。或许这是万字符作为天地会联络暗号的更有说服力的证据。

不断显露的宝藏玄机

船屋的神秘之处，让人们对黄惠楼藏宝之说更是深信不疑。一个小商贾突然发迹，富甲一方，必然有无数金银藏匿起来，如此别具一格的宅院所需费用必然不在少数。甚至除了经商赚的钱外，还很有可能藏了帮会的财物。

第四章
乱世辉煌的战争宝藏

洲湖村一直流传船形古屋埋藏着大量天地会的宝藏一说。村里的老人至今还记得船屋主人为后代寻宝而留下的藏头诗中拣出的八个字："地下三尺、佑吾子荫。"这八个字无疑是在说宝藏的去处，但是100多年来，很多人无数次在这古宅院落里"掘地三尺"，至今还在寻寻觅觅，也没有发现宝藏的踪影。主人黄惠楼究竟把宝藏藏在哪里了呢？

1932年，当时一架飞机轰炸这里，把后面的墙炸倒了。随后老百姓发现有很多牛屎一样颜色的饼在里面，一共装了16担，后来发现这是鸦片。一担就是一百六十斤，这样算起来，鸦片的数量相当之多。鸦片在清朝的时候，大概按照现在的比值是一两黄金大概是一斤鸦片，因此按照这样的价格来说，其价值还是不菲的。

专家由此认为，比较合理的解释是，船屋中那一排排整齐划一、结构相同的房舍，实际上就是天地会秘密联络、聚会的"洪门客栈"，同时也是天地会财富保存和中转的据点。一屋多门、户户相连的独特设计，正是为防备不测，在遇到突然发生的变故时，无论身处哪个角落，都能随时逃走。

史料记载，1840年鸦片战争以后，天地会的武装抗清起义此起彼伏、连绵不绝，遍及南方各省，清朝廷的镇压也更加血腥残酷。据《清实录》记载，道光二十四年，就是洲湖船屋建成的那一年，江西、福建发生了天地会洗劫官府盐税、茶税事件，道光皇帝下旨严令江西、福建两省的官员协同围剿、严惩天地会。

或许，就是在这样的事变之前，黄惠楼事先得到了风声，于是在匆忙之中弃屋逃亡了。这可能就是老屋中的房梁经过了油漆，而门窗却没来得及油漆的原因。

可以想象的是，当时的黄惠楼并没有走远，他的目光始终默默地注视着这座船屋，他的身影出没在连通江西福建的各个驿道，游走于寿昌寺和金竹峰之间，暗中操控着船屋中所发生的一切。

在此后的十多年里，他忠实地履行着自己的使命，守护着这个船屋的财富。这也可以解释为什么这座船屋显得豪华气派，而主人却不知所终。因为他本来就是财富的看护者而并不是拥有者。可以想象，饱经风雨的黄惠楼必定是一个信念坚定的人，终其一生都在坚守着他的秘密。十多年以后，黄惠楼带着这些秘密沉入了历史深处。这座他曾经倾注了毕生心血的老屋一直替他保守着身后的秘密。

直到2006年的一天,洲湖村发生了一件离奇的怪事,一个隐藏了近两百年的秘密才终于被揭开。每年的四月,江西都会进入绵绵的雨季,从来不漏雨的黄氏宗祠竟然漏起雨来。为防止山墙倒塌,村委会决定派人检修。

请来的工匠爬上梯子,轻轻地将天花板一块块地打开。突然,他惊恐万状、连滚带爬地从楼梯上跑下来,连声惊叫:"蛇、蛇、大黑蛇!"

天花板上怎么会有蛇?随后,村里找来胆子大的人,一手拿手电,一手握鱼叉上去抓蛇。他小心翼翼地爬了上去,在手电光的照射下,果然看见墙壁上有两条大蛇一动不动。他再仔细观察,这才看清楚,原来是一幅壁画,左右两边各有一条飞龙,中间是一座宝鼎!

这幅双龙争鼎图用黑墨绘成,每条龙长约4米,宽约1米,左右两龙口含明珠、双目如炬,争夺居中的宝鼎。虽历经一百多年,依然栩栩如生、清晰可辨。在中国古代,龙是真命天子的形象,宝鼎更是帝王权力的象征,平民百姓家中不得私自刻画。

当两条龙飞上同一架屋梁的时候,屋主人与大清王朝争锋的雄心也就跃然而出了。船屋选择坐西朝东,船头指向北方,那正是清廷所在的方向,巨船行驶的方向与身边这条红水河的流向刚好相反,犹如逆水行舟,正因为如此,才需要同舟共济。

文物部门的108间房的结论并没有包括储藏室和一些暗室,船屋结构如此复杂,屋屋相通,暗房像迷宫一样遍布其间,并且可以断定,迄今为止,绝对有为数不少的暗房还没有被发现,而宝藏就在那里面。数百年来居住在古宅中的人们一直在寻找那些神秘的暗房,却没有一个人能够知道宝藏的所在。

那些谜一样的密室到底掩藏在哪个神秘的角落?密室里面又藏有什么惊世的秘密?

还有传说这笔宝藏埋藏在古宅后院。据传古宅落成后,黄惠楼为后人出了一道藏头诗,如今村里的老人们还记得从诗中拣出的八个字"地下三尺,佑我子荫"。于是,无论是黄氏子荫,还是洲湖村的村民无数次地在这座古宅后院掘地三尺,拆墙凿洞,至今还有人在这片残砖破瓦中不停地寻寻觅觅,但是一直没人能够找到埋藏在古屋周围的神秘宝藏……

11.“马来之虎”山下奉文藏宝地

第二次世界大战期间,日军在东南亚地区掠夺的多达6000余吨的黄金和无数的珍宝因为其丧失制海权而无法运回。号称“马来之虎”的山下奉文,时任日军驻菲律宾大将,将这些财富全部在当地掩埋,留下了无数秘闻。

兵败埋金

1945年,第二次世界大战接近尾声,太平洋战场的局势日渐清晰,日本在东南亚的势力全面受到遏制,美军在菲律宾、马来亚一带已经部署先头力量。

1月9日,美军中将沃尔特·克鲁格率领20余万人在仁牙湾登陆,美军名将麦克阿瑟在后方率领20万人作为后备,一场大仗已经拉开帷幕。1月31日,美军又有两个师实施抢滩登陆。3月,美军将马尼拉攻陷。4月,美军进攻碧瑶市。

山雨欲来风满楼,时任日军大将的山下奉文开始紧急转移在战争期间掠夺到的巨额财宝。根据不完全统计,二战中日本从中国、印度、泰国、缅甸、马来亚、新加坡、菲律宾等地竭尽全力进行搜刮和掠夺,有总价值超过1000亿美元的各种金银珠宝被日军收入囊中,其中黄金6000吨,工业钻石50万克拉,各种珠宝玉器和珍贵文物更是不计其数。仅在1945年3月,他们一次就从印度支那银行掠取了将近8亿比塞塔的巨款。

在这种情况下,日本当局希望与盟国有条件地达成停战协议,以便在战后继续占领菲律宾地区,将这些财宝运回日本,但是时局紧迫,一切都在日军的控制之外。无奈之下,5月,日军大将山下奉文安排工程师们在吕宋岛深山里挖成了距离地面有67米深的地道,把大批的金条藏在其中。完工之时则用炸药封住了通道出口,将施工的工程师和地道中的财宝一起封存。

后顾之忧从此消除,山下奉文大将为三个月后日本投降、自己接受军事法庭的审判做好了准备。

其实早在1940年,裕仁天皇就已经下达过命令,让远在菲律宾、新加坡、马来西亚和法属印度支那的日军将掠夺所得悉数运回本土,以便在国家需要之时为之所用。日本军队利用数万名朝鲜劳工,在长野县的群山之中挖掘了庞大的地下宝库,用于存储这些宝藏,随后为了避免走漏风声,便将这些人全部杀害。

从1942年开始,太平洋战场上日军的劣势已经凸显,美国海军控制了东南亚的海权,大量日本运输船在返航途中被美军鱼雷送入海底。传说中的著名给养船"阿波丸"号就是在这一时期被美军击沉的。在这种情况下,日本当局为了保护掠夺所得财宝的安全,成立了神秘护宝组织"山百合",他们利用卡车将这些财宝运送到碧瑶市的本格特矿区,在那些不为人知的深山里,他们强迫盟军战俘开挖了大量的秘密隧道和藏宝坑,将财宝密藏在其中并用水泥封上,随后便杀害所有的施工人员。有人统计,仅仅在碧瑶市的丛林之中,1943年到1944年间,被活埋或杀害的战俘至少在3000人以上。

而护宝组织"山百合"最终登记注册的藏宝地点,仅分布在菲律宾境内的就有172处之多。所有的工作都做得恐怖且不留痕迹,正当最后一个巨大藏宝隧道完工,山下奉文以为处理得干净利落之时,一个意想不到的事情为后来的历史带来了转机。

除在菲律宾吕宋岛深山里被炸死的工程师和施工人员之外,有一个名叫本·沃尔莫里斯的幸存者。此人是菲律宾人,曾给明治天皇的孙子武田王子当过男仆,而武田王子恰恰是藏宝系列行动的负责人之一,在炸毁隧道入口之前,武田王子通知本·沃尔莫里斯提前离开,从此有关藏金的传说便流传开来。

马来之虎

谈起日本在整个东南亚掠夺的财富,必须要提到的一个人就是日军大将山下奉文。有人说,所有的东南亚藏金都应该属于他的一手杰作。

第四章
乱世辉煌的战争宝藏

　　山下奉文出生于日本高知县一个乡村医生家庭，一路求学经历了高知海南学校、广岛陆军少年学校、陆军士官学校、陆军大学。毕业后娶了永幽元彦少将的长女为妻，仕途亨通，曾任驻瑞士军事研究院，驻奥地利武官。1937年"七七事变"后，山下奉文作为武备精英到中国参战，凭借残忍的暴行，很快获得军部赏识，迅速晋升为中将。

　　1941年11月，山下奉文被任命为第25军司令官，负责进攻马来亚、新加坡。26日，日美和谈破裂，12月1日晚7时30分，山下奉文接到暗语密电，8日开战。

　　此时马来亚英军司令帕西瓦尔中将和远东英军总司令波帕姆空军上将还在异想天开，他们认为马来亚守军将近9万人，日军大举进攻马来亚的可能性不大。下属侦察兵不断前来回报敌情信息，但是并没有引起他们的重视。

　　12月8日午夜，山下奉文率领的日军没有遭到任何阻挡，不费一兵一卒便在马来亚上岸；9日，日军空袭了马来北部机场，158架英国空军飞机几乎全部被摧毁。10日，日本第22航空队88架飞机攻击了英国远东舰队，"反击号"巡洋舰，"威尔士亲王号"战列舰葬身海底，舰队司令菲利普斯被击毙。至此，东南亚的制空权、制海权全部被山下奉文率领的日军夺取。

　　12月12日，日军突破英军北部防线吉打线。1942年1月31日，日军攻占柔佛巴鲁市，英军撤至对岸的新加坡城。山下奉文亲临战场，下令炮兵向对岸集中轰击。2月8日晚，4000日军在新加坡西北角登陆，英方守军迅速溃败。10日，山下奉文进驻天嘎机场北面的原英军高炮阵地，14日，日英双方在布基帖马高地激战。酣战过后，部下有人建议让过于劳顿的士兵休息，山下奉文坚决反对，命令部队持续进攻。果然，新加坡的守军也坚持不住了，缴械投降后，新加坡城落入山下奉文之手。其后3个月，日军远攻马来半岛，山下奉文由此获得"马来之虎"称号。

　　1943年，山下奉文晋升大将。1944年9月，山下奉文任菲律宾第14方面军司令官。全权负责菲律宾全岛的防务，指挥第14方面军约23万人与美军抗衡。

　　10月，美军名将麦克阿瑟率领20余万人进攻菲律宾，迅速夺回了制海权、制空权，切断了日军的补给线。一路势如破竹，攻占了碧瑶市、马尼拉等地。山下奉文唯一能做的，就是率部队做一些无谓的抵抗。

1945年8月15日,裕仁天皇下达停战诏书,三周后山下奉文签字投降,作为战犯被关在马尼拉附近的新毕利毕德监狱。第二年2月,山下奉文被马尼拉军事法庭判处绞刑,"马来之虎"于24日凌晨3时27分结束了他罪恶的一生。

搜寻宝藏

山下奉文死后,人们开始将目光转向那些他还没有来得及运回日本的黄金财宝,这些宝藏到哪里去了呢?

美国人找到当年的幸存者,菲律宾人本·沃尔莫里斯,通过此人,得知菲律宾是日本的主要藏金地点。接着,美国情报官罗曼拉找到了山下奉文的随军司机小岛少佐,经过施加各种压力,1945年10月,小岛带领罗曼拉看了位于马尼拉北部郊县的12个藏宝点,美国情报机构迅速出动,运走了价值高达数十亿美元的金块、钻石和白金。

随后在菲律宾的圣罗马纳,美国战略情报局的一名官员打开了一个山洞,发现了价值约几百亿美元的黄金,这批黄金最后分别被存入了42个国家的176家银行,其中战略情报局在瑞士联合银行以"兰斯代尔"名义存入上百亿美元的黄金,随后被中央情报局接收。有报告显示,麦克阿瑟的儿子阿瑟·麦克阿瑟在苏黎世的瑞士信贷银行开设的黄金账户数目有近百吨之巨。美国前总统胡佛在瑞士信贷银行的私人账户上也有7.5吨黄金。

但是人们都知道,这不过是九牛一毛而已。1970年,菲律宾探险家协会主席罗赫利奥·罗哈斯拿到了一张日本人的藏宝图,花了几个月的时间后他在一个山洞找到了价值1300多万美元的黄金钻石手链以及一尊约2000磅重的金佛像,当时价值5000万美元以上,1986年价值已高达2.6亿美元。

至今,有人已经收集了172张日军藏宝地图,与传说中的172处宝藏数量完全吻合,但是到底能否将地图研究清楚并将宝藏一个个挖掘出来,世人们也只能拭目以待了。

第五章

魔幻海盗的传奇宝藏

在过去的几个世纪中,海盗们留下的带有传奇色彩的宝藏吸引着全球无数的人前去探寻。于是,道德、财富、生命,在头脑发热的寻宝者那里,成了无法把度的平衡。

1."海盗王子"黑萨姆的宝藏

不同的时代有不同的海盗,而今我们所知的最为著名的海盗,应该是加勒比海盗了。18世纪,加勒比海上有一个"海盗王子"萨姆·贝尔拉密,外号"黑萨姆"。

1717年的春天,"维达"号——一艘装备精良的大商船,缓缓驶离牙买加口岸,踏上了返回欧洲的漫长归程。几天前,"维达"号抵达牙买加时,船上承载的还只是一群脏乱困乏的黑奴,如今全都换成了沉甸甸的珠宝与黄金。

船行驶在风平浪静的海面上, 前方就是古巴海域了。一艘小船似乎在向

"维达"号靠近,不过此处并非海盗云集之地,因而船长对此也没太在意。小船越来越近了,那是一艘单桅帆船,船头一面黑色的舰旗被海风吹得呼啦作响,旗上赫然画着一只白森森的骷髅头和两根白骨——海盗的标记。还未等船员们各就各位,海盗的炮火便已经如雷雨一般猛砸过来。"维达"号顿时乱作一团,几乎没做多少反抗,船长就被迫举起了白旗。

海盗王子——黑萨姆

海盗占领了"维达"号后,新船长就是海盗头目——年轻的萨姆·贝尔拉密,外号"黑萨姆"。

在加勒比海,他被誉为"海盗王子",这或许是因为他对待受害者非常慷慨的缘故。有一次,他占领了一艘船,几天后,发现船的速度不尽如人意,不适合用作海盗船,于是就将船物归原主了。

和其他的许多海盗一样,黑萨姆的身世笼罩着传奇的色彩。据说,他出生于英格兰南部的戴维恩希尔州。少年的黑萨姆大胆豪放,热爱冒险。18世纪初,他只身来到新大陆,寻求自己的梦想。不久,他加入了英国商贸缉捕舰队,专门追捕、截获对手国——西班牙的大商船。

1715年,黑萨姆住在科德角。正是那一年,一场罕见的飓风暴席卷了加勒比海域,造成至少12艘满载黄金珠宝的西班牙大商船葬身海底。知情人都知道,任何一艘沉船上的珠宝都能让一个穷光蛋一夜之间成为巨富,因此,无数双眼睛盯住了这个发财的机会,黑萨姆也不例外。他说服了当地的一个叫帕尔

格瑞夫·威廉姆士的金匠出资购备了一条探险船,和他一起出海去寻找失落的黄金珠宝。然而,他们并没那么幸运,几经搜寻也没有结果。当探险船巡游至巴哈马群岛时,黑萨姆与合伙人决定,不再把时间耗在沉没的财宝上,而是去追踪海面上的财宝。他们自称这是探险事业的

延续,而事实上,他们加入了海盗的行列。

黑萨姆显然天生具备当领导的天分,他很快就被推举为一艘单桅海盗船——"伯斯特立恩"号的船长,不久又成为了"玛丽安娜"号的头儿,而他的样子也的确像那么回事。

据说,他长得英俊潇洒,总是穿着一袭深色的天鹅绒外套,蓄得长长的黑发用黑丝带在脑后束成一把,腰间别着4把从不离身的手枪。

黑萨姆的小舰队胆大而且幸运,据说仅一年多时间里,他们就在加勒比海域劫掠了50多艘船只。而其中最大的收获当然就是劫掠了"维达"号这艘装载着象牙、染料、糖、珠宝、金条,还有不计其数的西班牙银币的商船。不过,对于黑萨姆来说,除了一船的金银财宝,"维达"号本身就是头等的战利品。它有着宽敞的船身、一流的装备,比起他们的单桅船可气派多了。于是,他们从自己的船上又搬来10门大炮(加上原有的装备,共28门大炮),将"维达"号变为新的旗舰。

"维达"号遇难

截获"维达"号之后,黑萨姆带领他的5只船继续北上,前往科德角,去探望心爱的情人。

4月26日,黑萨姆从科德角再次启程。他的舰队兵分两路,威廉姆士带着2艘船离开舰队,黑萨姆则带着"维达"号、"玛丽安娜"号和另一艘船继续前行。

谁也没有料到,一场暴风雨正在等待着他们。威廉姆士离开不久,天气骤然变坏,暴雨倾盆,风速达到70英里/小时。海浪先将"维达"号和"玛丽安娜"号掀到距海岸100码的硬石滩上,船搁浅了。船上的人们还未来得及逃生,"维达"号就断成两截,迅速沉入了海底。"维达"号上的146名船员仅有2人逃回了岸边,黑萨姆并不在其中。

寻找"维达"号

贝瑞·克利福德还是个孩子时,就从叔叔比尔那里听到了许多有关科德角

神秘的宝藏
寻找历代迷失的宝藏

海域上海盗沉船的故事。叔叔告诉克利福德，许多无价之宝都静静地埋藏在神秘的海底，而只有那些幸运和勇敢的人才能得到它们……

克利福德一直希望有朝一日能亲自揭开海盗船沉船之谜。1982年，克利福德参加一次海难援救时，找到了一位投资者，于是，他开始筹建探险队，以便展开勘测沉船工作。

这些热衷于寻宝的人进展得并不顺利，在将近两年的时间里，他们一无所获，而且资金即将耗尽。

1984年的一天，一名潜水队员被一块突起物绊倒。突起物被蹭去厚厚的泥沙后，露出了一段发锈的金属——居然是一门大炮！同时，他还发现了一枚锈黑的标着"1684年"的铸币！1985年，当克利福德和他的探险队发现了刻有"维达号1716"的船钟时，他意识到，儿时的梦想成真了！从此，勘测"维达"号也正式成为官方项目。

此后，不断有新的发现：数千枚西班牙铸币、大炮、航海工具、用来磨刀剑的砂轮、手枪、餐具等。然而，这些都远不是他们的最终目标，因为他们还没能发现船体本身。

直到几年后的一个夏天，在7月中旬的一天，克利福德和队员在离海岸1/4英里、水下25英尺处发现了一条木质的船梁。当他们铲除上面淤积的沙土后，"维达"号的船体终于展现在他们的眼前。这一发现意味着：发现整个宝藏指日可待。尽管"维达"号作为海盗船的时间并不太长，只有短短几个星期，但它却是唯一一艘被验证的海盗沉船。

根据当年沉船生还者的描述，"维达"号上满载着金条与银币。一些历史学家估计，这批宝藏的价值过亿美元。但克利福德始终坚持自己的观点："不变卖任何宝藏，它们只属于'维达'号研究中心的收藏品。"

百年后"维达"号上的纪念品

克利福德探险队的发现，不仅仅是价值连城的宝藏，这些沉寂百年的铸币、器具同样是艺术品，对历史研究有着不可估量的价值。

船钟

这是勘测中最有价值的发现，它能证明这些残片的确来自黑萨姆的旧旗舰。船钟是1985年9月被发掘出来的，上面刻着"维达号1716"的字样。

根据船钟在船上的摆放位置，一些专家推测，黑萨姆与当时大多数的海盗船长一样，倾向共和党派。船钟是权利的象征，通常会挂在船尾——船长休息室里，而有共和党倾向的海盗船长们，却喜欢将它摆放在船员的活动场所。

黄金与铸币

传说，"维达"号载有重达5吨的银币与金条。克利福德在发现船身前，已经找回了大量的金条和2000多枚铸币。这些铸布大部分是西班牙银币，也有些是西班牙金币。看上去，其中多数金币是在墨西哥铸造的，还有一些则来自秘鲁。

专家推测，如果后者真的来自秘鲁，那将具有特别的价值，因为这些金币很可能是用印加金器物重熔铸造而成的，被黑萨姆截获时，正在被运返西班牙的途中。

珠宝

在"维达"号遗船内发掘出的珠宝大都来自非洲，因为在黑萨姆截获它之前，它曾是一艘贩运奴隶的商船。专家发现，一些大块的宝石被砍成了小块，这表明，海盗们的确想要公平地分配他们的战利品。

2."黑胡子"的宝藏

"黑胡子"，单听外号就知道此人不是善类。不错，"黑胡子"是航海史上最为著名的海盗之一，这个外号就来源于他那满脸凌乱而且又尽显狂野的黑色长胡子。关于"黑胡子"的逸闻也有很多，不过人们最关心的还是他的宝藏。

没有人知道"黑胡子"到底是谁,出生地点和年月也已无从考证。对于他的真实姓名,有两种说法,一种是爱德华·蒂奇,另一种是爱德华·萨奇,"黑胡子"是他的绰号。

关于"黑胡子"的逸闻有很多,最著名的就是他的一身装扮。有记载称,上阵之前,他通常全副武装,长长的黑发中插着一根根缓慢燃烧的炮捻子,为的是震慑对手。据说"黑胡子"还是个颇有道义感的海盗,他并不喜欢杀人,希望能不开枪就征服对手。

"黑胡子"的发迹史可追溯到18世纪早期。当时的英国动荡不安,与多年来的海上竞争对手西班牙正处于交战阶段。于是,英国政府便默许一些武装民船在海上进攻和抢劫那些过往的外国商船(主要针对西班牙商船),"黑胡子"便在这样的武装民船上当了水手。

早在西班牙王位继承战争期间,蒂奇开始驾驶武装民船出海劫掠敌船,此后他便成为18世纪横行加勒比海地区最恶名昭彰的海盗。

"黑胡子"在其全盛时期拥有由四艘帆船组成的海盗舰队,其中"安妮女王复仇"号是他的旗舰。传说"黑胡子"是个颇具领袖魅力的人。随着实力的壮大,黑胡子的野心也进一步膨胀,他甚至下决心攻击由政府军把守的海港,并计划在这里建立独立的政权。这些听起来有点不可思议,让人想不到海盗也如此的"雄心勃勃"。

传说"黑胡子"死时只有三十几岁,仅仅当了一年的海盗船长。但就在这段短暂的时间内,他却劫掠了一座城池,俘获了至少40艘船只。自从1717年"黑胡子"成为海盗船长,到1718年11月被杀的一年多时间里,"黑胡子"抢劫来的战利品堆积如山。除了在美国北卡罗来纳州的一些港口城市低价处理过一些外,他还留有无法估算的金银珠宝。

1718年,著名海盗头子"黑胡子",驾驶他的"安妮女王复仇"号海盗船,在北卡罗来纳州附近的沙州与英国皇家海军激战时被击沉,"黑胡子"幸运地得到英国王室和北卡罗来纳州州长的特赦而幸免于难。1718年6月,"黑胡子"金盆洗手,在北卡罗来纳州堰洲群岛的奥克拉科克岛隐居。

但这样一名"声名显赫"的大海盗就住在自己附近,显然让施普茨伍德州长寝食难安。于是,州长派遣舰队寻找"黑胡子",决心不惜一切代价杀掉他。1718年11月21日,围剿的两艘军舰与"黑胡子"的另外一艘海盗船在奥克拉科克附近发生激战。"黑胡子"在激战中被杀死,首级被割下,葬身鱼腹。

在"黑胡子"被打死后,士兵们曾搜遍了黑胡子海盗船上所有可以隐藏财宝的地方。但是他们搜来搜去,只发现了145袋可可豆、11桶葡萄酒、1桶蓝靛和1包棉花,并没有找到金银珠宝。"黑胡子"在死前不久曾宣称,只有魔鬼和他本人才能找到他藏宝的地点。

3."船长基德"的宝藏

威廉·基德,又名"船长基德",是17世纪英国劫掠船船长,半神话式的海盗,是《简明不列颠百科全书》上记载的为数不多的海盗之一。在英国各个时期的文学作品中,他以最富有传奇色彩的海盗而著称。有关他藏宝的若干小说中,有一本是著名作家埃德加·爱伦·坡的《金臭虫》。

基德1645年生于英国格里诺克,年轻时便随船航行在大海上,1689年后成为英国合法的劫掠船长和纽约州的船主。在大英殖民地纽约州和马萨诸塞州生活期间,他多次受命驱逐沿海法国人的私掠船。1695年英国国王吉尔劳斯三世委派他前往红海和印度洋搜捕骚扰东印度公司船只的私掠船,尽力逮住当时声名狼藉的海盗托马斯·韦克、约翰·

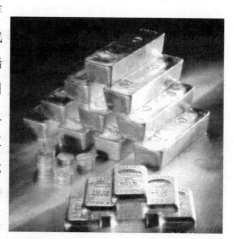

艾尔兰等。翌年2月27日，基德驾驶一艘大型三桅战舰"文追文特·加利"号（意即"冒险战舰"号）从美洲德特福德出航驶往南非好望角，在海盗频繁出没的东非海岸游弋了数月，始终没有碰上一艘海盗船。据说，海盗早已通过内线闻风而逃了。基德光荣凯旋的梦幻破灭了，他和那些醉心冒险的船员逐渐丧失了道德观。基德变得暴躁易怒，转而进行劫掠活动，并在一次发怒争吵中将炮手长威廉·穆尔打成重伤而致死。

1697年9月，基德强行抢走摩尔人船上的货物，意外地满足了他们强烈而潜在的海盗欲望。从此，基德开始走向深渊。同年11月，基德又抢走"拉梅坦"号船上的珍宝。随后，又霸占了一艘载有价值400万英镑珠宝的大船"凯达格·梅尔尚"号，凿沉了已不能远航的"冒险"号。1698年10月，他驾驶"凯达格·梅尔尚"号返回美洲。据说为防止他的赃物被盗，他将财宝埋进附近一个荒无人烟的小岛上很深的洞穴中，然后又把洞口封得严严实实，并清扫了一切痕迹。

这时，基德已经50多岁了，他得悉自己已被海军法庭指控为海盗，犯有"武装越货"罪，这在当时是要被处死的。他决心结束自己的海盗生涯，希望依靠美国的一帮船东为他开脱，交出一笔巨款，或许就可以免遭惩罚。于是，他依然驾驶"凯达格·梅尔尚"号继续朝美洲行驶。在伊斯帕尼奥拉岛，他抛下"凯达格·梅尔尚"号，新买了一条船——"安东尼奥"号驶往纽约城。到了美国后，他同波士顿一位富有的孀妇结了婚，并定居纽约城。他用重金买了一个爵位，化名史蒂文森伯爵。这位伯爵的财产对外界来说始终是个谜，因为他是纽约市唯一一位可以在银行无限透支的储户。他的舞厅是纽约城最典雅华丽的交际场所。当时，谁要是能收到他们夫妇的一张舞会请柬，就标志着这个人在社交界获得了成功。谁知，好景不长，基德原来的船东后台再也不愿冒险为他开脱，转而反戈一击，指责他犯下弥天大罪，给了基德当头一棒。更使他目瞪口呆的是，在他企图劝说当时纽约殖民地总督贝洛蒙伯爵为他辩解时，不但遭到拒绝，而且被贝洛蒙逮捕后押送英国受审，在牢里关了两年多。1701年5月8日至9日，基德被指控杀害穆尔和进行过5次劫掠，宣告有罪。在审判中，有关两起劫掠案的重要证据被隐瞒了，后来基德和另外9名船员被伦敦奥德贝莱法庭判处绞刑。尽管基德三番五次提出抗议，甚至开出这样的价码:"我知道在什么地方有宝藏。给我一条生路,我就讲出藏财宝的地方。"但这一切都已无济于事了。5月23日,一辆黑色的囚车驶入伦敦中心广场中央的刑台前,里面走出伯爵和两名刽子手。伯爵的胸前挂着一块牌子,上面写着:海盗基德。在众目睽睽之下,刽子手将绞索套上了他的头颈。随着执行官一摆手,这个臭名远扬的海盗船长被绞死了。

基德虽然死了,但有关他藏宝的传闻不胫而走,探索他藏宝地的活动近300年来始终没有中断过。狡兔三窟,基德匿藏的财宝到底有几处?总计有多少?这些都只有他自己才知晓。但随着他命归黄泉,基德财宝成了一笔真伪难辨的幽灵之宝。基德的藏宝之地众说纷纭,有人说科科洛莫洞穴里藏有基德的一批黄金箱子,它位于尼加拉瓜和哥斯达黎加边境太平洋海岸的圣埃伦娜港湾。此外,有两个地方更有可能:一处是加拿大的奥克岛(又称橡树岛),位于新苏格兰南部。1795年夏,一个叫丹尼尔·麦克金尼斯的少年到该岛探险,他发现有一棵古橡树被锯掉了树枝并有起吊滑车绳索绕过的痕迹,树下方有一个类似矿井的洞穴,他判断下面可能埋有海盗宝藏。于是,他叫来两个伙伴挖掘洞穴,发现这是一个深约30米的古井,每隔10英尺便有一堆腐烂的树段。1803年,西蒙·林德斯率领包括这三个男孩儿在内的工人继续深挖,在90英尺深处发现一块刻有神秘符号的石块。被破解的符号显示:"在此下面40英尺,埋藏着2000万英镑。"因古井中积满60英尺深的盐水,挖掘被迫中断。1850年,另一批探宝者发现距古井500英尺的东面海滩退潮时不断冒出水泡,他们在水泡处发现一套复杂的引水系统通向古井,推测古井只是海盗骗人的藏宝地,真正的藏宝处可能就在连通古井而斜向地面的侧井里,可能只有30尺深,便于海盗取宝。1897年,人们又在距地面155英尺深处挖出一卷羊皮纸,里面有用鹅毛笔写的两封信。他们断定,17世纪常出没此地区的基德,在此埋下了一笔上亿美元的财富,同时也摆下了迷魂阵。

到20世纪80年代末期,探索奥克岛宝藏的历史已达190余年,无数的钱财及6条性命搭在了这个岛上。

岛上的财宝仿佛同人们捉迷藏一样,至今仍未露面,但寻宝者仍旧一茬接一茬。

拥有声纳、红外线电视、金属探测仪、水下闭路电视监视系统及其他各种最现代化仪器的美国特立通股份公司，计划耗资200万美元在岛上搞探宝工程。公司董事长戴维德满怀信心地说："我们一定能揭开这个近300年来最激动人心的秘密。估计利润将达5000万美元。"截至1987年，特立通股份公司的探宝工程还没有任何激动人心的消息。这使许多人产生了动摇之心，怀疑该公司的判断是否准确，他们认为财宝可能并不在奥克岛上，而是在附近的什么岛上。

但不管怎样，一旦发现基德的珍宝，相信一定能轰动全世界，这不仅因为基德的藏宝数目惊人，而且因为基德所掠夺的珍宝中有一些是著名的历史文物，属于真正的无价之宝。现在，搜寻基德藏宝的活动正在走向高潮。奥克岛四周到处可见挖宝的景象：巨型英格索尔·南德空气压缩机，硕大的水泵头，五花八门的机器以及盘绕在地上的铝槽。

另一处极具浪漫色彩的基德藏宝地位于远东的一座孤岛——"骨架岛"上。

据传，17世纪末基德从一个印度君主奥兰格兹伯亲王那里抢来了价值3亿法郎的财宝，并运到东经125度附近的小孤岛上。在助手的协助下，他干掉所有帮他藏宝的人，后来他对助手也下了毒手。他把这些人的尸体钉在树上，让每具尸体的右手指向藏宝地——"死亡谷"，财宝就藏在谷底下9.15米深处。对这笔不义之财，有歌为证："财宝就埋在一座岛上的湖底，要到那里，就要知道通往死亡谷的路基，无眼无发的骷髅就是要遵循的标记。"那么，骨架岛的传说又是依据什么呢？1953年，英国律师休伯特·帕尔默在据说是基德的保险箱的夹层里发现一幅残缺的18世纪航海图，经过加工拼贴，发现海图上对一座神秘的"骨架岛"上藏匿的财宝有说明。据此资料，后来一支由13人组成的寻宝队乘坐"拉莫尔纳"号双桅帆船驶向远东，但很快在怀特岛附近遭遇风暴，帆船搁浅后便杳无音信了。

有人推测，"骨架岛"位于菲律宾北部、"台风之源"的死亡岛里。

1956年，人们在日本一个海岛上的珊瑚洞穴里发现一批黄金及银条，有人推断这是基德的藏宝。看来，基德藏宝的传说真假参半，在未来的一段时间里将仍像"幽灵"那样飘忽不定，成为藏宝史上一大悬案。

4.科科斯岛宝藏

科科斯岛位于太平海东南部，是世界上最大的一片无人居住的热带雨林岛，它是当年海盗们喜爱聚集的小岛，在这里至少藏有几笔数目惊人的宝藏，但至今人们也无法确定宝藏的确切地点，一批又一批的探宝者陆续来到小岛，他们不甘心让这些巨额宝藏长年深藏在原始森林里。

从16世纪开始，南美洲大陆成为西班牙统治者的殖民地。南美洲是世界上贵重金属的主要产地，殖民者从印第安土著人那里掠夺了大量的金银财宝，海上运输是当时连接欧美两大洲的唯一渠道。满载着金银珠宝的一艘艘西班牙殖民船从太平洋穿过巴拿马海峡和大西洋，回到西班牙。船上的大量金银财宝是海盗们追逐的目标。他们冒着生命危险抢劫西班牙船只，把劫掠来的战利品装进船舱，由于战利品太重，他们的船只不能在海上灵活航行，因为随时面临着被西班牙军舰追击的危险。于是，海盗们想出一个办法：将太平洋上的科科斯岛作为中转站，把财宝埋藏在岛上再逃命，以后有机会再回来取出宝藏。所以，在17、18世纪，科科斯岛一直是东太平洋海盗船的出发地和后勤供给处。据人们所知，在科科斯岛上至少埋藏了爱德华·戴维斯船长、贝内特·格雷厄姆船长、威廉·汤普森船长的几笔数目惊人的宝藏。

爱德华·戴维斯船长以机智著称，他驾驶着他的"快乐单身汉"号多次成功地躲避了西班牙军舰对他的围追堵截，他把733块金子埋藏在科科斯岛。戴维斯船上的一名水手在一本书中作了详实的讲述。传说戴维斯船长晚年归隐牙买加，生活奢侈，挥霍无度，一旦钱财花光，就会驾船出海，沿着一条秘密路线前往科科斯岛，取出埋藏在地下的一部分宝藏。可是，直到今天也没有人弄清楚戴维斯船长的秘密宝藏究竟埋在何处。

但是可以肯定的是，这笔宝藏不只是传闻，它确实存在。因为幸运的鲍勃·弗拉沃尔就曾经接触过这笔宝藏。

神秘的宝藏
寻找历代迷失的宝藏

　　弗拉沃尔是一名美国水手,有一次他的船在科科斯岛抛锚。闲来无事,弗拉沃尔独自向密林深处走去,由于刚下过雨,道路泥泞不堪,他不小心滑了一跤,掉进一个洞里。等他起身观看四周时,惊讶得说不出话来,因为他置身于金币堆之中,他不小心掉进了钱洞里。他匆忙地把金币装进所有的口袋里,然后悄悄回到船上,打算以后再偷偷来寻宝。可惜,当他准备好充足的食品、工具,再次来到科科斯岛时,却找不到通往金钱洞的道路。此后的一百五十多年里,很多人都动用了现代化的仪器设备来寻找戴维斯船长的财富,都无功而返。

　　科科斯岛埋藏的另一笔巨大财宝是贝托尼·博尼托船长运来的,共计7吨黄金。

　　贝托尼·博尼托原来是英国海军军官,常年的海上生活使他积累了丰富的航海经验。可是不知道发生了什么事,这名英国海军军官摇身一变成了海盗博尼托船长。他驾驶着他的"闪电"号,带领一群海盗穿梭在太平洋上,他们不仅袭击满载着金银财宝的西班牙殖民船,还野蛮地劫掠秘鲁教堂,抢走由大量黄金制成的神像、祭器。仅仅5年的时间,他积累的财宝就有7吨黄金。传说他把这些黄金藏在了一个峡谷中,位于科科斯岛南部的埃斯佩兰斯角,在两条奔腾的瀑布之间,离一棵棕榈树很近。离开科科斯岛不久,博尼托率领的海盗船就被英国皇家海军拦截,八百余名海盗全部落网,最后在牙买加被处决。

　　博尼托的手下威廉·汤普森和沙佩勒侥幸逃脱,但是没有人知道他们的下落。除了他们俩之外,博尼托船长的情妇玛丽也知道这笔宝藏的下落,博尼托死后,她被流放到了塔斯马尼。20年后,玛丽又来到科科斯岛,试图寻找博尼托船长的巨额黄金,但没有成功。二十多年的时间,岛上的地貌发生了很大的变化。后来,玛丽又尝试了很多次,都一无所获。

　　1932年,电气工程师克莱顿登上了科科斯岛,他的运气不错,他和朋友利用新型的探测器,找到了价值几百万美元的财富。经考察后证明,这就是

贝尼托·博尼托船长的财宝。

科科斯岛上还埋藏着一笔更著名的宝藏,那就是"利马宝藏"。

17、18世纪时,南美洲的绝大部分地区处于西班牙和葡萄牙的统治之下。当时,秘鲁首都利马是南美最富庶的大都市,那里不仅有开采了几十年的银矿,而且储藏了西班牙人自16世纪起掠夺印加人的无数黄金以及大量教会的财产。1821年,玻利瓦尔的军队逼近秘鲁首都利马,西班牙人急忙将所有的财宝,包括金块、珠宝、金银餐具、金银祭器与珍贵图书、艺术品等集中在一起,打算运回西班牙。此时,海港中只有一艘双桅帆船"亲爱的玛丽"号可以横渡大西洋,船长是威廉·汤姆森。汤姆森船长立刻答应让西班牙的政府官员、教会高层人士以及利马总督和主教上船。满载着财宝和西班牙人的"亲爱的玛丽"号向着欧洲进发。谁也没有想到,他们和他们的财宝永远也到不了欧洲。

汤姆森船长早已被满船的财宝弄得利令智昏,自从开船以来就没有想过要把船驶回欧洲的任何一个港口。据说,最先发难的是一名大副福布斯,他唆使船员攻击西班牙乘客,残忍地杀害了他们,并抛尸海上。汤姆森船长这时候发挥了关键作用,他果断地决定为了逃避西班牙军舰的追捕,把船开往科科斯岛。

他们用小船分10次将宝藏运上岸,这是63所教堂的财产,有黄玉装饰的圣人遗骨、珍贵的烛台、273把黄金手柄镶嵌宝石的宝剑。其中,最贵重的是真人大小、镶嵌宝石的圣母玛利亚怀抱圣婴耶稣的纯金塑像,约有一吨重。这些黄金不仅仅是重量惊人,它们的艺术价值也是无法估计的。这批宝藏总计27吨黄金和白银,按今天的估价约有4亿马克。

与大多数的海盗们一样,汤姆森船长埋藏了宝藏后却没有机会再回来将它们取走。在离开科科斯岛几天后,"亲爱的玛丽"号被西班牙战舰发现,所有的海盗无一漏网,除了汤姆森船长和大副福布斯外,其余人后来都在巴拿马被处死。西班牙人留下汤姆森和福布斯,因为他们俩肯定知道宝藏埋藏地点。可惜,狡猾的汤姆森和福布斯把西班牙人带到一个错误的地点,并且成功地逃进原始森林。不过,在森林里的生活并不轻松,几个月后,有一艘英国捕鲸船路过科科斯岛,他们才得以逃离小岛。

福布斯很快因患黄热病去世,而唯一知道利马宝藏地点的汤姆森却不知下落。1840年,他在纽芬兰的圣约翰出现,贫困交加的他,寄居在一个名叫约翰·基廷的朋友家里。人们几乎不相信这个掌握着巨大财富的人,为什么不去取那笔宝藏?没有人知道其中的原因。

他临终前将利马宝藏的秘密告诉了约翰·基廷。基廷立刻邀请自己的朋友伯格与他一同去探险,据说他们的确亲眼见到了成箱的金银财宝,但他们没能如愿地将财宝搬运回来,而且伯格还不明不白地死去了。基廷因涉嫌杀害伯格而吃了官司,最终以证据不足而获释。基廷临终前绘制了一张藏宝图,藏宝图在众多人的手中流传,后来者又一次一次地踏上科科斯岛的土地,钻进浓密无边的原始雨林中,德国人古斯特·吉斯勒还在岛上待了20年之久,自1889年踏上科科斯岛至1908年离开,他寻宝生涯的最终结果只是找到了33块金币和一只金手套。

海盗们怎么可能在科科斯岛上留下这么少的宝藏呢?是不是有更多的宝藏仍然埋在小岛上或原始森林里?

如果福布斯知道藏宝地点,他为什么不去取这笔宝藏,而导致因贫穷病死呢?

5.大海盗吴平的藏宝之谜——一段皇帝与海盗的传奇

相传南澳岛上藏有富可敌国的巨大宝藏,金银珠宝不计其数。关于宝藏的说法从宋朝末年就开始在南澳岛上流传,到了明代,又出现了海盗藏宝的传说。于是,一批又一批的寻宝者纷至沓来,但结果都一无所获。南澳岛上到底有没有宝藏?如果有宝藏的话,在这个面积仅一百多平方公里的小岛上,这么多的财宝又会被藏在哪里?

宋朝末代皇帝流亡南澳

据《南澳志》记载,南宋景炎元年(1276年)5月,赵昰在福州称帝,由于元兵

第五章
魔幻海盗的传奇宝藏

进逼，11月与其弟等逃亡南澳，在澳前村东面修建行宫住下，太子楼便是当时的行宫之一。随从还在东南面沙滩上挖了三口井：供皇室饮用的"龙井"、供文武官员饮用的"虎井"、供将士军马饮用的"马井"。

小皇帝赵昰和他弟弟赵昺逃亡至南澳岛后，眼看追兵步步逼近，遂决定在离开之前，把一部分随身携带的金银珠宝留在南澳岛，并在藏宝地附近的石壁上刻下文字，方便日后寻找。可惜的是，小皇帝最终在元军的追杀下投海自尽，埋藏的宝藏遂成千古之谜。

南澳岛位于广东省和福建省交界的洋面上，由大小23个海岛组成，人称"潮汕屏障，闽粤咽喉"。或许正是因为占据了这样重要的战略要冲，宋代末帝才选择了这里作为行宫。

在岛东南部的云澳湾有一组雕像，雕像表现了南宋小皇帝赵昰兄弟与大臣陆秀夫等人在南澳岛上生活的场景。不久前，当地旅游部门在为这组雕像群清理地基的时候，意外地发现了一个古建筑遗址。

同样是《南澳志》的记载，南宋末帝曾经在南澳岛居住了十五天，如果眼前这个遗址是小皇帝居住过的太子楼的话，这就与民间的传说不谋而合，因为传说中的藏宝地就在离太子楼几十米远的一堆巨石中，但要想获取巨石中的宝藏，必须要破解这组摩崖石刻上的文字。

因年代久远，石壁剥蚀严重，现在巨石上总共留下了35个文字，而且字迹残缺不全，很难辨认，几乎让人难以读懂。当地人也传说南宋皇室离岛时，曾于石室内藏有金银财宝，若有能将石壁上的文字念成文，释其义者，则石壁会自动开启，里面的宝藏也将归他所有。时至今日，石壁上文字历历在目，但太子楼藏金仍不见被取走。更加巧合的是，就在距离石刻和太子楼遗址200米的海边，有一口古井，相传是南宋小皇帝逃到南澳岛时挖掘的，后人称作"宋井"。虽然古井与海水相隔咫尺，但井中涌出的却是甘甜的淡水。这无疑是史料中记载的龙虎马三井。

而且，当初在清理宋井的时候，文物部门发现了许多宋代瓷器碎片和宋代铜钱。考古证明，这一带正是当年南逃的南宋小皇帝居住和活动的地方。

在南澳及周边地区，一个关于"沉东京，浮南澳"的传说流传了好几个世纪,几乎妇孺皆知。相传,在今天南澳以东的海面上原来有一个岛,岛上曾经有一座名为"东京"的城市。不知什么时候,这个岛沉入了海底。与此同时,另一个岛则浮出了海面,这就是今天的南澳。但在南澳,无论年轻的还是年长的,对这句话的出处,都只是限于听说。关于沉东京,有学者认为,东京城是南宋末年小皇帝逃亡时在这里修建的行宫。在南宋皇帝的逃亡路线图上,我们看到小皇帝确实曾经到过这一带。

南澳县博物馆还陈列着一件更有说服力的文物——古壶,它的标签上写着宋代。这把古壶可以说是探解宋代行宫的一把钥匙,一是因为这把古壶出在传说中的沉东京城的位置,二是壶上的龙纹造型,在中国古代,龙是皇室专用的纹饰,那么,宋代皇室的宝藏与沉东京有着怎样的关系呢?

陆秀夫是南宋最后一位宰相,就是他背着南宋最后一位小皇帝跳海自尽的。在南澳,人们给陆秀夫修了一座墓,令人奇怪的是,陆秀夫背少帝跳海的地点是在崖州,而在这里,怎么会有他的墓呢?陆秀夫的墓还有两处,一处在他的家乡江苏垣城,一处在他殉国的地方崖州。人们敬仰他的气节,在他曾经辅佐少帝的地方——南澳也修了墓。其实自元以后,这座墓历朝历代都有重修,仅乾隆年间就曾重修了三次。这对后人尤其是他最后逃亡所经过的地方,留下的印象是无法磨灭的。沉东京,浮南澳这句话的流传只是对宋朝的一种纪念吗?

寻找海盗吴平的藏宝

还是让我们把目光转回到太子楼遗址上。这里,有一棵茂密的古榕长在一处硕大的石壁上,石壁下侧有一裂缝,裂缝两边歪歪斜斜刻着的就是上文提到的那行难辨的文字。宋室宝藏的传说吸引着许多猎奇探秘碰运气的人的到来,但都一无所获。后来有一颇通文墨的商人,居然能念字成文,在将释义说至八成时,石壁便开启了一条缝隙,并露出耀眼的珠光宝气。这时,山下来了一个人,商人唯恐来人是争夺珠宝的,便急忙地钻进石缝中取宝。石缝突然闭合了,商人被夹在里面,只留下辫子在石缝之外,变成了一株小榕树,日长时久,长成古榕。

这当然也是个传说,但是,石壁上的神秘文字,是否能像阿里巴巴的"芝麻开门"一样，引领我们打开宝藏的大门呢？许多专家学者对这段摩崖石刻作出了种种猜测。南澳中学的一位历史教师认为，石刻是明末清初郑成功反清复明的檄文。泰国崇圣大学的郭伟川教授认为，该石刻的文字"非诗非文"，应为"纤纬之言、扶乩之语"。

虽然专家学者对摩崖石刻的含义众说纷纭。但今天的南澳人却更愿意相信这就是打开宝藏的秘诀。就在众多学者对石刻上的文字费尽心机的时候，南澳岛上另一个关于寻宝的谜语，也同样让专家学者绞尽脑汁。这就是"水涨淹不着，水涸淹三尺，箭三枝，银三碟，金十八坛"。据说谁能破解这句谜语，谁就能找到明朝大海盗吴平的宝藏。

在南澳岛的深澳镇，有一个吴平寨村，这是我们所见的第一个以海盗名字命名的村落。在寨内藏宝，有很大的可能性是因为易于看护。但生活在这里的渔民告诉我们，今天的吴平寨早已不是当年的寨子了。当年他们盖新房的时候，曾经看到过一些残存的围墙和石基废墟，但从来没有发现过任何宝藏的踪迹。由于吴平的势力越来越大，已经威胁到明朝对海防的控制，朝廷最终开始对吴平进行清剿。在今天南澳岛深澳镇的一块石碑上，就记载着那场战斗的经过。

中国封建王朝重农抑商，对外垄断"贡市"(买卖进出口商品的市场)，禁止商民出海活动。尤其是明王朝，厉行海禁，严禁商民出洋贸易，下海出洋者被视为奸徒、海盗。由此，明朝出现了很多不守规矩的海盗。

广东倭寇的首领多出自穷人，吴平就是其中一个。吴平，福建诏安梅岭人，原是地主家的奴人。因为无法忍受地主夫人的虐待而跑去做海盗，后来自立山头，组建了著名的吴平海盗集团，主要活跃于闽粤沿海一带，劫掠了大批的金银珠宝。

明朝嘉靖年间，戚继光率师至漳浦平寇。吴平走投无路，选择背靠高山悬崖，又有虎屿、猎屿两个小岛作天然屏障的南澳筑营，过了一段太平的日子。

没过多久，潮州总兵俞大猷率兵3万人马围攻南澳，征剿吴平。吴平凭借土堡水寨，负隅抵抗，双方对垒三个月，僵持不下。朝廷又命浙江总兵戚继光前往助战。嘉靖四十四年，戚继光率军到达南澳，安营扎寨。下令封锁港口，以阻止吴平逃窜。并从背后攻击吴平，一举攻破了这伙作乱海上的亡命之徒。吴平战败后，由海路潜水逃跑至海南岛，这时他的撤退仍是有组织的，俞大猷的部将汤克宽、李超的追击都遭到挫败。但强弩之末不能穿鲁缟，嘉靖四十五年四月，吴平在闽广水师的夹击下最终败于万桥山(今越南)下，之后再没有人得到他确切的消息。有人传说在南直隶与浙江一带见过他，已经成了大商人；有人说他在海岛中困饿而死。吴平到底是死是活？没有人知道确切答案。

据传，吴平眼见朝廷不断发兵围剿，自知坚持不了太久，就将十多年来掠夺的财宝埋藏在岛上。有关藏宝的数额，在当地流传有一首歌谣："九瓮十八缸，一缸连一缸，谁人得的着，铺路到潮州。"这18大罐金子埋藏在哪里？只有吴平和他的妹妹知道。

一次，吴平笑问妹妹："一旦山寨被剿，你要随我逃走，还是想留下来看管金银？"妹妹说："我愿留下来看管金银。"吴平听了十分不高兴，更生出了除掉妹妹的打算。戚继光、俞大猷联军分水陆两路围剿吴平寨时，吴平见大势已去，便逃到海边杀死了把守18坛金银的胞妹，并将尸首碎成18块分埋于藏金的地方，随后夺舟逃出海去。

吴平死后，岛上埋藏的18罐金银财宝也就此深埋地下，只留下一段歌谣："吾道向南北，东西藏地壳。水涨淹不着，水退淹三尺。"这首歌谣充满玄机，至今仍无人能够破解，十八罐金子的所在地也就成了一个难解的谜团……

6.海盗拉比斯的藏宝图

奥里维·勒·瓦瑟是18世纪上半叶的法国大海盗，17世纪末出生在法国加来，他还有一个常用名叫做拉比斯。18世纪初，印度洋和东非马达加斯加海域的海盗活动猖獗，但凡途经此地的船只，大都难逃一劫。而这其中最为凶暴、最为显赫的，当然就属拉比斯了。

　　拉比斯心狠手辣,他的抢劫对象主要是豪华商船和政府的"宝船"。1716~1730年间,他在印度洋和东非海上称霸了14年,攫取了共计54万公斤黄金、60万公斤白银,还有数百颗钻石及各类珍奇宝物。1721年4月,他伙同海盗泰勒狼狈为奸,抢劫了在印度洋波旁岛圣旦尼湾躲避风暴的葡萄牙船只"卡普圣母"号,抢走了船上价值300亿法郎的金银珠宝,并将船重新装修一番,取名为"胜利者"号。1722年,法国海军将领居埃·特鲁安在波旁岛附近大败英军,占领了这一区域。此后法国国王大赦天下,多数海盗愿洗去罪行改过自新,可拉比斯等少数顽固分子却选择了隐藏起来以待时机。

　　拉比斯为人诡计多端,他把抢劫的财物雇人运送到一个岛屿上埋藏,并一举杀害了所有的埋宝人。之后,他以这个宝藏为王牌,要求法国政府对其实行大赦。他煞有介事地透露,这个宝藏是从塞舍尔群岛运到马达加斯加海岛印度海域的。

　　1729年,法国海军终于搜捕到了拉比斯。经特别刑事法庭审判,他被判海盗罪而处以绞刑。

　　1730年7月7日下午5时,拉比斯的脖子终于被套上了绞索。当他被押向断头台时,突然向蜂拥围观的人们扔出一卷羊皮纸,并吼道:"我的宝藏写于那些能真正读懂它的人!"

　　在他遗留下来的那卷羊皮纸上,写有一封密码信,信上画有17排莫名其妙的图案。这些图案代表若干密码,谁能最终译出密码的内容,谁便能够找到真正的宝藏所在地。可惜的是,这份密码终不得破解,至今仍留在法国的国家图书馆里。它的一份影印件曾落入英国探险家瑞吉纳·克鲁瑟韦金斯手中。这个人断定,拉比斯的财富必定是在印度洋的塞舍尔岛上,于是他携带毕生的积蓄到塞舍尔岛待了整整28年,对17排图样做了孜孜不倦地探索,终于破译了16排密码,

但对第12排图样却始终寻求不到答案,直到他因病去世也未能揭开谜底。

除塞舌尔岛外,另外6个印度洋岛屿也可能是拉比斯的藏宝之地:毛里求斯岛(又名法兰西岛)、波旁岛、马埃岛、圣玛丽岛、弗里卡特岛及罗德里格岛。这些岛屿都是拉比斯一伙海盗当时的常来常往之地,后人也根据克鲁瑟韦金斯破译出来的密码在毛里求斯岛找到过许多宝藏。

法国的"寻找藏宝国际俱乐部"掌握着另一份与拉比斯藏宝有关的材料,包括一份遗嘱、三封信件及两份说明书,它是掌握拉比斯藏宝秘密的法国海盗贝·德莱斯坦的东西。探宝专家们认为,在德莱斯坦熟知的财宝中,有一些便是拉比斯藏宝。

从1730年绞死拉比斯到现在,已经过去了274年,人们探寻拉比斯密码和藏宝的行动却始终没有中断过。最近,一个才创办不久的中欧"俄丝乌德旅行社"开辟了到塞舌尔岛寻宝的旅游线路,旅费虽贵,但参加者期期爆满。他们不但可以游览岛上的风景名胜,而且可以凭借旅行社分发的一份神秘图案的影印件到岛上寻找拉比斯藏宝,抓住机会,没准就能在顷刻间变成百万富翁,甚至亿万富翁!不过,虽然这一切颇具诱惑力,但要破译第12排拉比斯密码却并非易事,还得凭知识、智慧、毅力和运气才行。

7.七十三名海盗兄弟的宝藏

一辆囚车停在格拉斯布鲁克的断头台旁,以克劳斯·施托尔特贝克尔为首的七十三名北欧海盗陆续地走下囚车,被推上了断头台。绞索已经套在了他们的脖子上,刽子手正准备施行绞刑时,克劳斯·施托尔特贝克尔却提出要见汉堡的议员,他要和议员谈一笔交易,而且非常肯定地说议员一定会感兴趣。

议员很快来到断头台前,他迫不及待地想知道一个马上要被绞死的海盗头子想跟他做什么交易。

第五章
魔幻海盗的传奇宝藏

克劳斯·施托尔特贝克尔向汉堡的议员提出一个条件:他捐赠给汉堡教堂一个金质的钟楼楼顶,再拿出一个像花环一样美丽的金锚链和数不尽的金币,以此换取断头台上的海盗们的自由。

结果却出乎他的意料,议员不但没有对这笔交易表现出丝毫兴趣,反而命令刽子手马上实行绞刑,七十三名海盗的人头落在了地上。随后,这些头颅被钉在木桩上游行示众。

汉堡议员拒绝克劳斯·施托尔特贝克尔的请求,并不是他们不喜欢金子,而是他们相信国家的探宝人员会找到这笔宝藏。但后来的事实证明,这些议员们的想法是错的,直到今天,那个德国海盗船长的所有财产仍然下落不明。

北欧海盗们提出的金锚链和他们的财宝是真实存在的,还是为了暂时保住性命而想出的权宜之计呢?

海盗们死后不久,一个渔民买下了施托尔特贝克尔的海盗船"红色魔鬼"号。他想把船的船板、船舷和桅杆做成木柴。在锯断三根桅杆时,在桅杆里面发现了大量的金币和银币。这些都是海盗们抢来的战利品。经过再三考虑,渔民没有留下这些宝藏,并把它们重新装进桅杆里,埋藏到一个秘密的地方。

由此可见,海盗们确实有一笔数目惊人的宝藏,他们会把这笔宝藏埋藏在哪儿呢?

根据分析,有人认为施托尔特贝克尔的宝藏最有可能隐藏在以下几个地方:

第一个地点是古老的哥特兰港口城市维斯拜,因为这个地方曾经是"粮食兄弟"一度攻占的目标。这个城市设防十分牢固,由众多的堡垒、强大的保护墙和二十八座碉堡包围着。

第二个地点是波罗的海的乌泽多姆,在那个小岛上有一条从沙滩通向腹地的"施托尔特贝克尔山谷"。过去,这条山路曾经通往一处海盗的藏身地,有人分析也许那里至今还埋藏着他们的战利品。

第三个地点位于波罗的海的吕根岛,岛上石窟众多,人烟稀少。岛的西面是海峡,有许多内湾、沙滩和白垩峭壁,这里的海岸曾经是海盗的栖身之处。在过去的抢劫行动中,海盗们也曾经在此地落脚。所以,这里一度被人们称之为

"海盗湾"。

第四个地点是波罗的海小岛上的费马恩城堡,近年来,寻宝者在这座城堡里发现了古老工事的残垣断壁,此地可能是最适宜藏宝的地点。

第五个地点是东佛里斯兰海岸,位于马林哈弗的圣母教堂。教堂建有六十多米高的钟楼。14世纪,这里也是海盗们最喜欢的栖身之处。那时,大海从这里一直延伸到离陆地很远的地方。海盗们有可能把他们的海盗船固定在坚固的石环上,然后把抢来的东西放到高高的钟楼里。

第六个地点是离马林哈弗不远的一个农庄。从12世纪开始,这个农庄就很富裕,后来农庄的主人又把他的女儿嫁给了克劳斯·施托尔特贝克尔,因此施托尔特贝克尔有时会住在那里。

20世纪以后,探险家和寻宝者们先后找到了这六个地点,却没有发现这笔宝藏。这些海盗究竟把他们的金锚链和宝藏埋藏到哪去了?

第六章

佛寺古刹奇珍异宝

　　在上古时代的社会中,寺庙圣殿被认为是神的居住地,不但得到大量信徒的追随,更是得到统治者的青睐。于是,大量的奇珍异宝,源源不断地被当做贡品送到这些神圣的地方,作为对神明的敬意以及尊重。而随着时间的变迁,曾经灿烂辉煌的佛寺古刹,有的毁于战乱,有的经不起时间的考验而倒塌……然而那些异常珍贵的贡品被藏在哪里? 时至今日,我们又能寻找到多少曾经的辉煌?

1.死海古卷宝藏

　　死海位于耶路撒冷以东25公里和特拉维夫以东84公里处的约旦河谷南端,是世界上最低的内陆湖。死海的水具有全世界最高的含盐量和密度,比通常的海水咸10倍。因此,死海一带的空气中含有世界上含量最高的起镇定作用的溴,这样的空气不仅是治疗呼吸系统疾病和进行日光浴的绝好场所,也是古代人隐藏物品的绝佳地点。近半个世纪以来,死海之所以一直备受世人关注,并非因为它是世界上最大的"床",而是因为在死海的库姆兰发现了"死海古卷"。

那么,死海古卷到底是怎么一回事呢?

1947年3月,小牧童阿狄布丢了一只羊,对小孩子来说,这是一件大事。他为了找到这只羊,走了很远的路,来到死海西北角一个叫库姆兰的地方。他边走边四处张望,当他抬头看到高处的悬崖绝壁上有一狭窄的洞口时,这个调皮的小牧童便随手捡几块石子扔了进去,突然他听到洞里好像有东西被击碎的声音。

他马上把小伙伴阿美·穆罕默德找来,两人一同钻进洞里。进洞之后,他们发现里面的沙土下有一些高的圆陶罐和一些破陶罐碎片。这两个孩子猜测陶罐里一定藏着值钱的东西,他们迫不及待地打开陶罐,却大失所望,里面并没有他们期待的黄金和珠宝,只有一卷卷用麻布裹着的黑色发霉味的东西。其中有11幅卷轴用薄羊皮条编成,外面盖着一层腐朽的牛皮。

他们把卷轴打开,发现上面密密麻麻写满了字。两个孩子不知道这到底是些什么东西,于是,便拿了几捆羊皮卷到耶路撒冷去卖,并得到一点钱。

这两个孩子发现的就是后来被称之为无价之宝的"死海古卷"。

虽然当初巴勒斯坦文物部的一位官员认为那些东西"一文不值",但几经周折,第二年这些东西到了耶路撒冷古城圣马可修道院叙利亚东正教大主教阿塔那修·塞缪尔的手中。他仔细研究了羊皮卷上的文字后大吃一惊,他认出来这是几篇最古老的希伯莱文《圣经》的抄本,便立即找到发现古卷的两个男孩,让他们把山洞里的羊皮卷都拿出来,然后全部买走。与此同时,耶路撒冷希伯莱大学的考古学家E·苏格尼克教授知道这一消息后,设法从一个牧民手里购买到了三卷羊皮古经书。

很快,阿狄布发现"死海古卷"的消息在世界各地传开。许多国家的考古学家、历

史学家和宗教界人士闻讯纷纷前往库姆兰山谷进行发掘，其中最大的一次发掘是从1948年下半年起由法国天主教和约旦文物部共同组织的。经过三年的多次发掘，他们在库姆兰山谷又找到了大约40个洞穴，其中11个洞穴中有经卷，共发现古经卷600多种，其中数十卷较为完整，另外还有数以万计的残篇碎片。

后来，一些当地的牧民也开始在死海沿岸展开搜索，他们又找到10个洞穴，发现了更多卷轴和残卷。

那么，这些古羊皮经卷是什么时候被藏在这里的呢？上面到底写了些什么内容呢？

美国约翰·霍普金斯大学考古学家威廉·奥柏莱博士在鉴定古卷的卷轴之后，认为其年代应在公元前100年左右。而芝加哥核子研究所的专家们，确定这些古经卷产生的时间是在公元前250年到公元68年之间，距现在已经2000多年了。

专家们发现的这些古卷中大多数文件和碎片都用希伯莱文写的，少数是希腊文，其中有些古卷的尺寸还不及一枚邮票大。这些古卷包括500多种远古经书，内容主要是《圣经》抄本以及其他一些希伯莱文、拉丁文、希腊文文献。大致可分为以下几类：

一、《希伯莱圣经》共有39卷，其中除《以斯帖记》其他各卷都有全部或者部分的抄本。这些抄本对于断定古卷的年代和研究《圣经》的翻译情况具有重要的参考价值。

二、从公元前2世纪到公元1世纪在犹太人中广泛流传的经书，如《多比传》、《所罗门智训》、《以诺书》、《巴录启示书》、《禧年书》等。

三、《圣经》的注释和评论。

四、库姆兰社团法规。它们主要是记述当初居住在库姆兰的人们的宗教活动、遵守的行为准则以及举行的礼拜仪式等文献。

五、感恩诗篇以及其他文献，包括文书、信件等。

六、还有两卷特殊的古卷：一卷刻在铜片上，由于铜卷锈蚀严重，不得不将它锯开成条，上面记载的是耶路撒冷圣殿财宝的名称、数量和埋藏的各个地点;另一卷是长达28英尺,有66栏经文的《圣殿商卷》,详细记述了耶路撒冷圣殿的建造结构和装饰,以及有关献祭、守节、洁净礼仪方面的一些具体规定。

除经卷外,在洞穴、遗址及周围一带还发现不少的陶器、钱币、武器、农具、生活用具。在距离第一个洞不到600米的地方,发现了一座道院的废墟,里面有一张长写字台和长凳、两个墨汁瓶和一些陶罐。

那么,是谁把这些古卷藏在库姆兰的山洞里,他们又为什么要这样做呢?

经过专家们长期对死海古卷的整理和研究之后,提出了种种设想:

有人认为,发现古卷的这一地带原来可能是古犹太人的一个图书馆,否则不可能藏有如此浩繁、包括各种派别的经籍。

有人认为,这里可能是一个抄经写经的场所,后来大概遇到什么突发事件来不及转移,而使大批经卷保存在这里。

也有人认为库姆兰当时是犹太人的一个军事要塞,公元1世纪犹太人起义反对罗马人的统治,在同罗马大军决战时,为了防止这些重要经籍散失或被毁,就将它们集中存放在库姆兰一带。后来犹太人起义遭到失败,他们在逃亡之前就把藏有经卷的洞穴封起来。于是,这批经卷就在库姆兰山洞中保存了下来。

还有一种设想认为,库姆兰是犹太教艾赛尼派社团的集中居住地。公元前1世纪,艾赛尼派因赞成弥赛亚运动,反对马卡比王朝而受到迫害,纷纷逃至边远山区。有些信徒来到库姆兰一带,他们过着一种公社式的宗教集体生活,并收集和抄写了大量的宗教文献典籍。罗马大军进入巴勒斯坦后,为了避免受到迫害和担心《圣经》抄本散失,就把它们装入陶瓮封藏在周围悬崖的洞穴中。后来犹太人被罗马人打败后,艾赛尼派也遭到杀戮,库姆兰社团被彻底毁灭之后,此地成为一片废墟。岁月流逝,那些存放在洞穴中的经卷也就湮没于死海的荒漠之中,直到近2000年之后才被人发现,得以重见天日。

那么,死海古卷的发现有什么意义,它的价值又在哪儿呢?

首先,现在世界各国流传的《旧约圣经》最古老的全集抄本,时间是在公元1010年,最古老的单卷抄本是在公元9世纪才确定的"马所拉文本"。作为犹太教和基督教最重要的经典《旧约圣经》,在长期的口传和传抄中难免会发生一些错漏和谬误,而"死海古卷"中的《圣经》抄本却从未经后世修改、增删,保留了最古老的原本样式,因此可以作为更权威、更准确的文本来对现行的《旧约圣经》进行校订。因为谁都知道,假如没有权威的古文本为依据,任何人都不敢对《圣经》做任何改动。所以,世界上所有的信徒们都企盼着将来能在研究死海古卷的基础上出版一种新的校勘本。

其次,由于死海古卷中有很多不同文字的抄本,对历史和语言学家研究古代语言文字的发展是非常珍贵的。

还有,自古以来,人们对犹太教艾赛尼派知之甚少,人们也仅仅知道该派是当时犹太人中的四大派别之一。然而,这次发现的"死海古卷"中有大量关于艾赛尼派情况的材料、社团法规、感恩诗篇,还有他们描写光明之子与黑暗之子战争的作品。这对以后了解和研究艾赛尼派的宗教思想和社团生活是非常珍贵的。

再有,"死海古卷"不仅对研究基督教与犹太教之间的关系,以及两者之间在教义、经典、仪式、组织形式等方面的联系也具有特殊的意义。对研究古代西亚地区的社会生活、政治制度、经济状况、文化艺术、民族关系等许多方面,也都是极其珍贵的材料。

但是目前死海古卷还有几个谜等待人们去解开:

第一,在死海古卷里有两卷最为奇特的刻在铜片上的古卷,而在这卷铜片上恰恰记载的是耶路撒冷圣殿宝藏的名称、数量和埋藏的各个地点。如果人们能够准确地解读这两卷铜片,那就能找到人类历史上最具精神文化价值的圣殿宝藏。但因为这是两千年前的古铜卷,发现时已严重锈蚀,有关人员不得不将它锯开成条。遗憾的是,铜卷被锯成小条条之后,却再也无法完整地拼凑起来,以致人们至今还无法识别宝藏的地点。

第二,库姆兰地区已被发现的古卷虽然数量惊人,但是未被发现的到底还有多少呢?

第三,尽管以色列政府在1969年拨巨资在以色列门建造了"死海古卷馆",尽管来自世界各地参观的人们可以看到被置于玻璃展柜中的极少古卷的原件,尽管经过半个世纪的研究,专家们从死海古卷中发掘到许多珍贵的材料。但一方面因古卷浩瀚繁杂,许多经卷还有待于进一步整理和研究;另一方面,发现古卷时,历经2000多年的风雨,好多已支离破碎,现在学者还在竭尽全力地拼凑和研究数以万计的残篇断稿,因此,大部分死海古卷中的内容至今尚未公布。那么死海古卷里面到底有多少秘密呢?死海古卷的全部秘密什么时候才能公诸于世? 目前,这一切都是未知数。

2.法门寺的地下宝藏

1987年4月2日上午, 一支考古队的工人们在清理法门寺内一座倒塌的塔基时发现了一些古代的石板。他们从石板缝里看过去,起初看到一些闪光的东西,后来用手电筒照下去,才确认那是一些金银复制品。

第二天考古学家韩伟赶到现场,他在该寺地基的南部发现了一个地下室入口。接下来的发掘工作使得一座藏在石板以下20米处的稀世宝库得以重见天日,我国的这一项惊人的发现轰动了全世界。

这些石板掩盖着一座地下密室,它是我国境内历年发现的密室中最大的一座,面积达30多平方米。

宝库里到底装着什么,为什么会引起全世界的注意呢? 金银财宝好像都没有这么大的影响力,那么这个巨大的宝库里会是什么呢?

让我们跟着考古学家们一起走进密室里的石梯,通道两边各有一块高约

120厘米的石板。他们在一块石板上发现了公元873年搬运舍利的画面,以及该寺的一些历史场景。另一块石板上是唐朝历代皇帝及大臣们送给该寺的物品清单。

通道的尽头是一堵密封的石门,里面还会装着什么惊世骇俗的

宝物呢？

一周以后，工人们打开了第一道石门，门里边有三间储藏室，存放着金器和银器121件，玉器和宝石制品400件，石器12件，瓷器16件，丝绸若干和许多其他无价之宝，器物的数量与石板上所列清单相符。在我国还从来没有发现过这么多的古代珍宝，而且其中大多数都是"国宝中之精华"。

除了珍宝之外，那块石板上还说明这个地下宝库内还安放着佛陀的遗骨。考古人员经过仔细寻找后，在地宫远处角落里发现一只箱角包银并由两尊石像护卫的檀木箱子。箱内还有一只尺寸较小的包金箱子。考古学家韩伟后来讲述道："我总共打开了7个箱子，这些箱子一个套着一个，打开第7个箱子才看到一座单层的、顶上镶有一颗珍珠的小金塔。塔的底座上有一张银制托盘，里面盛着一小块骨头。根据石板上的文字说明，这一小块骨头（长4.03厘米，重16克）是释迦牟尼佛的一块指骨。"

考古人员在第二个室的一只很小的大理石棺里发现了另一块骨头。他们在后室的隐蔽屋顶内发现了一只蒙盖着金线刺绣的铁箱子。这只箱子里有一个表面上饰有45尊佛陀弟子镀金像的银匣。银匣盖上刻有如下文字："此匣乃遵照圣旨为安放释迦牟尼遗骨而敬制。"

但这只银匣并非最后一只，它里面还装着一只檀香木匣，木匣里又装着一个四角饰有宝石和珍珠的小水晶棺，然而这个小水晶棺还不是最后一个。小水晶棺里还套着一个玉石棺，里面装着第三块遗骨。第四块遗骨，是在一个饰有彩绘的四层微型宝塔的前室内发现的。

看到这些遗骨和文物，考古学家都惊呆了，他们面临着几个谜团，迫切地需要解开。

第一，公元前873年发生了什么事？为什么舍利会出现在法门寺的地下室里？然而这个问题还是很容易可以找到答案的。

在我国的唐朝，历代皇帝通常每隔30年，便把舍利子从皇家寺庙移到皇宫中朝拜。祈求天下风调雨顺、国泰民安，保佑自己万寿无疆。公元871年，唐朝第18代皇帝懿宗也不例外，他下令将法门寺的释迦牟尼遗骨舍利移往唐朝的国都长安。

神秘的宝藏
寻找历代迷失的宝藏

搬运佛舍利的准备工作持续了两年,这期间制造了豪华的车辇,上面饰以黄金、玉石、珍珠、漂亮的窗帘和彩带。由车马组成的不见首尾的行列从寺庙出发,日夜兼程赶往长安。舍利先被安放在宫里,然后再移放到长安的皇家寺庙。大臣和高官们在送礼方面相互攀比,送来的都是做工精巧的金银制品、玉器、瓷器及精美的丝绣。

但是懿宗并没有求来佛陀的恩典,并于当年就去世了,而且也没有来得及把佛舍利子送回原处。新登基的僖宗把舍利移回法门寺,并下令把它封存在一座塔的地下室里。从那时起舍利所在的地点一直被严格保密。

第一个谜团解开了,但是考古学家又面临着第二个谜团:这些举世闻名、绝无仅有的佛陀指骨怎么会出现在我国的法门寺呢?

古代有一个传说:印度孔雀王朝的阿育王是一位佛教的热情保护人,他把释迦牟尼的遗骨分成84000份。为了在全世界传播佛教,他借助神力巧妙安排,以致一夜之间出现了84000座舍利塔,每座塔都放置一块遗骨。我国共有19座这种塔,而法门寺内的舍利塔排名第五。

但这座塔的来历仍然是个谜。史料上记载,这座塔早在法门寺建造之前,公元147年至167年东汉桓帝在位时就有了。而且从一开始就已知佛的指骨舍利就葬在这座塔下。

这件珍贵文物本来在漫长的岁月中一直被精心地保护着,可是在"文化大革命"时期,1966年9月的一天,这个宝库遭到了冲击。疯狂的人群闯入寺内,试图从方丈梁青口中问出宝库的位置,梁青拒绝向他们招供。为了抗议残暴和凌辱,他自焚而亡,然而暴徒们并没有善罢甘休。他们操起镐头和铁锹,在塔基周围掘地三尺,但一无所获。

1987年4月考古人员清理该塔的基础。他们在夯实的黏土层里发现了暴徒们丢下的花生皮和瓜子皮。这一层黏土距离地下宝库仅有60公分,正是这几十公分使无价之宝幸免于难。

除了佛陀的遗骨外,学者们还发现一根长约两米、内含1740克白银和60克黄金的禅杖。当初制造这根刻有释迦牟尼十二弟子像的禅杖用去了9个月的时间。

在出土的珍稀文物中,有一个直径1.54米、重6000多克的浴盆很抢眼,它的两个手柄做成一朵金花和一只鸳鸯鸟形状。一只重达19千克的银香炉也颇受考古学家们的青睐,香炉上半部有5只镀金乌龟睡在莲花上——这种构图象征长寿和康乐。

出土的丝绸也令考古学家们惊叹。这种丝绸里织进了比人的发丝还细的金丝,金丝缠绕在丝线上。在一块长一米的丝绸上,学者数出了3000圈金丝。

虽然关于我国这座塔内佛舍利的资料史书上早有记载,但这次发现仍然出乎意料。首先出人意料的是,献给佛陀的供品在数量上和质量上都超过了历来的唐代出土文物。

舍利塔的来历是一个难解的谜,是谁在什么年代建造了它?

这些举世闻名、绝无仅有的佛陀指骨怎么会出现在我国的法门寺呢?真会像传说中的那样,印度孔雀王朝的阿育王借助神力巧妙安排,以致一夜之间出现了84000座舍利塔,每座塔内都放置一块遗骨吗?

3.夏朗德修道院的宝藏

夏朗德位于法国西南部,虽然只有一千多居民,但也是一座历史名城。法国海军中尉罗日·德·卡尔博尼埃男爵占领夏朗德之后,不仅放火烧毁了夏朗德修道院,还屠杀了修道院里所有的修道士。

屠杀之前,修道士们已经预感到大难临头,于是十分谨慎地把圣物和财宝隐藏了起来。结果,修道院里的修道士全部遇难,而这批圣物和财宝也随之成了千古之谜。

几百年来,夏朗德的居民经常会奇迹般地发现闪闪发光的金银财宝和各种罕见的圣物。

而且每隔七年,在春暖花开的季节总有不少宣称"修道院的珍宝将出现在圣体显供台下"的布告张贴在夏朗德的大建筑物正门和古老市场的柱石上。令当地人心存异动,又不知所措。这使人们更加坚信,此地一定埋有一笔宝藏。

但是它们究竟埋藏在何处呢?

四百多年前的夏朗德人,不知道是出于什么动机和目的,把这座小城的地下挖成了纵横交错的地下网道,其复杂程度不亚于现代的迷宫。这些地下网道大部分都跟地面建筑物相通,一部分地下网道与城堡相连,一部分地下网道与修道院、教堂相接,另一部分地下网道则与住宅、庄园相通,而地下网道之间又彼此相连。最近几十年,有的地下通道因年久失修坍塌了,剩下的大多数通道被居民们用水泥砌成的厚墙隔断,所以要清理发掘这些地下通道几乎不可能。

克莱蒙家族一直流传着他们祖辈在四百多年前的一次奇遇:1562年,年轻的牧羊人克莱蒙为了逃脱胡格诺派教徒的迫害,躲进夏朗德附近的一个山洞中。他在山洞里偶然发现了一个地下通道网。他沿着其中一条地道一直走了两天以后,发现有一个出口就在离夏朗德四公里处,一个极为隐蔽的地方。

据克莱蒙讲,这条地道很宽,可以让一名骑士骑着马顺畅地通过。地道里还有一大一小两座教堂,大的可能属于夏朗德城的楠特伊·昂·瓦莱修道院,小的也许属于夏朗德的圣索弗尔修道院。这些地道结构非常复杂,它的作用可能是藏宝、作战、修道等。法国作家马德莱娜·马里亚还把这一传说写进了《夏朗德人的故事和传说》一书之中,此书被列为寻找夏朗德城珍宝的参考书之一。

距离夏朗德四公里外有一个巴罗尼埃小村庄,村里的维尔太太说:"50年前,我父亲对我讲,山洞里有一条可以通到山冈底下的地道。他曾在地道里看见过一座很高的大厅,像教堂一样,四周有100张凳子。这个地下工程一直延伸到很远的地方,可以通向夏朗德城的楠特伊。"故事里所讲述的情况与克莱蒙看到的完全相同,这更进一步印证了克莱蒙家族后人的传说。可以推断,当初不止一人进入过这条地下通道。

据当地记载,圣索弗尔修道院当年曾修筑有一条20公里长的地下通道,可以直达夏朗德城的楠特伊·昂·瓦莱修道院。因此,如果这个神秘的地下通道网确实像牧羊人克莱蒙所讲的那样,那么夏朗德修道院的财宝,尤其是那些体积大、价值昂贵的财宝和圣物珍品,像金盘子、枝形大烛台、餐器等,很可能被藏在那里。

前几年,夏朗德有一群孩子在玩捉迷藏游戏时,在佩里隆家所在地区的一幢老房子下面发现了一条地道。孩子们非常好奇,他们偷偷溜进地道中,借着手电筒的亮光,没走多久就发现远处有一个带三个跨度的拱顶大厅,里面还有一个石头祭台。有人猜测,它很可能是一座地下教堂。

当初夏朗德人为什么要把教堂修到地下呢?是出于什么目的呢?

有人认为是出于一种宗教虔诚,是想表明不但在地上,而且在地下人们都供奉上帝;还有的人认为小教堂也许是一种标志,很可能是指明财宝藏于何处的标志。遗憾的是,从这个被认为是地下小教堂大厅延伸出去的地道已经有三分之一的地方被塌下来的土所填满。所以,尽管人们众说纷纭,但再也无法考证。

那幢房子主人的孙子说,他小时候曾跟着父亲在这地道中走了一两公里,直到夏朗德河附近时才发现地道早已被填塞。他父亲经过仔细观察后认为,过去有人也曾进入过这条地道,他们很可能发现了一笔财宝,但在挖掘时,由于误触了机关而使地道塌方,结果人财两空。许多人都相信这一看法,也有好奇者慕名来此,想进入地道看看到底有什么机关。但遗憾的是,这个地方的女主人拒绝任何人进入,这就使进一步的探索无法进行。

当地人还说,有一条从一个谷仓底下开始的地道可通到圣索弗尔修道院及其四周附属的八座教堂。这条地道朝这座房子方向的另一条支道可通往一座地下小教堂,从那里又可以继续通往巴罗尼埃村附近的一个山洞。在这个山洞里还有一个进口,可直达地下大教堂,在大小教堂底下还有一些地道通往不知名的地方,也许那笔巨大的宝藏就埋藏在此处。

夏朗德这座古城,不仅布满迷宫一样的地下网道和大小教堂,而且还埋藏着中古时代流传下来的一笔无法估价的珍宝。几百年来,它让一代代寻宝者遐想联翩,但至今仍没有人能够找到宝藏。

4.犹太人的神殿宝藏

埃及发现了一幅古代卡尔纳克浮雕作品,浮雕上再现了所门罗的204件珍品。考古学家推算,要制成卡尔纳克浮雕上所反映的204件珍品,需要数吨黄金和白银。他们根据这204件珍宝估算,所罗门宝藏的价值超过1亿美元。

公元前11世纪,犹太国王大卫统一以色列和犹太,建立起以色列——犹太王国,将耶路撒冷定为首都和宗教中心。

大卫死后,他的儿子所罗门即位。所罗门统治时期,是犹太王国的鼎盛时期,他在耶路撒冷锡安山上建造豪华的宫殿和神庙。《圣经》上记载,所罗门建造神殿历时7年。神殿坐西朝东,长200米,宽100多米,建筑结构严谨,造型美观,内部装饰极其华丽。"亚伯拉罕圣岩"悬置在神殿中央的半空中,"亚伯拉罕圣岩"长18米,宽2米,是一块花岗石,下面用大理石圆柱支撑着,下面的"岩堂"高达30米。"岩堂"里设有祭坛,坛上摆着圣箱,里面存放着刻有"摩西十戒"的石块和"西奈法典"。圣箱用黄金制成,所以称之为"黄金约柜",它被古代犹太人视为关系着犹太民族兴衰存亡的"镇国宝物"。

这座神殿成为古犹太人宗教和政治活动的中心,教徒们都去那里朝圣和献祭敬神。这些来膜拜的犹太人和外国人给所罗门带来数不尽的贡品。据说,所罗门每年收到各个属国送来的黄金大约有99900公斤。他住的宫殿里的门

窗、墙柱、祭坛、桌椅,以及一切生活用具,都包着一层厚厚的金箔或黄金。他到底拥有多少财宝一直是个谜。后来,所罗门将所有金银珠宝存放在"亚伯拉罕圣岩"下方的秘密隧道里。圣殿从建成到毁灭,历时大约400年,经历了几十代君

王。他们聚积了大量的金银财宝都存放在圣殿中,这些君王的财宝就是历代相传的"所罗门宝藏"。

所罗门死后,他的继承者耶罗波安执政,以色列北部的人们在他的领导下,攻陷耶路撒冷城,将撒马利亚城设为首都,建立起以色列王国。而南部的犹太人仍以耶路撒冷城为首都,建立犹太王国。从此,以色列——犹太王国分裂。

公元前586年,耶路撒冷城被巴比伦国王尼布甲尼撒率领的军队攻陷,犹太王国灭亡,大多数犹太人被俘掳到巴比伦。

巴比伦军队攻占耶路撒冷后,在圣殿里没有找到"所罗门宝藏"和"黄金约柜",一气之下将城中的王宫和神殿付之一炬,变成了废墟。

那么,圣殿中的圣物和这些金银财宝到底流落到哪里去了呢?

犹太教的《塔木德》一书中说:在巴比伦军队还没攻进城时,"黄金约柜"和刻有"摩西十诫"的两块大石板就被藏到"亚伯拉罕圣岩"下面的秘密隧道里。

还有另一种传说:真正的"黄金约柜"早已经不在耶路撒冷了,而是被收藏在埃塞俄比亚古都阿克苏玛的一座古寺里。据说是所罗门的一个儿子从耶路撒冷偷出了真的"黄金约柜",又做了一个假的"黄金约柜"放在圣殿里。但是大部分珍宝和圣物还是落入了巴比伦人的手中。

《圣约·但以理书》中有这样一段记载:"一日,尼布甲纪撒之子伯沙撒王大宴群臣,欢饮之间,他吩咐下人将他父亲从耶路撒冷圣殿中掠来的金银器皿拿出来盛酒饮用,群臣赞不绝口。这时,墙上突然出现了一行谁也不认识的奇怪的文字,伯沙撒王找来犹太人但以理。但以理解释说,这些字的意思是'神已算出你的国家将到此结束'。果然不出所料,不久巴比伦就被波斯灭亡了。"

波斯国王居鲁士,攻占巴比伦城后,释放了被囚禁在巴比伦的犹太人,约四万多犹太人回到了耶路撒冷,重建了耶路撒冷神殿。圣殿建好后,居鲁士又将原来从巴比伦人那里掠夺来的金银财宝也归还给了犹太人,让他们仍安放在圣殿中。但此后这些珍宝的命运并不安稳。

公元前217年,希腊人又攻入耶路撒冷城,掠走了圣殿中的许多财物。尽管后来犹太人打败了希腊人,但那些被抢走的宝物却无法找回了。

公元前70年,耶路撒冷圣殿被罗马大军摧毁,罗马统帅泰特斯将圣殿中的物品全部运回罗马。后来,北非的汪达尔人又洗劫了罗马城,把圣殿中的珍宝带到了迦太基。几十年后,汪达尔王国又被拜占庭帝国消灭,这些宝物又被运到拜占庭的首都君士坦丁堡。有人对拜占庭皇帝查士丁尼说,这批圣物已经导致了罗马和迦太基的覆灭,我们不能占有它们,应该把它们送回耶路撒冷。

查士丁尼听从了这个建议,派人将珍宝送往耶路撒冷。然而,这些宝物在送往耶路撒冷的途中却失踪了。

关于"所罗门宝藏"的下落,人们众说纷纭。有人说,运送宝物的船只遇到风暴沉入了地中海,宝物至今仍在水下。还有人说,实际上汪达尔人并没有从罗马城将珍宝夺走,在汪达尔人没来之前,哥特人在公元410年就进攻过罗马城,混乱中,城里的犹太人趁机进入皇宫将这些财宝取出并藏了起来。后来,又担心藏不住而将宝物投入了台伯河,现在它们仍在河床下的淤泥里。

历史学家说,耶路撒冷圣殿中的财宝并不止这些。推测当时的情况很可能是当罗马大军在围困耶路撒冷城时,圣殿中的祭司们就已将这些珍宝埋藏了起来,泰特斯掠走的只是"所罗门珍宝"中很少的一部分,大部分珍宝仍被藏在耶路撒冷某个秘密的地方。

20世纪中期,考古学家们在死海边的库姆兰发现了大量的古代经卷和文件,其中有一件铜卷上清楚地记载着多种圣殿珍宝的名称、数量和埋藏地点。这就证实了历史学家的推测是正确的。

2000多年来,寻找"所罗门宝藏"和"黄金约柜"的活动一直没有停止过。犹太祭司耶利来是第一个开始寻找这些财宝的人,当耶路撒冷沦陷时,耶利来躲了起来,没有被巴比伦人抓走。巴比伦人离开后,他来到圣殿的废墟里,开始寻找"黄金约柜"。他在废墟里,只看见了"亚伯拉罕巨石"。据说"黄金约柜"当初就被放在这块巨石之上,"黄金约柜"和"所罗门宝藏"可能就藏在"亚伯拉罕巨石"底下的暗洞里。

所罗门担任国王时,经常派船出海远航,每次回来都金银满舱,所以人们纷纷猜测,在大海中必定有一处"宝岛",所罗门的黄金就是从那个"宝岛"上运来的。1568年,西班牙航海家门德纳率领一支考察队踏上一个不知名的海岛,看见土著居民都戴着黄金饰物,以为找到了传说中的"宝岛",于是把这里命名为"所罗门群岛"。此后,很多欧洲人跑到这里寻找"所罗门宝藏",但是都一无所获。

1876年,英国军官沃林在耶路撒冷近郊参观游览,在一座清真寺的遗址中偶然发现了一个有石梯的洞。他顺着石梯一直往下走,一直走到洞的深处,发现了一条暗道,顺着暗道走进另一个黑漆漆的狭窄山洞。当他顺着山洞走到外边时,四下一看,大吃一惊。他发现自己已经站在耶路撒冷城里了!有人认为,这条秘密的地下通道建于公元前两千年左右,并推测它就是传说中的"约亚暗道"。

据说在巴比伦人攻占耶路撒冷时,犹太人把"黄金约柜"和宝物藏进这条暗道里。

20世纪30年代,又有两名美国人理查德·哈利巴顿和摩埃·斯蒂文森来到暗道寻找"黄金约柜"和"所罗门宝藏"。他们在"约亚暗道"里一处土质不同的地方发现了一条秘密地道,地道里有被沙土掩埋着的阶梯。两人想用随身带着的铁锹把沙土挖开,但是,阶梯上的流沙却越挖越多,地道口几乎都被堵住了,他们慌忙逃出地道。第二天,他们下来发现,地道的入口又被流沙盖上了。

没过多久,理查德·哈利巴顿乘小船在太平洋遭遇风暴身亡,从此,再也没人知道那条神秘暗道的具体位置。

直到今天,"所罗门宝藏"和"黄金约柜"究竟在什么地方?仍然是一个难解之谜。

5.铁山禅寺藏宝之谜

铁山禅寺位于中国江苏省盱眙县西南,始建于东汉末年,寺庙占地面积达二三百亩,历时15年建成,是汉人出家的第一位僧侣严佛调所建,为其开山之道场。他希望自己的开山道场香火一直延续下去,能够像铁打的江山般牢固,因此取名为"铁山寺"。

铁山寺藏宝的传说由来已久，据说黄巾军起义领袖张角率领起义军攻城夺邑，焚烧官府，收罗了大量金银珠宝、玉器古玩，张角把这批宝藏埋在了崇山峻岭间的铁山禅寺内，以作为日后登基坐天下之用。由于铁山寺山高林密，为了防止宝藏迷失，张角令负责建造藏宝密道的工匠绘制了一张"藏宝图"，并把此图交给寺院主持严佛调保管。

张角死后，他手下一位姓张的副将，秘密来铁山寺寻宝，被雷击死，藏宝图也被雷火烧毁。其后，又吸引了众多探宝者，其中不乏当年参与埋宝的工匠、士兵的后裔，但是铁山寺的宝藏到底在哪里却无人知晓，铁山寺藏宝遂之成了千古不解之谜。

深山古刹的神秘来客

在盱眙县铁山寺的大门处，有一座睿智温和的佛像，这是根据东汉时期一位叫严佛调的僧人而塑。严佛调是铁山寺的创建人，据说还是汉人第一个做和尚的人，也是自撰经书的天下第一人。

严佛调，出生于公元117年，临淮考城（今江苏盱眙铁山寺）人，少年聪颖，敏而好学，信慧自然，于是出家修道。东汉桓帝时，洛阳已成为汉地翻译佛经的中心，并在洛阳建立了中国历史上第一座寺院——白马寺。作为当时的知识分子的严佛调有才无报国之门，深感苦恼。他从临淮郡辗转去了洛阳，在鸿濡寺结识了安息僧安世高。安息僧欣赏他的博学多才，严佛调也受到佛教思想的影响，就此出家潜心研究佛学并参与了译经，铁山寺内的严佛调雕像成为了我国最早的汉族僧侣。公元182年，严佛调回到了家乡临淮郡，开始主持修建以铁山禅寺为主的几座寺庙，广传佛法。他希望自己的开山道场的香火一直延续下去，能够如铁打的江山般牢固，因此取名为"铁山寺"。

铁山寺在严佛调的主持下，香火日渐兴盛，成为了闻名遐迩的大寺，慕名而来的香客信徒络绎不绝。

这一天，古刹来了一位神秘的客人，此人相貌不凡，气度从容，几名彪形大汉跟随其后。严佛调不问世事，进得山门，俱是香客，于是一如既往地接待。

这位神秘的客人,就是太平道的首领,自称"大贤良师"的张角。

张角是冀州巨鹿(今河北平乡)人,出生于一个信奉黄老道的家庭,并且世世代代行医。张角兄弟三人,张角居长,老二张宝,老三张梁,都是黄老道徒。

汉灵帝刘宏即位,改元建宁(公元168年),他让天下百姓都学习《太平经》,以期能够达到天下太平的目的。

张角得到《太平经》以后深入钻研,并借行医来宣传《太平经》,天长日久,老百姓对《太平经》产生了崇敬的感情,继而认为张角是一位了不起的经师,越来越多的人聚集在他的周围。

当时,昏庸的汉灵帝信任宦官,只知道吃喝玩乐。国库里的钱不够用了,为了搜刮钱财,他们在西园开了一个挺特别的铺子。有钱的人可以公开到这里来买官职,买爵位。这些花了钱买官的官吏,一上任当然更加起劲地搜刮民脂民膏。东汉王朝的黑暗和腐败可算到了家了。

朝廷的腐败,地主豪强的压迫,再加上接二连三的天灾,逼得老百姓没法活下去了,大量农民逃亡,社会动荡不安。流浪的农民,无处安身,因此到处杀官暴动。

张角看到很多黄老道徒都依附在他的周围,他意识到此刻已是"造反救世"的大好时机,于是他和他的八大弟子组织成立了"太平道"。以《太平经》为组织纲领,组织天下流民,建立严密的"太平道"各级组织。张角自称"大贤良师",持九节杖,仍以行医来宣教,贫苦农民纷纷加入"太平道"。

太平道与严佛调的佛教并非同宗,但是张角非常钦佩严佛调的才学与人品,故而不惜旅途劳顿,来到江苏盱眙铁山禅寺拜访严大师。张角与严大师一见如故,品茶对弈谈古论今,很是投缘。

一个是佛门高僧,一个是义军首领,两个原本毫不相干的人,却因为这次相识,揭开一段藏宝故事的序幕,给后人留下了一段传奇。

"黄巾军"首领托宝高僧

张角经过十年的发动、组织,"太平道"徒已发展到数十万,波及各大郡国,遍布青、徐、幽、冀、荆、扬、兖、豫八州之地,就连朝廷的一些官员也参加到了

"太平道"行列。张角在整编队伍的过程中,散发了一个口号:"苍天已死,黄天当立,岁在甲子,天下大吉。"这是一条谶语,是东汉盛行的一种预示未来的谜语式的顺口溜。"苍天",就是指东汉王朝;"黄天",就是指太平道。这个口号很快在三十六方传播开来。所有太平道徒都知道要在灵帝光和七年,也就是中平元年(公元184年)的三月初五发动起义。因为这一年是甲子年,这一年的三月初五是甲子日。目的是要推翻东汉(苍天)政权,建立自己天下太平的黄天政权。可是,在离开起义时间还有一个多月的紧要关头,起义军内部出了叛徒,向东汉政权告了密。灵帝下令各地方官员,对太平道首领进行抓捕。

在这危机关头,张角立即决定提前一个月起义。于是,天下三十六方的七州二十八郡数十万人同时举行起义。张角自称"天公将军",其二弟张宝称"地公将军",其三弟称"人公将军",十天之内,天下皆群起响应,使京师洛阳震动。

张角在发动起义的时候,又自称"黄天",并让所有"太平道"徒头戴黄巾,这些起义的军队,又称"黄巾军",历史上称"黄巾起义"。

在与东汉朝廷作战期间,张角领导各地起义军攻打郡县,火烧官府,释放囚犯,开仓放粮,并从贪官污吏和豪强地主那里收罗了大量的金银珠宝,数量甚为可观。于是张角决定将财物先找一个妥善的地方保管起来,为日后登基做个准备。

可天下大乱之际,哪里才是安全的藏宝之地呢?张角为藏宝犯了难。经过一番苦思冥想,张角忽然想起了铁山禅寺。铁山寺周围的林木茂密幽深,正是一处绝佳的天然藏宝之地。张角打定主意,吩咐手下一位姓张的副将,带领骑兵、工匠等人,日夜兼程地押送数十马车的珠宝来到铁山寺,并在一处密林里修建藏宝暗道,把那些价值连城的宝藏悉数埋入地下。因为铁山寺周围山高林密,很容易迷失方向,负责建造藏宝密道的工匠还特意绘制了一张"藏宝图"。张副将带领士兵、工匠在寺庙周围的活动,都是在夜间秘密进行的,显然瞒过了铁山寺诸多僧人。

张副将把宝物分几处秘密埋好,怀揣张角的亲笔信,前去拜谒铁山寺住持严佛调。直到见到张角的亲笔信,严佛调才明白上次气宇轩昂的神秘客人,原来是大名鼎鼎的黄巾军首领张角。

对于这张藏宝图严佛调本不想代为保管,但看了张角的信后,他却改变了主意。

再说张角领导的黄巾军起义,给东汉的统治带来了威胁。汉政府调集大批军队,集中力量镇压黄巾军,而黄巾军的主力毕竟是农民,缺乏战争经验,以致被东汉王朝集中兵力各个击破。黄巾军面对东汉朝廷和各地地主豪强的血腥镇压,坚持了9个月艰苦的战斗。最后,领袖张角不幸病死。张梁、张宝带领起义军将士和敌人进行殊死搏斗,先后在战斗中牺牲。

起义失败了,张氏兄弟或病故或战死,张角埋藏于铁山寺密林里的宝藏已经没有了主人。于是,一场对知情者的考验就开始了。

宝藏终成千古之谜

知道藏宝地点的人极少,张角的副将是从战争中侥幸活命的知情人之一。这位曾负责藏宝的张副将看到黄巾军大势已去,于是打起了宝藏的主意。

张角病死军中时,张副将趁乱逃出,独自一人偷偷跑到铁山寺找到寺院住持严佛调,谎称是张角派他来拿藏宝图的。

自严佛调接受了张角的托付后,一直对藏宝图一事十分谨慎,从未向外界透漏。当时信息十分闭塞,所以严佛调并不知道张角已经病死,但是他仍然有所怀疑:当初,张施主对宝藏的用处有两个交代,一是等他登基后充实国库;二是若他战死,由我处理。现在既没听说他将大汉朝推翻,也没听到他的死讯。如果他现在后悔将宝藏托付于我,又何必当初呢?

那张副将在军中混了许久,早就练就了一副察言观色的本事,他见严佛调似有疑他之意,就马上用他那如簧巧舌,振振有词地说道:"大师,我来之前,将军叮嘱我跟您道歉,如今名未成、功未就,本不该打扰您,只是自从上月败了一仗后,我军损失惨重,军中供给日渐匮乏,实在需要钱财解这一时之需啊!"

严佛调听他说得有理,再加上这个人本来就是先前交予他藏宝图的人,就打消了疑虑,转而对张副将的话深信不疑。于是他取出藏宝图交给了张副将。

张副将见达到了目的,彬彬有礼地与严佛调道别之后,立刻拔腿狂奔,企图按图找到当年的埋宝之地。

哪知,就在他走进那片神秘的藏宝密林之际,本来晴朗的天空突然乌云密布,紧接着天昏地暗,狂风大作,然后是电闪雷鸣,暴雨倾盆。张副将被这突如其来的天气变化吓得面如土色,他赶紧跑到一棵大银杏树下避雨。可是他刚到树下,就被一个惊天炸雷击中了。那棵百年银杏树随着那一声巨响,被一劈两半。这场暴雨还引发了一场罕见的森林火灾,大火烧了好些天才熄灭,藏宝图也化成了灰烬。

尽管后来有许多人来此寻宝,其中不乏当年参与埋宝的工匠、士兵的后裔,但均是无功而返。

铁山寺屡废屡建,到明万历年间,规模达到鼎盛,方圆几百亩地内遍布石门石柱、石龛石佛,形成以铁山寺为中心,包括了汪姑寺、清凉寺、龙山寺的寺庙群。在皖东地区形成"小九华",僧人达到千余人。

民国初年,土匪横行,数十座寺庙均被山匪所占,当时国民政府调动一个师的兵力剿匪,寺庙大部分建筑毁于战火。

2001年,铁山寺国家森林公园决定重建铁山寺。10月3日,铁山禅寺大雄宝殿开始动工建设。12月18日主体工程竣工,高为24.8米,室内占地880平方米,建筑精美,雄伟壮观,被誉为"苏北第一大殿",在佛教界引起不小的轰动。

铁山寺的复建工程持续了5年,直到2005年才复建完,占地88亩,规模十分宏大。

数百年来,去铁山寺寻宝者不计其数,但是铁山寺的宝藏到底在哪里却无人知晓。

6.乐山大佛藏宝之谜

通高71米的乐山大佛因其高大雄伟、开凿不易,所以自诞生之日起就笼罩着一层神秘的色彩,其中大佛身上有"藏宝洞"就是民间的千古传说之一,"佛中有佛、佛在心中、佛心藏宝"更成为乐山地区经久不衰的话题。

20世纪80年代的电影《神秘的大佛》就是以这一民间传说为素材，围绕着凌云大佛展开了寻宝、夺宝的情节，使宝藏的传说更为深入人心。

那么，乐山大佛身上究竟有没有那价值连城的宝藏？如果宝藏是真实存在的，那么它的来龙去脉又如何呢？这就需要我们从历史的残篇断简之中，一步步去探究事实的真相。

海通修佛镇水的传说

一般来说，人们修造佛寺、佛像是为了弘扬佛法、祈求平安。但是乐山大佛从诞生的那一天起，就笼罩在一个惨烈的传说里。

相传，唐朝的时候，贵州有个和尚，法名"海通"，是一位博学多才的高僧。他云游四海，发誓要为百姓做善事。这年夏天，他来到四川嘉州，听说府城城东凌云山下江水汹涌、波浪滔天，常常掀翻船只，危害生灵。一天，他想亲自去查看一下，便攀着岩壁来到凌云山脚。忽见一个激浪打在岩上，浪头退去后，一个壮年青年躺在水边，左手拿钻，右手拿锤，一动不动。海通和尚忙上前，把青年背到岸上，过了好一阵，青年才慢慢苏醒过来。

原来，那青年名叫石青，是个石匠，他见凌云山下水势凶猛，来往船只常常翻沉，许多船工兄弟白白地送了性命，心里实在不忍，便决心在石壁上凿一路篙眼，好让船工们的竹篙插在篙眼中，撑住木船不碰在石壁上。不料刚打了几下，一个恶浪扑来，他就什么也不知道了。石青的行动感动了海通。第二天，海通和石青又登上凌云山察看。他们站在百丈悬崖上，只见下面滩险水恶，江涛汹涌澎湃，如万马奔腾，直向峭壁冲来，发出惊天动地的响声。这时，正有一只木船顺江而下。突

然,那船就像离弦的箭一样飞奔而来。眼看就要靠近岩石,这时,水中猛地出现一个怪物,掀起一股黑浪,把木船吞没了。海通一迭声地念"阿弥陀佛",石青怒不可遏,苦于没有降妖的法力。海通道:"不如在这山岩上凿一尊弥勒大佛,一来借佛祖法力收妖镇怪,二来也可减弱水势,保护行船。"石青听了连连点头。于是,石青就在凌云山上打了个石洞,让海通和尚在洞内居住了下来。

海通和石青一面察看水势,一面测量地形,分头准备雕刻大佛的事。海通和尚翻山越岭,行船过水,到江淮一带募化资金;石青在嘉州城乡物色能工巧匠,打造工具。经过多年的准备,开元六年便开始动工了。

海通和石青修大佛的事,一传十,十传百,很快传了出去。方圆数十里的百姓,出力的出力,出钱的出钱,纷纷前来相助。一时间,凌云山上,千人挥臂,万人呐喊,闹腾起来。从山岩上打下的石头,像冰雹一样轰隆隆地掉进河里,激起无数浪花。

工匠们正热火朝天地凿岩刻佛,可是没多久,平地忽然狂风不止,飞沙走石,天昏地暗,暴雨倾盆而下,接连下了七七四十九天,凌云山上洪水暴发,一股股山洪直冲大佛头顶。海通和尚发愁了:这样大的洪水,即使是铜铸铁造的佛像也会被冲坏的。石青眉头一皱,计上心来,忙安慰海通说:"师父不要担忧,我自有办法。"石青和众石匠商量,决定在大佛头上、身上修凿排水沟排水泄流。只见石青腰系绳索,冒着生命危险,悬空凿石。狂风和洪水一次又一次将他冲得悬空吊在半岩上,他一次又一次攀着绳索爬了上去。石青和众工匠们舍生忘死,坚持不懈,终于凿成了排水沟,消除了洪水的冲蚀。

那时,嘉州有一个恶霸周三,平时欺行霸市,什么事儿都要插上一手,捞点儿好处。他打听到海通和尚募化了许多银子,就带着一群小混混儿来到凌云山上,气势汹汹地对海通说:"大胆和尚,你未经地方许可,私自动工兴修大佛,坏了此地的风水。今天不拿出一万两银子赔偿乡里,就别想动工!"海通一听原是来敲竹杠的,顿时胸中升起一股怒火,说:"这银子来自千千万万的善男信女,我海通怎敢动用半文。目自可剜,佛财难得!"

周三以为海通是说话来吓人的,就说:"那就把你的眼睛剜出来给大爷看看。"

海通听了,冷然一笑,不慌不忙地将双指插入自己的眼睛。两颗眼珠落入了手中的盘子里。海通端着盘子,直向面前的恶霸走去,说:"拿去吧!"

周三和那些狐群狗党,见海通和尚剜下双目,毫不动容,一个个吓得目瞪口呆,灰溜溜地逃了回去。

海通虽然失掉了两只眼睛,但刻佛的意志毫不动摇,对修建大佛一事更加关心,常常拄着拐杖,由小沙弥扶着,来到工地陪伴石匠们干活。大家见了,感动不已,含着眼泪劝他回去休息。海通执意不肯,说:"我虽不能看着大佛建成,也要听着你们把大佛建成啊!"

然而,海通生前并没有实现自己的宏愿,不几年,他就圆寂归天了。

后来,人们为了纪念海通,就把他当年住过的山洞叫做"海师洞"。直到现在,洞内还有一个盘膝而坐、神情坚毅、手托盛眼珠的玉盘的海通塑像。

历时90年修成的一个谜

这个民间传说其实与事情的真相有些出入。如果你稍稍留心一下当时的历史,就会发现支持大佛修造工程的另有其人。

据史料记载,乐山大佛开凿于唐玄宗开元初年(713年),完成于唐德宗贞元十九年(803年),历时90年。后人提到乐山大佛的修造,似乎都归功于海通,事实上,海通筹措资金就用了10年时间,参加开凿的时间仅仅8年,前后仅18年。海通圆寂之后,剩下的大部分工程都是在地方政府的组织下完成的。海通主持开凿成形了大佛的头部至胸部,剑南西川节度使章仇兼琼主持了大佛胸至膝部的工程,大约用了7年时间。章仇兼琼的继任者韦皋主持装金点彩的通体上色工程,九曲栈道等配套设施,还有专门保护佛像的大像阁工程等,大约耗时15年。

正是由于朝廷的支持,大佛才能安坐在凌云山这块临江的风水宝地上。为了造好这尊世界第一大的石刻佛像,当时聚集了一大批全国最优秀的工匠,其中包括南朝著名佛像雕塑家僧祐和有名的建筑家李春这样大师级的能工巧匠。

整个大佛修造工程,除去筹措资金及中途受"安史之乱"、"藩镇割据"影响的停工时间,实际用于开凿大佛的时间为30余年,地方政府主持开凿了22年,承担了近3/4的工程量。由于工程巨大,大部分工程款动用的是地方财政资金。

唐王朝究竟拨了多少税款来修大佛,已无从可考,但从海通筹集"亿万金"才完成第一阶段工程的情况来看,唐朝用在大佛上的财力肯定是十分巨大的。历代皇帝用国家财力修建寺庙的不少,但指定用"税款专用"的却很少见。乐山大佛是一项宏大的工程,即使在现代也是难以想象的。花费如此大的人力物力,而仅仅只为一个"镇水"的理由,这就有点儿说不通。

玄宗修造大佛的时代,与一代女皇武则天的"武周"王朝仅隔20余年。当年武则天曾下令编写《大云经疏》,证明她是弥勒转世,百姓对弥勒的崇拜帮助她在男尊女卑的封建时代登上帝位。其后佛教盛行一时,全国不耕不作的僧尼过多,已经对国计民生形成了一定的影响。为了消除"武周"的影响,玄宗从即位之初就坚决奉行抑制佛教的政策。他禁止再造新的寺庙,禁止铸造佛像,禁止传抄佛经,这使佛教在玄宗时期受到了很大的打击。但耐人寻味的是,乐山大佛的开凿时间恰恰是在唐玄宗在位的开元初年。

曾经有研究佛教文化的学者指出:"修造大佛是唐王朝的一项形象工程。"但是在当时,唐玄宗刚刚接手政权,之前一系列的宫闱内乱大大地伤了朝廷元气,吏治的混乱、腐败亟待治理、国库亏空严重甚至捉襟见肘。就是在这种形势下,一向抑制佛教的玄宗皇帝却对佛像的修造大力支持,其中的确有种种不可思议之处。

历史的真实情节已湮灭在岁月里,只有在民间的野闻中,我们才可以看到一个影影绰绰的谜底。

传说长安四年(704年),当时20岁的临淄郡王李隆基,也就是后来的唐玄宗,偶然得到了一枚珍贵的心状佛主真身舍利,并梦见一巨佛坐于三江之畔远眺峨眉山。经人解梦,这是大吉之兆,预示着李隆基将得天下开创盛世。公元713年,李隆基亲率兵马铲除了太平公主的势力,掌握了作为一代帝王的实权。当年,唐玄宗把年号改为开元,为了感恩还愿,他启动了乐山大佛的修造。把佛主释迦牟尼真身舍利与无数珍贵的佛教法器,秘密收藏在大佛之中,完成一个宿愿轮回。

佛宝与江山联系只是一个假设，但是如果当事人信它，它就是真的。所以玄宗李隆基才可能一面因为政治的原因抑制佛教，一面又把佛当成最终心愿和手中财富的归处。

最可能的推测是唐玄宗下令开凿大佛，并秘密地将佛宝舍利供奉于凌云寺。他很清楚地意识到，如果将舍利放在寺院或者其他地方，都是极不安全的。所以他密令在开凿大佛的同时，由御林军亲自监督设计并修造地宫，来永久存放这枚舍利。玄宗后来的继任者，出于对万年江山的期待和对佛主的敬畏，依然不遗余力地支持了这项工程。

真正的地宫之门在哪里，当时只有极少数的人知道，百年一过，它就永远迷失在岁月的烟尘里。

真真假假的地宫之门

随着那些神秘事件的传说，总有些似通非通的歌诀一起流传。只是在真正地触摸到谜底之前，人们永远不会明白这简简单单的几句话代表着怎样的含义。关于乐山大佛的歌谣是："佛中有佛、佛在心中、佛心藏宝"，这句话流传已久，却从来无人知道它明确的指向。

20世纪80年代，广东一位叫潘鸿忠的农民，偶然发现乐山大佛的栖息地实际上是一尊三山相连的"巨型睡佛"，而乐山大佛正处于这尊睡佛的心脏部位。据当年新华社的报道，这由几座山体组成的"巨型睡佛"全身长达4000余米，四肢齐全，体态匀称，面目清秀，安详地漂卧在青衣江山脊线上，仰面朝天，慈祥凝重。著名的乐山大佛不偏不倚正好端坐在巨佛心脏部位。巨佛的头、身、足，分别由乌尤山、凌云山和龟城山三山连襟组成。佛头由整个乌尤山构成，山上的石、翠竹、绿荫、山径、亭阁、寺庙，分别呈现为巨佛的发髻、睫毛、鼻梁、双唇和下颚；佛身由凌云山构成，山上九峰相连，犹如巨佛宽广的胸膛、浑圆的腰和健美的腿；脚板跷起的佛足是龟城山的一部分。佛的整个体态十分逼真、自然、和谐，犹如天造地设，毫无人工刀迹斧痕。

乐山大佛是世界上最大的一座石刻佛，它通高71米，有20余层的大楼那么高,耳朵眼里可以同时钻进两个人,头顶上每一个螺髻都可以放入一张大圆桌。在由几座山构成的"巨型睡佛"鸟瞰图发现之前,我们简直无从想象这么一尊佛竟然只是睡佛胸口腋下的一部分。这样一来,"佛在心中,心中有佛"的佛界之说似乎已经得到了印证,那么,歌诀的末一句"佛心藏宝"又将着落在哪里呢?

关于乐山大佛宝藏的传说流传了上千年,大佛的地宫是传奇中的传奇,"佛心"是指大佛的心口还是另有深层的含义,没有人可以说得清楚。历代无数的冒险家和寻宝者被这个传说诱惑而来,每个人都相信自己能有所斩获,每个人都坚信自己就是传说中与佛宝有缘之人。可惜的是,即使经验最老道的寻宝者,最多就是找到了一些汉代崖墓,连地宫的门都没有发现,更别提什么宝藏了。

其中与佛宝最贴近的一次探索,来自于1962年乐山县政府组织的对大佛的一次维修。在修补前胸时,工人发现佛肚前有一个封闭的藏脏洞,这个"藏脏洞",因位于大佛胸前的心脏部位而得名,是一个高3.3米、宽1米、深2米的长方形人工开凿的暗室。它的发现似乎印证了大佛身上有"藏宝洞"的千古传说。但当洞穴的封门石在几位见证人的注视下被打开时,所看到洞穴内的情况却令人大失所望。

据当时组织维修的大佛文管所负责人罗伯衡回忆:"修补前胸时,佛肚前有一个封闭的藏脏洞,洞内纯系破旧废铁和铅皮。封门石是宋代重建天宁阁的记事残碑,此碑原可能是嵌在大佛胸前的,我们将它移至海师洞内保存。"

若罗伯衡的回忆属实,则证明暗室里堆放的东西,不是原洞穴堆放的东西,而是被盗后的人为遗留物。而另一见证人,同是大佛文管所负责人的黄高彬回忆:"暗室里所谓'废铁'应是'鎏金铜壶';所谓'铅皮'似乎是破损的'铅皮经卷'。"若黄高彬的回忆属实,则说明暗室里残留的东西应是被盗后残留的原有器物。现二位现场当事人各说不一,已无从考证,唯一的线索就是那块封洞的"宋代重建天宁阁的记事残碑"。

唐代大佛竣工后,剑南西川节度使韦皋曾在其上方修建了一座13层的楠木大像阁,遮盖保护佛体,以免日晒雨淋。后来大像阁毁于大火,宋代重建,称为"天宁阁",后来被毁。但不知何年,因何原因,这天宁阁的纪事残碑竟然嵌在了大佛的胸部。

不可否认的是,"藏脏洞"在历史上曾被多次开启,以致洞内的原有物品早已荡然无存。时到今日,已无人怀疑乐山大佛胸口的"藏脏洞"内几乎是空空如也,但是关于乐山大佛的宝藏依然迷雾重重。这个"藏脏洞"更注重的是宗教上的意义,和唐玄宗以后就流传下来的佛宝之谜似乎不是一回事。

古时候修建佛像,的确有在佛像上修建密室藏东西的例子,这也是佛教教义允许的。按佛教造像仪规,在佛教造像身体上一般设有"藏脏洞"。藏洞内所装东西多为"五谷"及"五金"(金、银、铜、铁、锡)。"五谷"象征菩萨保佑"五谷丰登";"五金"象征菩萨保佑"招财进宝"。还有的佛身藏洞内装的是仿制五脏六腑的器皿或经书帛卷,象征"肝胆相照"或"真经永驻"等。这些器物的象征意义大于它们本身的价值,历代的盗宝者实在是枉费了心机。如果真有价值连城的佛宝,前人定然会另外收藏在隐蔽处,不会直接将洞穴开在大佛胸前。"佛是一座山,山是一座佛"的乐山大佛是否还另有不为人知的隐秘?

现代检测手段介入古老传说

当由三座山构成的"巨型睡佛"的图片广为流传,人们认定乐山大佛就是"佛中之佛"的时候,在20世纪90年代却又有了一场意外的发现。

1999年2月17日,三个成都游客在乐山大佛心脏部位发现了一尊"小佛"的隐约身影,头及眼、鼻、嘴等五官身形清晰可见。随后又有当地人惊异地发现,这尊"小佛"的身影刚好位于乐山大佛胸前的藏宝洞位置。

这下问题就来了,难道"佛中有佛"指的是大佛心中藏有小佛?

专家的考证是,这个佛心的小佛可能是当时修造大佛的"小样",也是就大佛的模型。

据明代《嘉定府志》记载,海通凿刻大佛是依据城西二里的佛教寺庙能仁院中的弥勒石佛"小样"进行的,即找匠人依照能仁院中的弥勒石佛凿刻成另一尊"丈余高"的"小样",然后将"小样"抬入施工现场,叫匠人将"小样"按1:13的比例放大开凿。那么大佛修成后,"小样"应该怎么交待呢?建造者肯定不能让如此重要的"小样"失散。

据此推断,大佛完工后,只有将"小样"完好无损地请进大佛的"心脏",才能做到功德圆满,佛法归一。或者也考虑到,百年后大佛残破,后人可以依"小样"重新维修。所以大佛完工后,可能秘密地举行过一项重大的祭奠仪式,将重装金身的"小样"隆重地请进大佛"心中"的佛龛珍藏。因为在佛教中,请出去的佛,要做到佛法归一,不宜再回原驻寺庙,所以"佛归佛心"是最圆满的结局。

如果成都游客在大佛心脏部位发现的小佛是当时的"小样",在道理上是说得通的,但后来的事实证明,这只是一场因巧合而产生的误会。

人们经过认真的考证发现,这个"小佛"肯定不是古人修建大佛时雕刻的"小样",而可能是历年来对大佛的维修、保护中填补的石料经风化后自然形成的。"小佛"存在位置的石料显然与周围不同,明显存在修补、填充的痕迹,因苔藓、风化加上光照角度等原因,看上去的确像是一个佛像。

一场虚惊之后,乐山大佛的宝藏传说更是扑朔迷离,"佛中有佛"指的是什么?"佛心藏宝"是一个偈语还是确有其事?

乐山大佛的宝藏迷雾长期以来一直让人们困惑不已,出于对大佛"健康"的关注和为人们解惑的目的,2006年6月,中国科学院与乐山市政府共同商议,确定从6月8日起对乐山大佛实施为期6天的"乐山大佛地质雷达无损检测"。动用的设备是曾在"9·11"事件发生后用于搜救的瑞士地质雷达无损检测技术。地质雷达的电磁波将深入大佛内部2米至70米,可以搜集到大佛身体各部位破损以及各种修补材料的现状。

中科院研究所实验室主任陈宁生称:"我们将会发现乐山大佛内部是否存在佛教法器,如果存在,则可能是1200多年前雕凿时放进去的。按照佛教传统,这种可能性是存在的。"

6月8日,一些专家和工作人员在大佛实地考察地形。一些临时聘请的工作人员冒着生命危险从大佛佛头处往下垂悬梯。

正式探测从9日上午开始。9日探测对象是大佛的脚背、双腿之间;10日是对双手和大腿以及胸部;11日对头部进行测试。得知这一消息的人们都翘首期待现代的探测方法能解开大佛的藏宝之谜,然而专家检测完之后,只公布了简单的结果:"目前内部结构都很稳定,没有发现什么异常。"对宝藏之事只字未提。这就更给世人凭添了几许神秘。

7.雷峰塔地宫宝藏——鎏金塔再现世间

在杭州西湖的夕照山上,耸立着千古闻名的雷峰塔。雷峰塔又叫皇妃塔,或西关砖塔,是吴越国王钱俶为谢佛恩所建。建成后的雷峰宝塔历经战火的摧残折磨,于南宋年间开始重建。重建后的雷峰塔与落日相映生辉,又被誉为"雷峰夕照"。清末明初,因盛传塔砖具有辟邪作用,前来偷挖塔砖的人络绎不绝。雷峰塔终因不堪重负于1924年轰然倒下。

2000年,在一片期盼声中雷峰塔的重建工程正式展开,并伴随着严密的考古挖掘工作。地宫之门被发现,并被小心开启之后,巨大的铁函呈现在众人面前。铁函内是否藏有吴越国的珍宝呢?这些珍宝是否如文献所记载的藏有佛螺髻发舍利呢?

雷峰塔的生命轨迹

雷峰塔建于北宋太平兴国二年(997年),是吴越国国王钱俶为祈求国泰民安而造。吴越国是五代十国当中的一个小国家,统治疆域主要是以中国浙江省为主的东南沿海一带。吴越国开国君主钱缪早年落魄时受到浙江临安东天目山昭明禅寺法济湮的帮助,所以他对佛教怀有一颗感恩之心。建立吴越国后,他在国内大兴佛教,这种习佛的风气从钱镠一直传到了最后一个国王钱俶。

钱俶修造佛塔时,召集了朝中大臣共同商议,最后选择了西湖山水的最佳地段——夕照山。夕照山南麓曾是吴越国建杭州城池的西关,所以,雷峰塔也被叫做"西关砖塔"。关于建塔的原因,根据吴越国王钱俶在雷峰塔《严华经》刻石后面亲笔所提的跋可得知,当年钱俶为王妃顺利生产皇子而建该塔,故又名"皇妃塔"或"王妃塔"。

在建造雷峰塔时,钱俶原先计划打造一个"千尺十三层"的古塔,迫于财力方面的压力,在实际施工的时候少建了六层。不过,建成后的雷峰塔金碧辉煌,尽显婀娜多姿的风貌。其塔身和塔心全部由砖石砌成,塔基平面为一个等边八角形。塔身的外围还设有木质结构的檐廊,属于典型的八面七层砖木结构的楼阁式塔。沿着塔身内和外围之间还有螺旋状登塔楼梯,沿着楼梯可以到达塔顶。从塔内凭窗远眺,西湖山水风光尽收眼底。

令人惋惜的是,建好后的佛塔却在接下来的年岁里屡遭战争的创伤。

北宋宣和年间(1119~1125年),浙江一带爆发农民起义,由方腊率领的起义军从杭州西南的青溪(今浙皖交界的淳安县)起兵,一路斩荆披棘,迅速攻占"三吴都会"杭州城。北宋政权赶紧调集十万大军前来围剿,在双方战火纷飞的对抗中,雷峰塔惨遭重创。而到了南宋初年,金兵以钱塘江为前线,与南下的宋兵在此展开了拉锯战。本已残破不堪的雷峰塔再次遭到战火袭击。

南宋庆元年间(1195~1200年),基于对雷峰塔的保护,为了让饱受战争蹂躏的古塔得以重现昔日光彩,官府决定对全塔展开重修工程。此次重修,塔身由原来的七层减至五层,但依然耸立于西湖南岸。黄昏时分,雷峰塔与落日相映生辉,被命名为"雷峰夕照"。重修后的雷峰塔深得喜好游山玩水的南宋统治者的青睐,一时之间,更是成为宫廷画师争相描绘的主要题材。

明代倭寇患乱,嘉靖三十四年(1555年),倭寇一路杀戮到杭州城外,雷峰塔再次遭到战火的袭击。当时的倭寇看见雷峰塔,便怀疑塔内藏有明军的伏兵,于是下令放火烧塔。此次纵火,致使雷峰塔外围的木构檐廊全部被烧毁,最后仅存砖砌的塔身(心)。没多久,塔顶也遭毁,杂草丛生,雀鸟安巢。明末杭州名士闻启祥将其与湖对岸的保俶塔合在一起评论为:"湖上两浮屠,雷峰如老衲,保傣如美人。"年岁已600多年的古塔虽显得老态龙钟,却依然坚强挺立。从明末到清代前期,雷峰塔更是以其展现的残缺美成为西湖十景中最让人津津乐道的名胜古迹之一。

清末民初时局动荡,百姓生活苦不堪言。当时市井乡间竟流传着雷峰塔塔砖能"辟邪"、"宜男"、"利蚕"等说法,对现实与未来充满彷徨与无助的人们纷纷想方设法地前来盗取雷峰塔的塔砖,并视为珍宝。本就残破的雷峰塔经众人挖取后,更是难堪重负,于1924年9月25日,轰然倒塌。而在部分塔砖中秘藏的《一切如来心秘密全身舍利宝箧印陀罗尼经》经卷重见天日,但"雷峰夕照"的美景却不复存在。雷峰塔一倒,社会各界人士纷纷期盼能再次重建这座古塔。

在所有人的期盼声中,浙江省文物考古研究所于2000年2月,对雷峰塔的遗址进行了第一阶段的考古挖掘。此次挖掘除了重修雷峰塔之外,另外一个重要的目的就是发掘地宫。隋唐以后,中国建造的佛塔一般都会建造地宫,用来供奉佛祖舍利、法器以及安放善男信女的施舍品。佛塔地宫是整个佛塔建筑的重要组成部分。而这次挖掘共出土500多块,差不多3万字的石刻佛经,此外还有大量金、银、铜、铁等材质的精美文物。照此看来,雷峰塔地宫内应该珍藏有当时吴越国的国宝。但是由于雷峰塔的倒塌时间久远,再加上特殊的地理环境,所以考古工作耗时较长。直到2000年年底才在雷峰塔遗址中发现一块大约750千克重的巨石。经过此次考古工作者的仔细研究确认,雷峰塔地宫的入口处应该就在这块巨石下面。

地宫的深入挖掘

2001年3月10日,考古工作人员对雷峰塔地宫发掘现场四周进行了严密封锁,除工作人员外其他人不得擅自闯入。地宫位于雷峰塔遗址的塔心室正中,呈八角形、中心距离达40米的雷峰塔塔基和塔身第一层残部从一万多立方米的淤土中被清理了出来,并加盖了防雨大棚以作保护。

地宫所在的塔心室正中还发掘了一个大坑,坑底有一块已很残破的面积约为长0.9米宽0.9米的盖板,距离雷峰塔首层平面2.6米。盖板上面还压着一块巨石,此巨石重约750千克。雷峰塔地宫的千年秘密就被它们层层压着,而移开这块巨石成为考古挖掘进展中的当务之急。

3月11日上午9时,地宫开启工作正式展开。考古队员拿来铁链和辘轳用以提拉巨石。此辘轳可以承受3吨重的分量,看似简单的考古工作,在实施过程中所有人都不敢掉以轻心,集中所有精力应对即将有可能出土的珍贵文物,如青铜器、纸类、丝绸类等。

当那块压在地宫洞口的沉重的巨石被挖掘人员小心翼翼地移开之后,一层浮土显露出来,在这些浮土中间还埋有几十枚刻有"开元通宝"字样的钱币,此为唐开元年间的钱币,经专家推断,这应该是在吴越国时流通的钱币,在建造佛塔之时洒落钱币属于皇室宗教仪式。从夯土与大石板之间黏结的紧实度来看,此次应属首次打开地宫之门,在这以前并未被盗过。

巨石移开之后,接下来的目标就是压在巨石下面的大理石盖板。盖板四周有一层砖,盖板原本镶嵌在这层砖里,考古队员细心地将每块砖卸下,并在上面贴上标签、编号,以作为复原地宫时的依据。

清理盖板的工作顺利完成之后,开启地宫之门又近了一步。整座地宫呈长、宽、高均为一米的立方体,其中最引人注目的是位于地宫中央的铁制的舍利函。舍利函长宽均为32厘米,高50厘米,上面布满锈迹。在铁函与墙壁之间卡着一尊铜佛像,四周散落大量古钱币,地宫内淤泥堆积严重,这可能与地宫曾经遭水淹有关,这给考古工作带来难度。

15时,雷峰塔地宫出土8件文物,包括:两面铜镜、一个佛像底座、四个铜制的方形镶嵌物等。这些文物造型精致美观。

15~16时,考古队员拆除了地宫的一面砖墙,以确保在提取铁函的过程中万无一失。至此,考古队员决定实行封闭性的挖掘以确保发掘现场的安全。一座精美的青铜佛像也随之出土,高60~70厘米,一共有两个底座,座上有一条龙,龙上还有一莲花宝座,属于国家一级保护文物。

22时后,更多的文物在接下来的考古挖掘中相继出土,合计约34件。其中的腰带扣和腰带片经专家推断,应该是属于吴越国时期一条带有装饰物的皮质腰带上的零件。腰带扣厚10厘米左右,腰带片则为空心,可用物穿过套在衣物上作为一种装饰。另外还有四件玉器,包括一只手镯。

整个铁函体积庞大,占了地宫2/3的面积,又因为其底部被淤泥掩埋,因此取铁函的工作显得困难重重。考古人员先是小心翼翼地扒开铁函周围的土层,一面用丝织品和纸制品包裹着的铜镜映入眼帘。但外面的包裹物已经残败不堪,这与地洞内进水不无关系。不过我们依然可以从纸质品上看出上面的印刷图案和一个古人手臂上面的装饰物。对出土文物保护最重要的是温度和湿度的稳定,所以文物,特别是有机质文物应首先用湿毛巾包裹起来放置到专用的容器内,再送往实验室内进行保存。据推测,铁函中应有铜函,铜函内还会有金棺银椁,里面藏有用小玻璃瓶装着的舍利子。其实,光铁函本身就已是相当珍贵的文物了,100多千克的铁函被考古人员小心取出,接下来则是对铁函表面进行除锈工作。至于铁函的开启工作需要在对铁函进行下一步的研究之后展开,强行打开极有可能会破坏铁函和铁函内藏有的珍宝。

待考古人员小心取出铁函后,发现在铁函下面竟然垫着约4厘米高的铜币,还有大量的丝织品。这样一来,整个地宫内光铜币就将近上千枚。

次日凌晨3时多,雷峰塔地宫考古工作终于告一段落。此次出土的文物悉数送往浙江省博物馆库房内保存。只是铁函尚未打开,所以关于地宫的神秘面纱还未全部解开。

最终未解开之谜

3月15日,这个神秘的铁函最终在雷峰塔地宫考古队所有人员的共同努力和见证下被打开。开启工作较为顺利,在对口边进行除锈等工序处理之后,铁函底板上的盖子被垂直上提平移到了旁边,里面出现一座四角银色鎏金塔,十分美丽。

鎏金塔为鎏金银质,塔身高35厘米,底座为边长12.6厘米的方形,塔的四面还刻有以佛教故事为题材的浅浮雕。塔身四角有四根山花蕉叶,塔身正中矗立饰有五重相轮。此塔完整度在我国实属罕见,体现了吴越国的最高工艺水平。从其四周的镂空部分可以看到塔内藏有佛螺髻发的金质容器。据相关文献分析,金棺内应该就是吴越王钱俶供奉的佛螺髻发。

　　除了鎏金塔外,铁函内还有铜镜、鎏金银盒等6件文物。

　　如此狭小的地宫空间内竟挖掘出如此多的珍贵文物:铜镜、铜质如意云纹饰品、青铜莲花座佛像、罗、玉器、玛瑙、琉璃、铁函等近60件珍贵文物,还有近千枚的"开元通宝"古钱币。

　　雷峰塔考古挖掘工作虽然结束,但是出于对文物的保护以及对宗教信仰的尊重,鎏金塔的金棺并未打开。而其中是否藏有佛螺髻发舍利也未取得进一步的证实。不过,新的雷峰塔已矗立在了西湖岸边,而那座历经世事沧桑的珍贵鎏金塔也得以展列其中,对着来往游客细说往事。

第七章

沉睡千年的海底宝藏

悠远的历史和浩瀚的海洋,两者都给人深邃且神秘的感觉,带给我们的是无限的遐想。在人类文明的发展史上,浩瀚的海洋堆积着异常丰富的人类文化遗存,神秘的海底世界古往今来吸引了无数寻宝者们的关注。那些沉寂在海底数千年的珍宝,透着时光的华丽,最终呈现在人们的眼前,其宝藏的丰富震惊了世界。

1.日本"阿波丸"号沉宝之谜

"阿波丸"号是负责为日军运送作战物资的邮轮,往返于日本至东南亚各国的航线上。1944年下半年,美国以向日军占领区的同盟国运送人道主义救援物资为理由,请求日本政府同意美军进入日军占领区的同盟国。日本政府答应了美国的请求,但是提出的一个条件是:美国和同盟国必须绝对保证日方运送人道主义救援物资的船只的安全。美国和其同盟国没有提出反对意见,就这样,1945年2月中旬,"阿波丸"号起航了。在起航之前,日本政府还同美国方面做了沟通交流。4月1日午夜时分,"阿波丸"号行至中国福建省牛山岛以东海域,被正在该海域巡航的美军潜水舰"皇后鱼"号发射数枚鱼雷袭击,3分钟后,人们看到第一枚鱼雷爆炸的火光并听到爆炸声,接着后发射的几枚鱼雷接连爆炸。除1人外,2009名乘客、船员以及船上的一切均沉入海底。

既然双方已有约定,为什么美军潜艇还要对"阿波丸"号发起攻击呢?是有意还是无意的呢?轮船被击沉8天后,日本政府没有见到归航的"阿波丸"号,于是通过中立国迅速就这一事件向美国政府发出质询。虽然在这期间,美国政府针对沉船事件召开了紧急会议,但依然摆脱不了尴尬的境地。一时间,"阿波丸"号被击沉事件引起了世界的关注。

不过日本政府先是剑拔弩张,对美国的行为不依不饶,但是之后却不了了之,直到今天仍沉默不语,船上装的到底是什么?其间有什么不可告人的秘密?

据美国《共和党报》报道,"阿波丸"号上装载有:黄金40吨、白金12吨、工业金刚石15万克拉、大捆价值不明的纸币,以及人工制品、工艺品、宝石40箱。

而当时中国台湾的《中国时报》则报道:"阿波丸"号被击沉时载有金锭40吨,白金12吨,未加工的宝石15万克拉,美、英、香港货币数捆,工艺品40箱,锡3000吨,钨2000吨,铝2000吨,钛800吨,橡胶2000吨。

日本《读卖新闻》报道,当年的陆军伍长(即下士)森川家光说,"阿波丸"号上所装26辆卡车上都是金条。

日本海湾代表团向中国提供的数字是:锡3000吨,生橡胶3000吨,加上锑、钨、水银,总计9812吨。

除了这些金银财宝,据传"阿波丸"号上很可能还有一件无价之宝——"北京人"头盖骨化石。众所周知,"北京人"头盖骨是在我国周口店地区发现的远古人类头盖骨,具有十分重要的研究意义。但在1940年12月26日,日军占领了北平,美日战事一触即发。本来"北京人"头盖骨保管人员计划将头盖骨送往美国,但是运往秦皇岛的专列在中途遭到日本袭击,从此"北京人"头盖骨下落不明,成为一桩悬案。失踪的北京人头盖骨怎么可能会在"阿波丸"号上呢?

历史记载"阿波丸"乘员全部是日本人。因此有人认为日本人搜罗携带了中国北方的文物宝器上了"阿波丸"号,而头盖骨极有可能就在其中。但也有人对此提出疑问:日本人为什么要用几年时间,花费周折将化石从中国北方运到东南亚?打捞结果也说明北京人头盖骨不在"阿波丸"号上。

"阿波丸"号至今仍留给人们许多的迷团,但随着时间的推移,相信会还历史一个真相。

2.沉睡在海底的珍宝公墓

在寂静的海底世界里,沉睡着比人们想象中还要多的财宝。这是因为,在历史上,每隔29个小时就有一艘船葬身大海。在16世纪,每100艘从美洲殖民地运往西班牙的金银货船中,就有45艘被海盗和风暴击沉到了海底。直到19世纪初,被海盗和风暴击沉的货船仍多达30%~40%。仅从法国海军部发表过的一个正式统计数字看,每年沉没在法国沿海的船只就达350~500艘之多! 每一艘沉船几乎都多多少少有一笔财宝,更不要说当年那些专运金银珠宝的大帆船和各种各样的大货轮了,这些船上往往都载有难以估价的稀世珍宝。

1643年沉没在圣多明各北面的大型船舶"康塞普西翁的圣母玛丽亚"号是历史上有名的一艘沉船。这艘沉船吸引了好几代探险家,据说至今仍沉睡在圣多明各的普拉塔港东北163海里和特克斯群岛东北98海里之间的海底。

第一个企图打捞这艘沉船的是侨居美国波士顿的英国人威廉·菲波斯。他在1685年为征集打捞资金曾首次发起成立"探险绅士"之类的公司。1686年,他在加勒比海的一处被称为"银滩"的海底,发现了一艘被认为就是"康塞普西翁的圣母玛丽亚"号的沉船。他从这艘沉船上打捞上来价值20万英镑的财宝,还带着32吨黄金返回了伦敦,这在当年的寻宝史上是最耸人听闻的一件大事。威廉·菲波斯本人也因此被英国国王晋封为贵族,任命为马萨诸塞州总督,成了显赫一时的风云人物。

海底沉宝最多的地方据说是在拉丁美洲北部的加勒比海。加勒比海在北大西洋南部大安德烈斯群岛、小安德烈斯群岛和中美、南美大陆之间,西北以尤卡坦海峡连接墨西哥湾,西南经巴拿马运河连通太平洋,东西最长距离约2800公里,南北最宽距离约1400公里,总面积达375万平方公里,平均水深为2491米,最深处的开曼海沟深达7680米。

自1498年哥伦布第三次横渡大西洋到达这里以来,被风暴和海盗击沉的各种满载金银珠宝的船只少说也数以千计。除加勒比海外,南非的好望角海底也沉睡着数百艘各种沉船,其中大多数是荷兰人当年用来运载财宝的船只。黄海、澳大利亚和塔斯马尼亚岛之间的巴斯海峡、智利、秘鲁、委内瑞拉和巴西的沿海以及西班牙、英国和美国南部的沿岸,也都是沉船较集中的海域。这些沉船都是沉睡在海底的珍宝公墓。

有一个外号叫"梳帆"的水手弗朗西斯·马尔什曾经对法国寻找藏宝国际俱乐部的会员讲过这样一则传闻:"我在墨西哥的马德罗,在阿根廷的拉斯帕尔马斯,在多米尼加的拉塔港,都听说过有关'珍宝公墓'的传说——在大西洋马尾藻海附近的某个海底,存在着一个'珍宝公墓'。15世纪以来,数以千计的西班牙船只驶进这里以后就无影无踪、杳无音讯了。马尾藻海是一个鲜为人知的神秘海域,人们一直传说,在那片海底不深的地方有一个岩石盖顶,一艘船只出事后,并不总是直接沉入海底,而是经常被旋涡卷进深渊,所以遇难的船只总是远离出事地点而不知去向。据说,地球上1/10的黄金都沉没在那里,其中某些地方的海深还不到30米。还有一个'珍宝公墓'在古巴的贝尔穆德斯东南,第三个'珍宝公墓'在阿根廷的科里昂特角250海里的外海,第四个'珍宝公墓'在智利的奇洛埃岛附近,第五个'珍宝公墓'在塞内加尔的佛得角(绿角)海底。虽然没有人能够指出这些'珍宝公墓'的确切方位,但可以推测出,在那里或其他地方的某个海底的深渊,肯定堆积着满载着古代金币、银币和珍宝的沉舟。"

第二次世界大战的档案也进入了人们的搜索视野。正是这些档案文献,使人们有可能进一步确定沉没在科西嘉岛西北的载有4箱重达600公斤黄金的"罗梅尔之宝"的位置。也多亏了这些档案文献,人们才找到了"阿波丸"号沉船的确切方位。"阿波丸"号是一艘日本货轮,满载着日本人在其占领下的港口里掠夺来的珍宝。另外,在第二次世界大战期间沉没在北海和斯卡格拉克海峡(丹麦和挪威之间)的德国潜艇中,也有不少装载着黄金、白银以及国家机密等珍贵物品。

在威廉·菲波斯时代,人们靠当地的潜水员去寻找海底沉宝。现在,人们则是用精密的尖端科学技术装备去搜索,其中有通过回声来测量海底地形的声纳,有探测是否有金属物品的质子磁力仪,有挖掘泥浆的水喷管,还有吸扬式挖泥船、海底微型摩托车和微型定位潜水艇。

按照惯例,一般沉船被发现以后,"沉宝发现者"应该在48小时之内去有关国家的航海事业管理局进行申报。沉船之物属于在其领海之内的国家所有。按照传统的办法,"沉宝发现者"可领取自己发现的一份物品。在法国一般是总量的1/3;有些国家是对开分成;在另外一些地方,像佛罗里达,是25%;有的国家,像希腊和土耳其,是坚决禁止人们私自打捞海底沉宝的;但也有国家,像北欧一些国家,则是寻找潜水人员合作打捞海底沉宝。英国财政部在1950年曾经同国内一家打捞公司达成协议:打捞一艘沉没在加拿大纽芬兰海底的英国货轮"帝国庄园"号上的70块金砖,捞到的金砖70%归打捞公司,其余归英国国库。打捞前,英国政府还预付了2.5万英镑作为工程的准备费用。条件虽然很优惠,但打捞公司面临的却是一项艰难复杂的打捞任务,因为这一带的海域环境特别恶劣,不仅多雾多风,还有又冷又急的海底暗流和漂来的浮冰。所以,他们经过了20多年的努力,直到1973年10月才终于从海底捞起了全部沉金。

1976年10月,在面临墨西哥湾的维拉库鲁斯附近海湾的浅海中,当地的一位渔民发现了金质护胸、金条以及宝石等50多件文物。墨西哥的考古学家们认为,这些财宝很可能是古代阿斯泰加帝国传说中门泰斯玛财宝的一部分,从而引起了极大的轰动。

在墨西哥,传说古代阿斯泰加帝国的门泰斯玛王在1519年对西班牙科尔泰斯进行残酷的征服时,科尔泰斯把大量财宝密藏在了某处。科尔泰斯为了找到这批财宝,曾拷问该帝国最后的统治者查乌泰茅克,逼其供出藏宝之处,但该王至死不从,这一秘密也随着他的死亡而成为一个历史之谜。

这个渔民发现财宝的消息立即在当地掀起了一场淘金热。沉船中的货物和财宝已成为一些孤注一掷的投机家和企业的诱饵,它们的发现给这些人创造了机会,以致随时都可能被盗掘。

3.幽灵船上的财宝

1622年9月4日,星期天,一支运输舰队从古巴的哈瓦那港出发。这时正值飓风的高峰季节,但舰队所载的货物——新大陆的金银财宝和农产品,却是西班牙国内急需的物品。因此,舰队司令决定去冒一次险。

28条船中,有一条"圣玛格丽特"号帆船重630吨,在它的舱单上整齐地标明装有19块银锭,11.8万枚银币,还有34根金条和一些金盘共计1488盎司,以及银器、铜锭、烟草和染料等。船上14名旅客都带有各自的珠宝,同时,船上还藏有大量的走私黄金和白银。可以说,当"圣玛格丽特"号离开哈瓦那时,它实际上就是一座浮动在海面上的宝库。

舰队是在晴朗的天空下出发的,日落时他们到达了东去的方位,然后转向北方赶上了墨西哥湾流,一切似乎还算顺利。然而一股未预测到的飓风——很小但强有力——进入了佛罗里达州,渐渐逼近了"圣玛格丽特"号。

第七章
沉睡千年的海底宝藏

星期一的黎明，阵阵狂风吹打着舰队。起初，舰队还能按预定航线前进。黄昏，大风逐渐增强为飓风。在滔天的巨浪中，人们完全看不见对方，舰队被咆哮着的飓风吹得七零八落。财宝船在狂风怒涛的摆布下被刮进了佛罗里达州的暗礁和浅滩中，船上的人整夜都在向上苍祈祷。

在初升的阳光照耀下，人们的视野逐渐清晰起来，海面上呈现出一派令人恐惧的景象。巨浪怒吼着冲向佛罗里达暗礁，腾空而起，飞溅到远处的浅滩。"圣玛格丽特"号船长向四周张望，发现它的姊妹船正在浪涛中挣扎。而且就在他看向它的一刹那，那艘船沉没了。仿佛受到了姊妹的蛊惑，"圣玛格丽特"号也剧烈地震动起来，迅速地冲向浅滩。船上的人在巨浪把船击碎的时候紧紧抓住了船上的栏杆和柱子，希望万能的上帝能够收回他的震怒，对他们怀有些许的仁慈。

当飓风离去，大海恢复平静时，只有68名幸存者在沉船的残骸中漂浮着。他们大多被经过此地的船只救起，其余的120多人则全部失踪。飓风在50海里长的航线上摧毁了8条船。其中的2艘，"圣玛格丽特"号和"亚特查"号均沉在佛罗里达浅滩——被风暴袭击过的红树岛西南方大约6~10海里方圆的海域中。

寻找财宝的打捞工作立刻开始进行，但始终一无所获。直到强有力的哈瓦那政治家佛朗西斯哥·奴奈兹·梅连获得了一份从西班牙王室得来的合同，真正的搜寻和打捞工作才有声有色地开始了。

1626年6月初，梅连的水手用一只铜潜水钟，发现了"圣玛格丽特"号上的主要压舱物。接着，梅连的打捞者们捞出了199块银锭和3万多枚银币。梅连大喜过望，打算对打捞工作投入更多的金钱和精力。然而就在这时，与西班牙敌对的荷兰船只开始在邻近海域徘徊。为了避免不必要的冲突和麻烦，梅连只得撤离。

之后，梅连又重返沉船处，打捞起了151块银锭、更多的银币、1只大锚、8门铜炮、一些钢皿和银器。1628年又打捞出37块银锭和大约3千枚银币，但大量的财宝仍然留在海底。

1629年，在打捞季节前，梅连被委任为委内瑞拉的总督，去加拉卡斯上任，打捞"圣玛格丽特"号的工作也就此放弃。"圣玛格丽特"号打捞清单也被送到了西班牙,存放在安第斯档案馆。随着时间的推移,西班牙的实力不断衰弱,失事的船只和巨额的财宝被人们遗忘在佛罗里达浅滩外的沙底。

1971年,一位老资格的打捞者梅尔因·A·费西根据从西班牙档案馆搜集到的材料提供的线索,发现了"亚特查"号上的大锚和其他一些物品。但"圣玛格丽特"号——它在已知的佛罗里达财宝传说中犹如一只"幽灵船",被传沉在不同的地方。档案馆的材料记载也模糊不清:一份材料上标明"圣玛格丽特"号在"亚特查"号以西3海里处,而另一份材料却把它标在"亚特查"号的东面。

1980年1月,费西在西沙洲召开了一次会议,计划进一步打捞的步骤。紧急情况迫使他必须下决心,因为另一个资金充足的竞争者已经在费西发现"亚特查"号残余物地方的附近开始行动了。费西与另一位打捞者罗伯特·乔丹签署了一份合同,由他在搜寻中帮助费西。

冬天的沙洲,狂风频起。但1980年的冬天仍是平静的。几天来,在"亚特查"号西面用地磁仪搜索毫无结果,乔丹于是驾驶他的船"卡斯第连"号来到东边搜索。不久,在一片宽阔的沙滩边缘,地磁仪在坐标图上绘出了独特的线条,乔丹在此抛下锚链。潜水员发现一只小锚,接着又发现了一只6英尺宽的大锅。一个电子仪器引导"卡斯第连"号驶向北方。使他们感兴趣的是,他们下一个停船处的海底铺满了压舱石、西班牙陶器、染料的残余,他们还打捞上来4枚被一块厚皮包缠着的银币。

在第一个发现点以北的浅水中,"卡斯第连"号的潜水员发现了3块很沉的大金块。回到码头后,潜水员兴高采烈地打开香槟酒,并用其中一块金块做搅酒棒。每个人都在猜测:这是一条什么船,会不会就是"圣玛格丽特"号?

"维格罗娜"号在费西的公司里被称为"财宝的发现者"。几天后,费西那高个子、红头发的儿子,便驾驶着这条可敬的工作船,来到了一块可能藏有宝藏的地区。他戴上水下呼吸器,跃入水中。

这个年轻的潜水员惊奇地发现,6块银锭整齐地排成2排,间隔非常匀称地靠在基岩上。在清澈的水中,一切都一览无余。他看见一条被压舱石、铜锭和密集的装饰物覆盖着的大约23英尺长的木船的大部分。随后,在周围的区域潜水员又发现了1块金块、2块很大的银锭和一只小的银碗,还有摇沙器、烛台、盘子等。他们花了很大气力才把一包重105磅的银币拉上船。这些银币还保持着原来放在箱子里的形状,但盛放它们的木头箱子早已腐烂掉了。

拿银锭上的标志与"圣玛格丽特"号的舱单对照后,人们惊奇地发现:这只船正是"圣玛格丽特"号。1980年5月2日,"卡斯第连"号的潜水员们靠近"圣玛格丽特"号沉没中心的地点,碰到了一条"富矿带":11块大金块、4块小金块、重50磅的1个大金圆盘的一部分、5枚小埃币斯库多金币、6块小银锭、2块古巴铜锭和581枚银币。

接下来的7月8日可以被称为"金项链日"。当潜水员潘他·卡林在一块锭周围用手摸索时,一条粗大的金链突然跃了出来,这条金链与其他金链缠成一个金团——共有15条之多。其中最粗大的一条有149个装饰链结。"维格罗娜"号泊在附近,不久又发现了6块金块和1个金盘。

1981年深秋,从"圣玛格丽特"号打捞到财宝的散落地表明,它们是撒落在一条长4千英尺的航道上。人们在这段水域打捞出的财宝单是金块、金条、金盘就重达118磅。费西和他的水手们还发现了180英尺长的金链和56枚金币,这是迄今为止从西班牙沉船中打捞到黄金数量最多的一次。

但是,"圣玛格丽特"号至今仍有大量的珍宝隐藏在海底,等待人们去发现。

4."皇家上尉"号的宝藏之谜

在17、18世纪,往返于英国伦敦至中国广东之间的19000公里航程异常艰难和危险,一些小的货船经常被暗礁或是海浪摧毁沉入海底。这样的航程只有当船只载满大量的货物时才有利可图。于是一些海上贸易繁荣的国家都开始设计坚固的大型货船,以便获取更多的利益。但是能否避免厄运却无人知晓。

海上贸易繁荣的英国与荷兰率先拟划解决之道，他们设计了"东方大商船"。"东方大商船"的特殊之处是其巨大的体型，有些甚至重达1400吨。"皇家上尉"的体型在这些大商船中尚属轻量型的，仅重860吨。

一艘"东方大商船"的造价也颇为巨大，但它经久耐用，可以连续服务达200年之久。

况且，它满载着生丝、瓷器、麝香、茶叶、丝织品等东方特产，这些货物只要到达英国就可以带来巨大的利润和收益，所以，即便是一路的颠簸辛苦、枯燥寂寞，渴望财富的人们仍然趋之若鹜。

"皇家上尉"号和它满载的宝藏，静静地隐匿在海底某处，返回伦敦的人们将它的灾难描述成一个小事故，200多年来一直无人问津。直到法国考古学家弗兰克·高地奥发现了它的残骸，"皇家上尉"号的故事才轰动了世界。

1773年12月16日夜，一艘巨大的商船驶离菲律宾群岛中的巴拉望岛港口。天色阴霾，高耸的桅帆在暗夜里犹如一张深色的剪影，在漆黑的海上缓缓前移。这是"皇家上尉"号，一艘860吨重的英国商船，隶属英国东印度公司，船长名叫爱德华·泊尔如。

大约在1772年，"皇家上尉"号从伦敦开始了它的第一次航行，漂洋过海，抵达中国广东，在那里，售出了从英国带来的布匹和其他货物。此时，它正满载着中国的丝绸、茶叶和瓷器，返航伦敦。漫长的9500英里航程，他们才走了三天。

"皇家上尉"没能再次返回伦敦。17日凌晨2：30，106名乘客和船员被一声刺耳的冲撞声惊醒——船撞到了地图上未曾标明的浅滩暗礁，搁浅了。

人们好一会儿才从震惊中清醒过来，几名船员乘坐救生艇，围绕船身仔细查看。不久，他们带回了令人安慰的消息：船的确是搁浅了，不过船的后部和右部和深水区十分接近。之后的两个半小时中，船员们反复地起锚、抛锚，试图将船拖出浅滩。可是，他们一次次的努力都徒劳无功。

天色渐亮。上午10点左右，海潮暗暗涌来，这是个绝好的机会。终于，趁着上涨的潮水，船员们将船驶出浅滩44米的距离。然而，还没等他们驶离更远，船身再一次搁浅。下午1：30，第二次摆脱困境的努力又失败了。

待到日落时分，"皇家上尉"号船舱已经大量积水，泊尔如船长下令弃船逃生。大部分乘客和船员在船长的指挥下安全地登上"皇家上尉"号上配备的三条救生艇。

等到人们再次返回抢救"皇家上尉"号和它盛载的货物时,这艘巨船早已经沉入茫茫深海。"皇家上尉"号和它满载的宝藏,静静地隐匿在海底某处,二百多年来,一直是个谜题。

5.**"努埃斯特拉"号沉船宝藏**

费布斯和他的手下真的找到了那只珠宝箱,经过三天的艰苦奋战,才把它从残骸中拖到了"詹姆斯和玛丽"号的甲板上。费布斯和船员用自带的斧头小心翼翼地打开了珠宝箱。用他们自己的话说:"我们像天使,走进了《一千零一夜》中的童话世界,眼前看见的都是晶莹的钻石、珍珠、绿宝石和红宝石,简直像是在做梦。"

这不是电影片段,也不是费布斯对黄金的美好憧憬,而是事实,费布斯找到了17世纪中叶,沉入锡尔伯海域的"努埃斯特拉"号运宝帆船。

在当时,这是一起震惊世界的运宝船沉没事件,从此还演绎出一系列曲折的故事。

17世纪,"努埃斯特拉"号是西班牙新建的一支船队的旗舰。下海不久,被编入由总司令胡安·德坎波斯指挥的舰队。在31艘舰船的护卫下,这只西班牙运宝船开始向东航行。当"努埃斯特拉"

号经过佛罗里达角和萨尔乌之间纵横交错的珊瑚暗礁水道时,遭遇到风暴,几十艘船只顷刻之间支离破碎,有的沉入海底,有的被卷入巨浪中。"努埃斯特拉"号的桅杆被折断,船帆也被撕破,它只能在海面上随风漂荡。怒吼的海风和汹涌的巨浪把"努埃斯特拉"号推到了锡尔伯海域。珊瑚暗礁不停地撞击"努埃斯特拉"号的船底,很快"努埃斯特拉"号就被卷入巨浪之中,船断成两截,大多数船员被抛入海底。有几个船员跳到自制的木排上,漂流到露出海面的珊瑚礁石上,用木头搭建了一个平台,在上面靠仅有的一点储备艰难地忍耐了几个星期。但是没有救援的船只经过,这些幸存者只好把小平台改造成一只小船,试图驶向伊斯帕尼奥拉岛。可惜就在离岛不远处,小船被风浪卷入海底,仅有奥塔维奥一人幸存。据奥塔维奥后来透露说,当时,"努埃斯特拉"号船上满载着秘鲁和墨西哥的金银、哥伦比亚的宝石及委内瑞拉的珍珠。

"努埃斯特拉"号沉没42年后,威廉·费布斯前往锡尔伯海滩去搜寻它的残骸,成为300年来世界寻宝史上最幸运的人。

费布斯是在一次去西印度群岛的航行中,无意中听到有关锡尔伯海域西班牙运宝船队沉没的故事,他立即决定去伦敦请求拜见英王查尔斯二世。英王对费布斯的计划非常支持,并成为他的资助人。查尔斯二世把海军的"阿尔及尔玫瑰"号快速驱逐舰租供给费布斯,并在驱逐舰上配备了18门火炮。

费布斯一向谨言慎行,尽管英国国王是这次寻宝的资助人,他仍想在秘密状态下进行此次打捞沉船行动。费布斯率领手下悄悄地出发,为了防止太多人获知他的这次秘密行动,费布斯的探宝船在锡尔伯海域途中从不作长时间停留。

费布斯想更多的了解"努埃斯特拉"号沉船的地点和周边情况,于是请来"努埃斯特拉"号唯一的幸存者奥塔维奥过来当向导。费布斯为了减少一个分财宝的人,等探宝船快要到锡尔伯海域时,他就把奥塔维奥打发走了。

然而,事实并非想象的那么简单。锡尔伯海域到处密布着可怕的珊瑚暗礁,"努埃斯特拉"号残骸周围的境况比他预想的要复杂。海员们经过几个星期的艰难搜寻,只发现了一块长满珊瑚的银条。食物和饮用水一天天的减少,船员们开始抱怨,不想再继续搜索下去,费布斯不得不中断了这次海底探宝。

第七章
沉睡千年的海底宝藏

在返回的途中,费布斯得知老向导奥塔维奥已经去世,他非常沮丧地继续驶往英国,然而前面有更坏的消息等着他。英王查尔斯二世已经去世,英王继任者不但对他的探宝毫无兴趣,还指责他劳民伤财,并把他关进了监狱。幸亏有位做大官的朋友帮助,费布斯才获得自由。后来,通过宫廷重臣求情,英王允许费布斯继续探宝。但这次他不但没有得到英国皇家的资助,还必须答应英王王室提出的条件:一旦探宝成功,国王要求分得打捞财物总价值的十分之一。

费布斯做事从不气馁,他又找到几位赞助者,设法弄来两艘帆船,重新组成探险队,重返锡尔伯海域。

费布斯有着多年的经商经验。这一次,他满载着从各地筹集到的各式各样的交换物品驶向伊斯帕尼奥拉岛,因为当年的岛上居住着大批的海盗,费布斯带来的这些东西都是海盗们的急需品,他因此可以大赚一笔。费布斯想,如果这次探宝再失败,就靠卖掉这些货物获得的利润以弥补损失。他先使用障眼法,把自己的"詹姆斯和玛丽"号抛锚在普拉塔港,自己扮作一个只想靠卖货赚钱的商人,迷惑岛上的海盗们。而另一艘"伦敦之亨利"号则肩负着探宝的秘密使命,在罗格斯船长的带领下驶往锡尔伯海滩,去搜寻"努埃斯特拉"号的遗骸。几个星期下来,罗格斯船长毫无所获。最后,这位身心疲惫的船长准备在第二天撤退。可是这天上午,他在卡布隆角附近的浅水中,突然看见一颗光彩夺目的海鳃珊瑚,它在浅浅的海底时隐时现。罗格斯船长想把这个美丽的珊瑚作为礼物送给费布斯,作为这次探宝失败的留念,马上叫一个潜水员下去采摘,潜水员下去后在珊瑚边突然发现了几门全身长满珊瑚的火炮,潜水员急忙把这个发现告诉了罗格斯船长。船长又让另外几个潜水员下去勘察。终于,"努埃斯特拉"号在大片珊瑚的隐藏下露出神秘的船身!

原来,四十多年以来,"努埃斯特拉"号一直夹在岩层中间,船身又被珊瑚缠绕覆盖着,静躺沉睡在加勒比海海底。

随后,潜水员们陆续从"努埃斯特拉"号残骸中打捞出许多银条和大量的西班牙货币。他们试图找到"努埃斯特拉"号上那些价值连城的黄金、宝石和珍珠。准备再度下海打捞,突然强风暴来临,"伦敦之亨利"号撤回伊斯帕尼奥拉岛,向费布斯汇报他们的成绩。

费布斯得知这一消息,立即指挥两艘舰船驶往锡尔伯海域,开始准备打捞工作。

打捞工作异常艰难,潜水员病倒仍然坚持着下海,他们打捞出大量的金条和银条。费布斯关注的不是这些零散的金条和银条,他想找到"努埃斯特拉"号船上的珠宝箱,"努埃斯特拉"号幸存者老奥塔维奥告诉他那只箱子里装满了专门为西班牙国王准备的珠宝,它就存放在船尾部。可是,船尾恰恰是沉船在海底的最深处。费布斯几次要求潜水员潜到残骸的最深处,但每次都遭遇失败。费布斯又派出最有经验的潜水员,让他们无论如何搜索到那个珠宝箱。最后,费布斯竟然亲自潜到海底,搜索珠宝箱。工夫不负有心人,费布斯和他的潜水员最终找到了珠宝箱。

费布斯把打捞出来的每一件珍宝都进行了极为严格的整理,并认真做了记录、图样和目录清单。

当费布斯的两艘舰艇准备离开锡尔伯海域时,法国海盗船"格洛伊"号早已得知风声,企图夺走他们打捞出来的珍宝。"格洛伊"号海盗船虎视眈眈地跟着费布斯的两艘船紧追不放。费布斯的船上满载着宝藏,根本无法与海盗交战。

某天夜半时分,等到海上明亮的月光隐没之时,费布斯突然下令关掉船上所有的光源。海盗船一时措手不及。费布斯的舰艇借着夜幕的掩护逃出锡尔伯海域,直接驶往英国,顺利地返回到维特福德港。

后来,费布斯移居伦敦,在那里去世。临去世前,他把自己成功的探宝过程写成《恶魔及其海底秘话》一书。然而,令人感到困惑不解的是,费布斯自己在书中对他打捞珍宝的沉船残骸到底是不是西班牙的"努埃斯特拉"号沉船提出质疑,并含糊其辞地指出,他的那次打捞"只不过是一种伪装了的海盗行为"!费布斯的书出版之后,他在书中的说法,马上引起世界各地寻宝者广泛的关注和各种各样的猜疑和联想。

难道费布斯打捞上来的不是"努埃斯特拉"号沉船?他当初为什么要说谎呢?如果费布斯说的是假话,那么真正的"努埃斯特拉"号是不是还在锡尔伯海域?沉船的宝藏是否还沉睡在海底呢?

6.加勒比海底的沉船宝藏

自从哥伦布发现新大陆以来,西班牙占领了南美洲的广大地域,掠夺了大量财富。16世纪中叶,西班牙已成为欧洲最强大的国家。它拥有一支当时世界上最庞大的海上舰队,垄断着许多地区的贸易,将殖民势力范围扩展到欧、美、非、亚四大洲,成为称雄一时的"海上霸主"。那时,西班牙运送金银财宝的舰队是辽阔的大西洋上一道最为壮观的风景。每年春天,这些舰队从西班牙耀武扬威地出发,渡过大西洋来到美洲大陆,装满了从这些地方掠夺来的金银财宝,然后浩浩荡荡地返回本国。

然而,此一时彼一时,作为近代史上第一个庞大帝国的西班牙,此时国力已严重衰退,代而崛起的是荷兰、英国和法国。在这种形势下,西班牙政府迫于国内战火的压力,只好从印第安人那里拼命地搜刮黄金和各种贵重物品。为了聚敛更多的财富,那些殖民者不惜公然烧杀抢掠,在曾经号称"用金银铺砌而成"的印加帝国对当地百姓敲骨吸髓,不惜一切手段把那里所有的财宝劫掠一空,然后定期装船运回西班牙本土,以解决其困窘的财政问题和军费开支。

1708年5月28日,是一个晴朗的日子,一艘西班牙大帆船"圣荷西"号缓缓地从巴拿马超航,向西班牙领海驶去,这艘警备森严的船上满载着从南美搜刮来的金条、金币、金铸灯台、祭祀用品的珠宝,其价值共约10亿美元。

当时,西班牙正与英国、荷兰等国为敌,双方都处于咄咄逼人的状态。英国著名海军将领韦格

正率领着一支强大的舰队在附近巡逻,危险会随时降临。然而"圣荷西"号船长费德兹是个既狂妄又盲目自信的人,他总是心存侥幸,认为自己敢想敢干,肯定能闯过这一关。

刚开始出航,"圣荷西"号帆船还真是平安无事地在海上安全航行,一路顺风。二十多天过去了,随着西班牙港口越来越近,费德兹船长也越来越洋洋得意,他甚至有一天在船上的晚宴上第一个翩翩起舞,由此可见他的心情是多么轻松悠闲。

6月8日,一个水手突然发现在前面的海域上出现了一字排开的英国舰队,当时就惊叫起来。费德兹船长听到喊叫声当即跑出房间,还没等他明白到底是怎么回事,英国人的大炮就对着"圣荷西"号一齐开了火。炮弹是呼啸着从天而降,猛然间,水柱冲天。几颗炮弹落在"圣荷西"号的甲板上。船员们甚至来不及有任何反抗,更来不及把那些价值连城的宝藏用小划艇运走,就稀里糊涂在硝烟弥漫中被夺去了性命。随后,海水渐渐吞噬了这艘巨大的船体,"圣荷西"号连同600多名船员以及那无数珍宝沉入了海底。

300年后,西班牙人没有忘记这条装载着珍宝的船只。从20世纪70年代以来,他们曾以各种名义,多次派人前往沉船海域附近勘察。经过多次探测,到80年代初终于弄清了沉船地点。它在距哥伦比亚海岸约16英里的加勒比海740英尺深的海底。但是这片海域现在已属南美洲国家哥伦比亚所有,西班牙人想要前去打捞,必须经过哥伦比亚政府的批准。而哥伦比亚人也知道这条沉船里有巨大财富。因此,他们一直拒绝别国的寻宝者或探险者前来打捞,更不准别国政府插手。

1983年,在哥伦比亚公共工程部长西格维亚的几次说服下,哥伦比亚总统终于正式宣布,当年沉没的"圣荷西"号船上所有的宝藏都属于哥伦比亚国家财产,任何个人团体和任何组织的寻宝者不经过哥伦比亚政府的批准,都不得打捞这些宝藏。

最近几年,哥伦比亚政府已把打捞这批藏宝的计划提到国家有关部门的日程上来,并计划一旦时机成熟,就正式按计划打捞。但全部打捞费用估计高达3000万美元,由于目前哥伦比亚动荡的国内形势,真正的打捞何时才能实现,谁也说不准。因此,"圣荷西"号沉船的位置虽然已经大致确定,但船上的珍宝想要重见天日,尚在未可知之期。

7. "德利韦朗斯夫人"号沉船宝藏

2002年1月7日,美国探索公司在美国南部佛罗里达州海域,打捞出一艘已在大海底部沉睡250年、装有价值32亿欧元金银珠宝的古帆船,马上吸引了世界上所有海底探宝者的强烈关注。本来,对打捞公司来说,这是天大的好事,但宝船尚未浮出水面,美、西、法三国就已展开了空前激烈的争夺战。他们各执一词,互不相让,都说自己是合法的船主。

这到底是怎么回事?

事情还要从17世纪说起:据有关的海底探索打捞专家估计,在17世纪和18世纪,欧洲的征服者共有两千余艘载着黄金珠宝的船只沉没在西半球的海底,其中以西班牙运宝船最多, 当年的西班牙运宝船上装满了从南美洲掠夺来的黄金、白银和宝石。而1622年、1715年和1733年发生的飓风,将西班牙在大西洋上的3支运宝船队几乎全部掀翻。

"德利韦朗斯夫人"号就是装载宝物最多的一艘沉船。

2002年, 美国海底探索公司的潜水员在距离佛罗里达州最南端小岛的海底发现了"德利韦朗斯夫人"号的残骸。后来透露,在当时的打捞现场人们发现,船体残骸全长50米,有64门大炮,船体已经断裂成两截,船上的货物散落在周围海底。在后来的新闻发布会上他们宣布,公司潜水员在船上发现了分别盛在17个木箱、总重量为437公斤的金条,15397枚西班牙古金币,153箱金粉,1把镀金宝剑,1块金表,24公斤纯银,14公斤银矿石和大量的银器,1枚钻石戒指,6枚金耳环和好几大箱子绿宝石, 这是世界上迄今在海底发现的藏宝最多的一艘古船。据有关专家估计,其总价值达32亿美元!

美国海底探索公司发现这艘宝船后，向美国佛罗里达州法院申请对全部发现物的拥有权。据西班牙第二大《世界报》1月10日报道，美国佛罗里达州法院最近宣判，美国海底探索公司对"德利韦朗斯夫人"号及其船上的全部宝物拥有主权，因为该公司是这艘沉船的发现者。

一石激起千层浪，西班牙政府立即对这一判决结果提出异议。西班牙驻美国大使馆发言人对美国报纸发表谈话说，根据西班牙与美国1902年签订的有关条约，西班牙将要求对"德利韦朗斯夫人"号帆船及其所载全部宝物拥有主权，因为这艘船属于西班牙船队，船上的宝物也是西班牙政府从南美洲运回西班牙本土送给当时的西班牙国王卡洛斯三世的。

15世纪末期的西班牙不仅衰弱分裂且相当落后，自从西班牙国王斐迪南和伊萨贝拉奠定统一基础后才由衰转盛，到了16世纪西班牙国势强盛，进入黄金时代。可以说，从最早的哥伦布发现新大陆开始，西班牙王室的黄金舰队就和南美探险有着千丝万缕的关系。1492年，哥伦布向当时的西班牙国王斐迪南和伊萨贝拉皇后进言航海之事。那时，西班牙国王正欲扬威海外，于是，便批准并资助了哥伦布的航海计划。结果，哥伦布果然为西班牙找到一块新大陆，并带回来印第安人和稀罕的物品献给国王。

这位西班牙发言人还说，西班牙的要求一点都不过分，是完全合理的要求。并且，这种要求是建立在这样一个事实基础上：即这艘船是西班牙船员的坟墓，坟墓里的全部宝物应该是西班牙国有财产。最后，这位发言人再次强调说，西班牙的这一立场得到了美国最高法院的支持。美国最高法院去年拒绝了"德利韦朗斯夫人"号发现者本·本森对它的拥有权要求。

此后，美国国务院也向美国海底探索公司表示，没有西班牙政府的允许，不得挪动"德利韦朗斯夫人"号船，更不能取走船上的任何宝物。美、西两国的争论已经让事态变得非常复杂。与此同时，法国也提出"德利韦朗斯夫人"号应属于自己。

据历史学家考证，"德利韦朗斯夫人"号虽然属于西班牙船队，但是，这艘船是西班牙向法国西印度洋公司租借的。当时西班牙正忙着与英国打仗，本国船只不够战争需要，便从法国租了一些，"德利韦朗斯夫人"号就是其中之一，况且当时船上确有众多法国人。据报道,在法国,虽然目前要求争宝的还都是民间组织,法国政府目前还没出头露面就此事提出主权要求,但将来完全可能提出这一要求。

法国的参与,使争夺宝藏的局面显得更为扑朔迷离,不知如何结束这场纠纷。"德利韦朗斯夫人"号船上的32亿美元的宝藏到底应该归谁?美国,西班牙,还是法国?

8.卡纳帕尔海湾的沉船宝藏

自从西班牙征服墨西哥,消灭印加帝国并占领其领土以来,新大陆沿岸的殖民地就成为西班牙丰富的物质宝库,其金银产量在世界上名列前茅。这些金银在当地开采之后, 以金块及简单印铸的货币或装饰品形态被运送到西班牙本土。在将这些殖民地的财宝运回西班牙的途中,曾屡次发生海难事故。

其中最大的海难是1715年发生的大运输船队遇难事件。当时西班牙船队从巴拿马或是南美的委内瑞拉出港,经加勒比海向大西洋东进。那时,加勒比海域是臭名昭著的海盗猖獗地区,一旦成为他们的俘房,船及货物都将被劫掠一空。当然,西班牙运输船队是有武装设备的,特别是经常会有两三艘军舰承担护航任务。然而,武装力量虽然能够阻止海盗的袭击,却无法抵御季节性的飓风。果然,同年7月24日,出海的船队遇到了强烈的飓风袭击。月末,在佛罗里达半岛东侧的卡纳帕尔海湾加里弗特珊瑚礁上触礁遇难。虽然护卫舰迅速避开了灾难,但11艘运输船中有10艘触礁,全部船底破裂,转眼间全沉入了大海。

在此以前,10艘船只以上的船队遇难的例子,1628年9月在古巴的曼坦萨斯海域和1643年10月巴哈马岛安布洛兹暗礁也曾出现过。这次几乎全军覆没的空前的大海难给西班牙的国威带来了极大的影响。因而,当时的西班牙直属领地总督帕尼修·麦因曾下令,全力进行大规模的打捞,然而却由于暗礁犬牙交错,无法下手,打捞工作以失败告终。这次被认为是西班牙海难史上空前绝后的大事故,损失了巨额财宝,此事众所周知,直到20世纪仍广为流传。由于西班牙的历史学家C·费尔南德斯将这些海难事故写入历史书中,至今仍让人们记忆犹新,各国冒险家们都想打捞这批海底财宝。然而,却都没有取得成功。从那时起已经过了240多年,今天,又增加了具有现代潜水技术的潜水员们的新的调查活动,但捞取这批海底财宝的梦想仍然是个泡影。

佛罗里达的基普·瓦古那招集了8位潜水员组成了向海难船挑战的潜水小组,他并不是从事打捞沉船工作的,而是美国海军水下工作队的海底迷,对从事海底潜水作业充满信心,其他的8个人也都是热衷于轻装潜水的潜水员。他们从1959年9月开始,避开3个月的台风季节,继续探查沉船,然而经过1年半的时间,全无收获,只得徒劳而返,小组也被迫解散。于是,他重新对以前的探查方法进行了检讨。

他们虽然对潜水作业有着充足的信心,却对海流及当地的潮汐情况一无所知。因此他重新对海底的淤泥及地形的变化、气象和海流的关系以及台风之后的海底地形变化情况进行了研究。他还准备了海底淤泥清除设备,而且最大限度地发挥了轻潜的性能和作用。1961年1月,一位潜水员终于发现了装有4000枚银币的钱柜,可是,之后却再未发现货币。不久,2年的时间似乎就这样徒劳无功地过去了。

但是,1963年4月,长时间调查的努力终于结出了丰硕的成果。在仔细调查珊瑚礁的形状时,发现在一个大裂缝里填满了金币。重新探查前对地形的研究取得了成效。取出一枚金币,用指尖在其表面轻轻一刮,在金光闪闪的钱币上可以清晰地读到铸印有"我神恩赐1714年菲利普五世"的字样。这是西班牙运输船队所载货物的一部分。另外还发现了相当多的金银铸块及装饰品。据说花4年多时间打捞上来的财宝价值总计相当于250万美元以上,这些巨额财宝的发现,可以说是冒险家们最大限度地发挥了轻潜作用的结果。

墨西哥的潜水员们继续在近海进行水下考古学调查和沉船货物的打捞工作,并取得了相当丰硕的成果。由于墨西哥湾海域曾是英国和西班牙几次海战的战场,这次水底调查就是结成俱乐部的目的之一。

1739年,英西战争爆发伊始,西班牙的艾尔·门坦乞罗号受到英国海军的攻击而失踪,据说就沉没在墨西哥的海底。这艘船也是满载金银的运输船,在从古巴的哈瓦那开往墨西哥的航行中,受到英国海军的攻击而沉没的。然而,其逃走的线路不清,可以说是一艘谜一样的沉船。

罗迈罗潜水俱乐部对这艘沉船进行了调查并发现了其所在的位置。从其沉没的状态看,该船是在尤加坦海峡与英舰作战,在逃跑的时候触礁沉没的。从舰炮还可分析到当时激战的情况,在它的船室中还打捞出相当于80万美元的金银币。

像装载金银币类财宝的船只不用说是宝船了,在打捞出的古器物类中还有珍贵的东洋文物。传说一艘载有中国陶瓷器的东印度公司船只在瑞典的北海约台波里海域沉没。1905年打捞上来的陶瓷器,现在陈列在使用原瑞典东印度公司大楼的约台波里博物馆中。这些陈列品虽然是些残破的施釉的碗和碟,几乎不具有财宝的价值,却是欧洲人垂涎欲滴的东方瓷器。这是研究当时荷兰东印度公司与东方贸易的重要资料,具有极其重要的历史价值。

9.玛迪亚海底宝藏

1907年,一位希腊的海底打捞工人,在北非的突尼斯东部的玛迪亚海底,看到了像军舰大炮形状的文物。不久之后,潜水工人又在附近海底发现了很多双耳陶瓶和青铜制品的碎片。打捞上来的文物向当时法属突尼斯的海军司令官杰·拜姆海军大将作了报告并将文物移交给官方,拜姆动员潜水员进行调查。其结果证明被看成海底大炮的文物并不是大炮,而是希腊浮雕的大理石伊奥尼亚式圆柱。

这一发现在欧洲的学术界引起了极大的轰动,为20世纪初考古学调查的发展提供了一个实习机会。调查由古文物部来负责进行,并任命突尼斯古代文化研究所所长阿尔弗雷德·迈尔兰为调查队队长。迈尔兰推测在这一海底埋藏有罗马时代的沉船,认识到调查决非寻常,突尼斯当局、法国海军都给予援助,并集中了希腊、意大利的一流潜水员,从1908年到1913年共进行5次调查。

对于距陆地6公里,海流非常急,而且水深40米的海底调查来说,技术上受到各种限制,而且沉船完全被埋在河底淤泥中,使发掘作业极为困难。但潜水工人们的热情和耐久力克服了所有困难,遗物被安全打捞并确认了沉船的遗存状态。

沉船中,有最早报告说的像大炮的东西,实际上是大理石圆柱,共6排约60根,还凌乱地散布着柱头、柱础以及其他大理石的建筑材料和雕像等。虽然打捞上来了双耳陶瓶等部分文物,但大部分遗物仍然留在海底。负责直接指挥海底作业的塔拜拉大尉出于希望今后能继续进行调查的考虑,向突尼斯档案馆提交了调查报告。现在,这一报告书摆满了突尼斯的巴尔特博物馆的5个展览室,不仅是打捞上来文物的说明书,同时也是研究这些遗物最原始的资料。

但是,当时的潜水技术和调查方法不能绘制出能将船体复原的实测图,也不能将船体打捞上来。尽管如此,潜水工人们仍然采集打捞出各种文物,并在海底淤泥的清除过程中,搞清了下面厚约20厘米的木材堆积层和其分布范围,并确认了这是船的甲板,还了解到打捞上来的遗物是甲板上的货物。在甲板下的船舱里装满了大量的细小贵重品,在更下面的船舱中贮藏着很多的大理石艺术品,其中主要有希腊雕刻家加尔凯顿刻有"波埃特斯"铭文的"海尔梅斯"青铜像和同样大小的"奔跑的萨尔丘斯洛斯"青铜像、大理石"阿弗洛迪忒"半身像、牧神"波恩"的头像等。此外,还有烛台、家具等日用品和希腊阿提加工精美的酒杯。其中带有铭文的"海尔梅斯"像被认为是希腊时代著名的珍品。

这艘沉船据推测,是满载罗马从希腊掠夺的艺术品及其他货物的大型运输船,船从雅典的皮莱乌斯港出航,在驶往罗马的途中,向南漂流时沉没。该船长36米多,宽10米多,大概是无桨的椭圆形帆船。从当时的造船技术看,似乎是为了运送沉重货物设计的。其年代根据遗物的研究推定为公元前2世纪末到公元前1世纪初。

随着对遗物的文化性质及船体构造的研究,玛迪亚沉船逐渐在学术界引

第七章
沉睡千年的海底宝藏

起了较大的反响。法国著名史学家和美术评论家马尔塞尔·布利茵对这艘沉船的调查给予高度的评价和赞扬，并认为是"水下考古学的最早的胜利"。他同时写道："在海底发现了希腊遗留给贪婪的罗马人的全部美。"

美术史学家萨罗门·雷那克曾经为迈尔兰的工作筹集资金而奔走，他赞扬这一调查成果"是公元79年维苏威火山爆发中被掩埋的古代意大利城市赫库兰尼姆和庞贝被发现以来考古学界最伟大的发现"。他还根据对发现文物的考证，搞清了遗物中的灯为罗马时代的作品，考证出该船的年代。据他考定，该船是公元前86年征服掠夺雅典的罗马执政官鲁希阿斯·斯鲁拉有组织地将掠夺品满载运回罗马，而在途中遇到暴风、漂流到玛迪亚海域沉没的货船。

斯鲁拉是罗马共和时代的猛将，深得人民的拥护，具有卓越的指挥才能。他征战生涯中最大的功绩是征讨小亚细亚的蓬兹斯。据说他在当时已获得很多的战利品，但为了掠夺，他又率领罗马军队进一步入侵雅典。他在那里下令拆毁奥林匹亚的一座神殿，将大理石建材和雕塑装上运输船队送往罗马。有的史学家说，他打算用这些战利品在罗马复原神殿，以作为他的胜利纪念碑装点城市。据说这一船队绕行到意大利半岛与西西里岛之间的墨西那海峡时，突然遇到风暴，其中一艘向西南方向漂流至北非近海沉没，一直在海底厚厚的淤泥下沉睡了2000多年。也有人反对这一观点。由于其沉没地点靠近北非的突尼斯近海，货物不都是极佳的艺术作品，也有被认为是订货的烛台和其他物品，还有大理石建材的半成品，据此以迈尔兰为首的包括水下考古学热心的支持者菲利浦、迪奥莱等都站在反对雷那克观点的立场上，认为船上的货物是商品，船是商船。此两种论点至今均未找出更为确切的论据。这就意味着满载希腊艺术作品的玛迪亚罗马沉船仍然是一个谜。

玛迪亚调查虽然还没有结束，但其成果已使考古学家、历史学家、美术史学家受到了极大的冲击和震动。

在迈尔兰调查工作30余年之后，随着第二次世界大战结束，地中海逐渐丧失了以前的战略地位而趋于缓和，恢复了和平。因而，考古学家们再一次注意到玛迪亚海底，计划重新进行被长时间中断的古代沉船的调查。

法国潜水小组的库斯特在1948年和法国海军中尉，潜水考古学家F·迪玛率领水下呼吸潜水小组来到玛迪亚海域。库斯特查阅了巴尔德博物馆的发掘资料和塔拜拉的报告书,坚信玛迪亚沉船中还有大量艺术作品和其他文物。声呐仪重新确认了船的规模,进一步了解到船的构造,并发现了其他大理石伊奥尼亚式圆柱柱头,以及为增加锚的水平力的铅制横棍和其他零散船构件。

但是这次水下考古,仍然没有详细认识船的构造。

1954年,突尼斯海中研究调查团再次对该遗址进行打捞。虽然没有打捞出什么艺术品,但成功地制作了准确的船体实测图,估计货物的总重量在200吨以上。如此沉重的货物堆积在30米长的船的甲板上是绝对不可能的。

1955年的调查重点放在龙骨部分,人们吃惊的发现其结构极其复杂,没有高超的技术是不可能制成的。

这艘沉船运载的是拆毁奥林匹亚神殿的艺术品,还是一艘运载大理石的商船? 对此,专家学者也不能作出准确的回答。

10."联合"号沉船宝藏

从14世纪以来,英国西南海岸的海峡和水域一直是海盗们的最佳狩猎区。从北海和波罗的海驶出的商船必须通过这个"针眼"才能前往欧洲南部和西部。对于那些向相反方向航行的船只,如来自地中海沿岸的航船,要安全通过这一区域也绝非易事,它们常常会受到海盗的攻击。

为了摆脱海盗对英国南部海港控制, 英国国王下令, 除了英联邦的船只外,允许悬挂英联邦旗帜的海盗船抢劫所有经过海峡的其他国家的过往船只。

这种特殊的规定在锡利群岛一带出现了奇怪现象:岛上居民竟然利用环形珊瑚岛引诱其他国家的轮船触礁。为了达到目的,岛民与海盗勾结,用燃起火把或挂灯笼误导那些在风暴或黑夜中迷失方向的船只偏离航道, 达到劫掠船上的财物的目的。

第七章
沉睡千年的海底宝藏

18世纪初的"联合"号就被误导到环形珊瑚岛里,触礁遇难,留下一批至今无法找到的巨大财富。

克劳迪斯雷·肖伟尔将军正率领"联合"号等军舰组成的英国舰返航英国的途中。肖伟尔将军一向都很自信,但是那几天他总是怀疑舰队的航线是否正确。他一遍又一遍地在心里问自己:"锡利群岛在哪里?"于是,这位将军召开了全体军官会议,经对各种数据反复验证之后,得出一个结论:目前舰队的航线完全正确,锡利群岛离暗礁还有很远一段距离。

会议结束后,肖伟尔将军正准备放心地睡个好觉,这时一名水手叫他马上出来。这名水手认为现在整个舰队不但偏离了航线,而且正朝着锡利群岛附近那些大暗礁驶去。他劝告肖伟尔将军,如果不马上改变航线,他们将必死无疑!肖伟尔威胁他,如果他再胡说八道,就惩罚他。没想到这个平时一向顺从懦弱的水手不但没有住嘴,反而更大声地叫喊起来,两个小时之后,肖伟尔以扰乱军心的罪名把水手绞死在桅杆上。

水手虽然死了,但是他的话却没有从肖伟尔的耳边消失,他焦躁不安地走出房间,来到甲板上,观望天空,凭借多年的航海经验,将军觉察出一场暴风雨即将来临。

随即,舰队陷入狂风巨浪之中。"联合"号随时都有沉没的危险。突然,一名大副惊喜地把望远镜递给肖伟尔,说前面有灯光。

肖伟尔将军拿起望远镜匆匆看了一眼,马上命令帆船改变航向,驶向灯光。

于是,舰队调整航向,全速向灯光信号驶去。当尖刀一般的礁石从汹涌的水面中突现出来,横挡在他们前面时,大副和肖伟尔将军发现舰队正驶向巨大的灾难,但是为时已晚。紧接着便是震耳欲聋的撞击声,船舱像细木头一样断裂,甲板摇摇欲坠,水手们都摔倒在甲板上,船体内发出噼里啪啦的断裂声。随后,战舰开始向右舷倾斜,海水顷刻间涌入"联合"号船舱内部,几分钟之内,船头和后甲板便被摧毁殆尽。

肖伟尔将军在万分惊恐之中看见自己的水手们被巨大的浪涛卷入水中,转眼间消失在了大海深处。另外几艘军舰也转眼就被扔上巨浪中的岩石或者暗礁之中。

那么,是什么导致肖伟尔将军的舰队遭遇灭顶之灾呢?

原来,舰队导航并没有过错,而是锡利群岛附近的海盗们用错误的灯光信号误导舰队偏离了航线。舰队被暗礁撞击后,这支英国舰队所有成员共2000余人全部葬身于大海之中。

风暴过后,海盗们坐着渔船从触礁的残骸带回金币、银币、木板、滑轮、钢索、滑车组、索具、皮带、手枪、弹药和刀子等一切有价值的东西。

而这支舰队最大的一批财富,即舰队的钱箱,在舰队遇难之前就已经沉入了海底。

英国海军潜水员使用现代技术,在基尔斯通礁石中央发现了"联合"号。他们试图找到"联合"号的钱箱,却空手而归。

有个叫罗兰·莫里斯的英国人,经过精心准备之后,和他的同伴们来到锡利群岛寻找钱箱,最后罗兰·莫里斯和队员们在一个岩石裂缝里找到了1400块银币,还有一个上面印着克劳迪斯雷·肖伟尔爵士徽章的大银盘。

后来,又有许多英国潜水者组织继续对"联合"号残骸进行探宝,从旗舰的船腹中找到近7000块银币。

虽然这些打捞者都大有收获,但是"联合"号舰队的钱箱却始终没有被找到。"联合"号都被打捞出来了,钱箱又到哪里去了?怎么会用现代的科学技术都无法找到它的藏身之处呢?难道它还躺在锡利群岛水域的海底吗?

11.寻找"阿托卡"号沉船——坚持梦想必会成功

有人飞上了高空,有人潜入了海底,有人碰巧发现了金银财宝,还有人用一生的精力追寻同一个梦想。珍宝确实是一种财富,有时,它又带来危险。但只要潜得再深一些,视野再扩大一点,或许会有惊人的发现,仅仅是或许。

"阿托卡夫人"号意外沉船

大海在一些人眼里,是一座神秘莫测的宝库,蕴藏着无尽的故事和财富。他们有的会穷尽自己一生的时间去追寻未知的海底宝藏。说来话长,梅尔·费雪等人就是把他们一生最好的时光都花在调查沉没的宝藏上了。

西班牙对殖民地财富的掠夺采用了最野蛮的方式,当时南美洲被证实富含金银矿和其他稀有资源,于是西班牙殖民者在新大陆唯一的工作就是开采和经营矿山。一船又一船的金银财宝成为殖民掠夺的罪证。西班牙的运金船最害怕海盗和飓风,为了对付海盗,每支船队都配备了大炮以及船身坚固的"护卫船","阿托卡夫人"号就是这样一艘护卫船。

1622年8月,"阿托卡夫人"号所在的、由29艘船组成的船队满载财宝从南美洲返回西班牙,船队上装有近40吨金银珠宝。由于是护卫船,大家把最贵重、最多的财宝放置在"阿托卡夫人"号上。遗憾的是"阿托卡夫人"号对飓风没有什么抵抗力。当船队航行到哈瓦那附近的海域时,飓风席卷了船队中落在最后的五艘船。"阿托卡夫人"号由于载重太大,航行速度最慢,成为首当其冲的袭击目标,船很快沉到深17米深的海底。其他船只上的水手马上跳下水,希望抢救出一些财宝。但是就在他们找到残骸,准备打捞金条时,又一场更具威力的飓风袭来,结果,所有的下水的人也都在飓风中丧生了。

30年的耐心寻踪

梅尔·费雪给自己的定位是寻宝人。1955年他成立了一个名叫"拯救财宝"的公司,专门在南加州一带的海域寻找西班牙沉船。20年的打捞生涯里,费雪先后打捞起六条赫赫有名的西班牙沉船,成为圈中的名人,也赚到了大把钞票。不知不觉中,费雪到了该退休的年龄,不过他不愿意离开打捞船,因为他曾发誓一定要找到传说中装着最多财宝的"阿托卡夫人"号。于是,全家人为这个理想放弃了公司的正常运转,费雪的妻子、儿子和女儿陪着父亲一起下水,在海底寻找梦想。他们的搜寻一丝不苟,只要看到不是石头的东西都要用金属探测器探测。

神秘的宝藏
寻找历代迷失的宝藏

就在1985年7月20日这天，费雪多年来的梦想终于梦想成真了。"阿托卡夫人"号的残骸定位成功了！费雪和家人找到了"阿托卡夫人"号和上面数以吨计的黄金，他们发现了数千件古代器物，数不清的仿佛刚刚铸成的银币和金币，西班牙的陶器，镶着宝石的精致首饰、金链、盘子，各式各样的武器，甚至还有种子。梅尔和他的探宝团队称，这是继20世纪30年代发现埃及法老图坦卡蒙墓之后最丰富的财宝。

经过清点，这艘被称为"海底最大宝藏"的沉船上有40吨财宝，其中黄金有将近8吨，宝石也有500公斤，所有财宝的价值约4亿美元。

不过财富本应带来的喜悦却被30年的艰难磨得平淡。费雪认为上帝一定会让他找到"阿托卡夫人"号，只不过一直考验他的耐心而已。他在追逐梦想的过程中，失去了两个孩子。

然而他也成为"美国梦"的典型代表。1986年好莱坞把他寻找"阿托卡夫人"号的故事拍摄成了电影《黄金梦》，并由金像奖影帝克利夫·罗伯逊演绎这位寻宝界的传奇人物。这是美国人对具有不懈追逐梦想精神的费雪的认知和褒奖。

费雪寻找"阿托卡夫人"号的事迹在美国成了具有教育意义的故事，"寻找阿托卡"竟然也成了常用短语，意思是坚持梦想，必会成功。

第八章

扑朔迷离的玄秘宝藏

> 这些玄秘宝藏,有的是一个国家或者一个家族千年的积累,有的是一个人经过一生探寻得到的回报,有的是考古学家意外的发现……精美绝伦的珠宝有时并不是因为自身的魅力而闻名于世,很多时候也因为它们的传奇经历,而披上了一层神秘的色彩。

1.远古隧道里的神秘宝藏

关于史前文明,尽管还不足以证实它的存在,但是一些零散的证据还是令我们感到不可思议。当一个揭示史前文明的宝藏展现在世人面前,俗人一般只对里面的黄金感兴趣,然而真正有价值的是那些难解的壁画与模型。

1969年7月21日,莫里斯将一份上面有着许多见证人、并且已获得厄瓜多尔共和国承认的合法地契公诸社会,立刻引起轰动。因为这份地契讲述了一个令人难以置信的故事。

地契中最主要的部分说，莫里斯在厄瓜多尔共和国境内摩洛拿圣地亚哥省内的大隧道里发现了一些对人类有着极大文化与历史价值的文物。这些文物包括了各种不同形状和颜色，且刻有各种标志和文字的石器和金属牌匾。这些牌匾可能包含了人类历史的某个片段，同时也是人类起源的一个证据，或者是某一种消失的文化的线索。

1972年3月4日，由厄瓜多尔考古学家法兰士和马狄组成的科学调查小组，在莫里斯的带领下，再次对大隧道展开调查。调查队员钻进了神秘莫测的地下世界。隧道的转角处都是呈直角形的严谨设计，有些很窄，有些又很宽，所有洞壁都很光滑，洞底非常平坦，很多地方像涂了一种发光颜料。很显然，这条隧道并非天然形成的。

调查队员通过隧道来到一个大厅的入口。大厅很宽敞，大如一个大机场库，连接着多个通道，而且有辐射，导致了罗盘失灵。这个大厅的面积约为140米。大厅中央有一张桌子，桌子的右边放有七把椅子。椅子摸上去好像是一种塑胶，但却坚硬、沉重得像钢。在七把椅子后面毫无规律地摆放着许多动物模型，有蜥蜴、象、狮子、鳄鱼、豹、猴子、美国野牛、狼、蜗牛和螃蟹。最令人惊异的是这些动物都是用纯金做成的。在桌子的左边摆放着莫里斯的地契所提及的金属牌匾及金属箔。金属箔仅几毫米厚，6厘米高，18厘米宽。估计金属箔至少有两三千块，在这些金属牌匾上的字体无人知晓。也许这间金属图书馆的创立者想把一些重要的资料，留传给遥远的未来。

大厅里还有一个石刻，高11.43厘米，宽6.35厘米，正面刻着一个身躯为六角形，头为圆形的人。他的右手握着一个半月，左手则拿着太阳。令人惊奇的是这个小人的双脚是站在一个地球仪上的。这石刻是在公元前9000~前4000年做成，这说明那时的先民便已知地球是圆形的。

第八章
扑朔迷离的玄秘宝藏

法兰士认为这个隧道系统在旧石器时代已经存在。他拿起一块刻着一类动物的石刻，它有29.21厘米高，50.32厘米宽。画面上所表现的动物有着庞大的身躯，正用它粗大的后腿在地上爬行。法兰士认为石刻上画的是一条恐龙。法兰士不敢再想象下去：难道有人曾经见过恐龙？

还有一块神秘石刻，刻画的是一具男人骨骼，肋骨数竟为十二对。还有一座庙宇的模型，可能是圆顶建筑最古老的样本。上面绘有几个黑脸孔的人像，头戴帽子，手持一种枪形的东西。在庙宇的圆顶上，还绘有一些人像在空中翱翔或飘浮着。此外，还有一些穿"太空服"的人像等，这里不可思议的物品实在是太多了。

没有人知道，这个隧道系统是谁建造的，也没人知道这些稀世奇珍是谁遗留下来的。在这曲折迷离的隧道中行走，法兰士莫名其妙地担心会触动隧道里的机关，使隧道自动关闭。带着巨大疑问，调查队沿原路退出洞穴，又赶往位于厄瓜多尔古安加的玛利亚教堂，教堂里的基利斯贝神父收藏着许多来自隧道的珍宝。

神父的第一号房间收藏的是石刻，第二号房间是金、铜和其他金属艺术品，据说是印加帝国的宝藏，第三号房间则全是纯金制品。

最让人震惊的是，在基利斯贝神父这里，调查队员们看到了第三架史前黄金模型飞机。第一架在哥伦比亚的保华达博物馆，第二架则仍放在大隧道里。多年来，一些考古学家把模型飞机看成是宗教上的装饰品。

难道史前便有人能够构想出一架飞机的模型？一切都无定论，一切都是谜团。迄今为止，人们仍无法确定或找出这个隧道系统究竟是谁建造的。而在隧道里面，又存放着那么多无从稽考的壁画、牌匾、黄金制品和雕刻品，这一切意味着什么呢？

2."鲁滨逊"岛上的黄金

曾经的荒无人迹的小岛，如今成为人们争先恐后前往的寻宝地。文学作品开启了现实中的人们无限的想象力，而财富的吸引力似乎超过了人们对生命的本身体验。我们应该怀揣着怎样的心情踏上这个埋藏黄金的小岛呢？

《鲁滨逊漂流记》和鲁滨逊岛

鲁滨逊·克鲁索这个人物出自英国作家笛福的小说《鲁滨逊漂流记》。在笛福的小说中，鲁滨逊出生于一个英国中产阶级家庭，他的父亲希望他在家乡过一辈子安乐的生活。但是鲁滨逊渴望航海而不愿意安心待在家里，并先后三度出海经商。在他第三次出海时，船在南美洲海岸一个岛的附近触礁，船身破裂，水手及乘客全部淹死，唯有鲁滨逊幸存。海浪把他卷上了一个荒无人烟但有淡水的小岛上，由此他开始了长达数年的遇难者生活。

当他在岛上生活到第23个年头时，岛上来了一群食人的野人。他们正准备把带来的俘虏杀死美餐一顿时，有个俘虏向鲁滨逊跑来。鲁滨逊开枪打死了几个追赶的野人，救了这个俘虏，并给这个俘虏起名"星期五"。从那以后，"星期五"便成了他忠实的仆人和朋友。当他和"星期五"生活到第35个年头时，他发现一只英国船在附近的海岸抛锚了。船长和另外两个人被船上闹事的水手抛弃在岸，于是他和"星期五"帮助船长夺回那条船，并终于离开了孤岛。当鲁滨逊回到了自己的家乡英国时，家里的父母早已过世，只剩下两个妹妹和侄子在家。

没过多久，鲁滨逊再次航海经商，由侄子担任船长。他们再次来到那个小岛，看到岛上已居住了好多人，便满意地离开了这个小岛。

笛福的这个故事影响了很多人，也令很多人猜测，是否真的存在鲁滨逊这个人以及他生活过多年的小岛。

第八章
扑朔迷离的玄秘宝藏

鲁滨逊岛的由来

1547年11月22日，西班牙船长胡安·费尔南德斯在途经太平洋时发现了一个海上火山岛，他根据天主教历法把这个小岛命名为"圣·赛西利亚"。160多年以后，英国著名的"海盗学者"、以《新环球旅行记》而一举成名的威廉·丹彼尔，在1708年至1709年间，参加了伍德罗·罗吉斯船长的考察队，开始了他的第一次环球航行。

1709年7月，丹彼尔一行人登上荒无人烟的圣·赛西利亚小岛，他们发现了一个身着羊皮的"野人"。后来，丹彼尔惊讶万分地发现这个"野人"过去曾在他的手下当差，是苏格兰人，名叫亚历山大·赛尔凯克。亚历山大·赛尔凯克介绍说，1704年他因和当时的船长发生争吵而被遗弃在了岛上，凭借着自己惊人的毅力和旺盛的求生本能已经在此生活了将近5年。伍德罗·罗吉斯船长后来写文章发表了赛尔凯克的传奇故事。不久，笛福又根据这个故事写成了《鲁滨逊漂流记》。

为了纪念小岛的发现者——西班牙人胡安·费尔南德斯，从1833年开始，圣·赛西利亚岛改名为胡安·费尔南德斯岛。后来，为了纪念那个曾在岛上独自艰难地生活过多年的"野人"，这个小岛又被更名为鲁滨逊·克鲁索岛。

岛上宝藏的传说

鲁滨逊·克鲁索岛是镶嵌在太平洋上的一颗绿色明珠，它位于智利海岸线西部70千米处。整个岛上全部被热带灌木丛林所覆盖，茂密的丛林里生长着60多种不同的蕨类植物，形似树木的荨麻类植物四季常绿，被人们称为"鲁滨逊之伞"的阔叶植物的树冠更是将灌木丛覆盖得密不透风。

自从《鲁滨逊漂流记》在欧洲广泛流传开以后，过去这个无人

居住的鲁滨逊·克鲁索孤岛也随之被称为海盗们聚会和藏宝的天堂。对于当年英国女王陛下的部长们和水手们来说,鲁滨逊·克鲁索岛更是具有重要的战略意义。许多水手在绕过斯科布特的合恩角后,身心疲惫,他们能在这里找到一切所需的东西,直到完全康复。而那些因穿越麦哲伦海峡而变得破损不堪的船只,也能在岛上得到修整和补给。

从1940年开始,鲁滨逊·克鲁索岛突然变得热闹起来。一批又一批寻宝者带着大量的古代文献资料和现代化的开采工具来到这个小岛,开始在岛上各处日夜不停地挖掘。原来,人们根据古代史料发现,在200多年前,英国海盗乔治·安逊曾在这个小岛埋下了846箱黄金和大量的宝藏。

安逊是一位被英国女王加封的勋爵,但他同时又是一个声名显赫的海盗。1774年,英国海军部委托这名海盗去掠夺非洲南部西班牙的帆船和殖民地上的财富。安逊所率领的中型舰队由八艘作战能力很强的舰船组成,这支海盗队伍曾令所有过往的西班牙商船闻风丧胆。当年,安逊就是把鲁滨逊·克鲁索岛作为他的大本营和避难所。他们每次对西班牙船只实施抢掠,都是从鲁滨逊·克鲁索岛出发。安逊最为成功的一次胜仗,是对西班牙运宝商船的一次抢掠。据说,他那次共抢得846箱黄金和宝石,每箱重1.3吨,总价值高达100亿美元,属于历代以来最为巨大的一笔海盗财宝。他把这批黄金转埋在了鲁滨逊·克鲁索岛上。

这位大名鼎鼎的海盗凭借自己显赫的"战绩",后来被英国女王封为勋爵,从此飞黄腾达。可是以这么冠冕堂皇的身份,安逊只能玩味着那张他当年画下的藏宝图,却再没有机会到鲁滨逊·克鲁索岛来寻找那批黄金了。而除了他本人之外,任何人又不可能找到那批黄金和宝石。

不得安宁的鲁滨逊岛

1940年,在安逊勋爵将那批黄金和宝石埋藏在鲁滨逊·克鲁索岛上的200年后,寻宝者来到鲁滨逊·克鲁索岛,开始搜寻那里的每一寸土地,日夜不停地挖掘。然而,折腾了几年之后,人们仍然一无所获,只好全部都两手空空地离开了。

转眼又过了40年,到了1980年左右,鲁滨逊·克鲁索岛上的一场瓢泼大雨再次燃起了寻宝者热情的火焰。大雨在岛上造成了泥石流,雨过天晴后,有人在山谷中意外发现了裸露在外的好多银条和少数几粒红宝石。于是,人们立刻联想到是大雨把安逊当年埋藏的宝藏从高处冲刷出来又散落在山谷里。这则消息没几天就引来了大批的寻宝者,他们再次来到这个小岛上,但同样是又一次失望而归。

10年之后,一位荷兰裔的美国人贝尔纳得·凯泽从岛上唯一一家旅店老板娘那里获得了有关"安逊黄金"的信息,便立即开始了搜寻,并自称找到了那个当年埋宝的深达7米的藏宝洞的确切地点。智利政府有关部门也很快得到了这个消息,并立即发表声明,称这个岛属于智利领土,没有智利政府批准任何人不得私自挖掘宝藏。随后,他们和这个美国人开始了艰难的谈判。最后双方达成协议:假如他找到那846箱黄金,所得宝藏的75%必须归智利政府及鲁滨逊·克鲁索岛上的居民,剩余的25%归他自己所有。于是,贝尔纳得·凯泽的挖掘小组开始寻宝工作。他们用小型推土机等现代化挖掘工具在山顶上昼夜不停地开始挖掘,但地下除了石头还是石头,最后只好宣布放弃。智利政府等待的利润分成也泡了汤。

不过,这并不意味着鲁滨逊·克鲁索岛就能从此得到安静了。在以后的岁月中,大概只要传说中安逊的846箱黄金不见天日,小岛上就一直会涌来络绎不绝的寻宝者。

3."雷神"的黄金传说—— 佩拉塔家族丰富的金矿

至今让人一直感到困惑的是,佩拉塔家族丰富的金矿到底在什么地方呢?那场大屠杀之后,人们还能找到它们吗?

神秘的宝藏
寻找历代迷失的宝藏

荒凉的迷信山

在美国的亚利桑那州东部，有一片荒草丛生、怪石嶙峋、响尾蛇出没的荒野，这片地区的山路是北美洲最崎岖的山路，自然环境也是最恶劣的——夏季温度高达华氏120度。居住在这里的印第安居民阿帕奇人迷信鬼神的存在，因此，这里也叫做迷信山。在当地的传说中，雷神管辖着这一大片蛮荒之地。当轰隆隆的雷声响起时，表示雷神正大发雷霆，如果这个时候在悬崖和峡谷徘徊，将会受到雷神严厉的惩罚。

的确，在16世纪，这片荒野里经常会出现尸体，而且大部分都不是当地居民，而是西班牙人、荷兰人。可是，与其说他们是受雷神的惩罚，不如说是他们触犯了当地的印第安人。这是怎么回事呢？原来，这片土地含有非常丰富的金矿资源，大量西班牙人和荷兰人便是为了掘金而来，谁知道却命丧他乡。

佩拉塔家族的金矿

尽管雷神的传说扑朔迷离，这里的环境又极其恶劣，但黄金的强大诱惑力还是不断地吸引着贪婪胆大的人。1845年，北墨西哥赫赫有名的佩拉塔家族也来到这片土地上。他们在松布雷诺山（现在的针尖山）附近的峡谷里发现了大量的黄金。佩拉塔家族就在这里开起了金矿，数十个工人顶着烈日埋头开采，一队工人负责将黄金初步提炼，另一队人则将提炼出来的黄金装上驴车运走。眼看收获颇丰，佩拉塔家族喜不自胜，但他们没有发觉，雷神的崇拜者——阿帕奇人一直在岩石后默默地注视着这一切。他们不能容忍雷神的圣地被这些白皮肤的异种人亵渎，因此他们拿起了武器……

蹊跷的是，佩拉塔家族的人不知道从哪里得知了印第安人的计划。强龙斗不过地头蛇，况且他们只是一心来这里开采金矿，并没有足够的武器与骁勇的阿帕奇人抗衡。他们赶紧命令正在开采的矿工停工，将金矿入口封住，又将加工过的黄金驮上每一头能找到的驴子上。可是，黄金的数量实在太多，于是他们将那些未加工的和部分已加工但无法运走的金子埋藏起来。当一行人穿过峡谷，走到索拉诺镇附近的时候，埋伏已久的阿帕奇人向他们发起了进攻，杀死了所有矿工。一时间，山谷里杀声震天，尸横遍野，驮着黄金的驴子由于受到惊吓而逃向四面八方。

过了几十年，佩拉塔家族的金矿在淘金者中口口相传。据说，印第安人取得胜利后，并没有将黄金据为己有——对他们来说黄金并不是贵重的东西，而是将黄金就近掩埋了。又传说，佩拉塔家族有几个人从大屠杀中侥幸逃脱，他们知道金矿的所在，但说什么也不肯再回到这个可怕的地方。有人按照他们透露的线索寻找，却一无所获；有人自称找到了金矿，在他们要说出秘密的时候，却遭遇了不幸。但是，有一个发现金矿的人却幸运地活下来了，并且从金山得到了不少好处。他就是雅各布·华兹。

老荷兰人的秘密

华兹的身世有点离奇，相传他是荷兰人（根据记载其实他是德国人），在1848~1849年加利福尼亚的淘金热中来到美国，曾在加利福尼亚矿山工作过。一次偶然的机会，他认识了一名佩拉塔家族的后裔，在他的指引下找到了迷信山金矿的所在。1879年，他和同伴雅各布·魏斯挖出了一部分金子，又将它们转移到山上另一个地方。谁知道，他们在归途中遇到了印第安人。经过一番搏斗，魏斯不幸被杀，华兹侥幸逃脱。当然，这只是华兹自己的一面之词，有人怀疑真实内情是华兹想独吞金子，因此干掉了魏斯，最后谎称遇到了印第安人。

后来，华兹索性在离迷信山不远的凤凰城定居。有人注意到，他经常自行前往迷信山，两三天后又神秘地归来，归来后出手阔绰，仿佛腰缠万贯。据说他是去取金子去了，而他所取的金子，价值超过30万美元。1891年，华兹患了肺炎，临终前，他还向一直照顾他的邻居汤玛斯透露了金矿位置的线索："金矿位于朝北的峡谷里，下午4点钟松布雷诺山山顶阴影的所在。"

寻找"失落的荷兰人金矿"

这算得上一个比较清晰的指示，知道了这个线索的人不禁蠢蠢欲动。他们按图索骥，企图找到这个地方，可结果却是一无所获。难道华兹的金矿就此失落于人世？沮丧的人们把它称为"失落的荷兰人金矿"。

在19世纪末20世纪初，一个名叫查尔斯·霍尔的人幸运地发现了一个金矿,位于阿帕奇人伏击佩拉塔家族的地方附近,但是离"松布雷诺山"还有好长一段距离。人们还无法确定这是否华兹所提示的金矿。不过淘金的人仿佛雨后春笋般一夜之间出现,不少生意人也纷纷来这里发财,这片不毛之地迅速崛起了一个新兴的城镇。人们从这里的金矿开采出高达数百万美元的黄金。然而,一场罕见的暴雨突降,整个矿山被山崩的泥石流掩埋。山崩之后,人们企图挖开掩盖山体的岩石和泥土,但是却再也找不到金矿的矿脉了。没有金子开采,居民们便陆续迁走,到其他有金矿的地方去了,这里又变得像以前一样荒芜。当时这种情况在美国很常见——哪里有金矿,哪里就有大量的人聚集。

很多人都认为这不是佩拉塔家族的金矿,他们没有放弃寻找,虽然期间发生了一些流血事件,如携带神秘的藏宝图进迷信山的阿道夫·鲁斯,惨遭枪杀并且被残忍地砍下头颅,身上的地图不翼而飞;如与人搭档寻宝的史丹利·费南德兹,由于发生了争执被同伴杀死,弃尸迷信山……这些都不能阻止寻宝探险者进入迷信山,寻找失落的荷兰人金矿。

4.丹漠洞遗址宝藏——爱尔兰"最黑暗"之地

爱尔兰的基尔肯尼郡是一个风光旖旎的地方,也是爱尔兰最重要的旅游城市之一,每年都有数十万计的游客来到基尔肯尼。基尔肯尼有一个地方是游客的必去之地——丹漠洞遗址。

丹漠洞被称为爱尔兰最黑暗的地方,因为这个洞穴记录了一次惨无人道的大屠杀。公元928年,挪威海盗来到爱尔兰,对基尔肯尼附近一带进行洗劫。当时居

第八章
扑朔迷离的玄秘宝藏

住在丹漠洞附近的居民为了逃命,在海盗袭来的前几个小时集体躲到洞中。丹漠洞是一个巨大的溶洞,洞里地形复杂,有连串的小洞穴——相连,避难的人认为这是绝佳的藏身之地。他们幻想海盗抢完能抢的东西后就会离开。然而丹漠洞的入口太过明显,海盗很快发现了洞中藏人的秘密,一场血腥的大屠杀开始了。海盗进入洞里,把所有被发现的人都杀死,估计有1000多人,然后守在洞口半个月,没有当场被杀死的人后来也都因染病或饥饿而死去。

在之后将近1000年的时间里,丹漠洞成了爱尔兰的"地狱入口",再没有一个人敢进入洞中。直到1940年,一群考古学家对丹漠洞进行考察,仅仅在一个小洞穴里就发现44具骸骨,多半是妇女和老人的,甚至还有未出世的胎儿的骨骼。骸骨证实了丹漠洞曾经发生的悲剧,1973年这里被定为爱尔兰国家博物馆,每年迎接无数游客前来纪念那些惨遭屠杀的人。

然而,丹漠洞的故事到这里还没结束。1999年,一个导游偶然发现,这里不仅是黑暗历史的纪念馆,沉默的洞穴中还隐藏了永恒的宝藏。

1999年冬天,一个导游准备打扫卫生,因为寒冷冬季是旅游淡季,丹漠洞将关闭一段时间。他准备仔细清理游客留下的垃圾,所以去了很多平时根本不会有人去的洞穴。在一个离主路很远的小洞里,导游突然看到一块绿色的"纸片"粘在洞壁上,他以为那只是一张废纸。他走上前去,赫然发现那根本不是什么纸片,而是什么东西从洞壁的狭缝中发出的闪闪绿光。导游用手指往外抠,结果抠出一个镶嵌有绿宝石的银镯子!诚实的导游马上将发现报告政府,在接下来的三个月里,爱尔兰国家博物馆的工作人员从那个狭缝中挖出了几千枚古钱币,一些银条、金条和首饰,另外还有几百枚银制纽扣。

这些东西应该是当时躲藏的人随身携带的。也许为了让财物更安全,他们把值钱的东西集中后藏在一个隐蔽小洞里,甚至把衣服上的银纽扣都解了下来。海盗之所以屠杀所有的人,也许和没能发现这些财宝有关。由于在潮湿的洞里沉寂了1000多年,挖出来的东西都失去了金属原有的夺目光彩。国家博物馆的几十个专家工作了几个月才让所有艺术品和钱币重现光彩。丹漠洞遗址宝藏是爱尔兰最重要的宝藏,被收藏在国家博物馆里,一直没有完全对外展示过。

虽然宝物数量不多,但其历史价值和考古价值远远超过其本身价值。考古人员说,有一些工艺品和纽扣的样式十分古怪,在所有和海盗有关的文物中都是独一无二的。在丹漠洞中被杀害的人现在可以安息了,他们为之丧命的财宝已经成了爱尔兰的国宝,将永远聆听世人的惊叹和赞美。丹漠洞遗址宝藏因为其独一无二的血腥背景和考古价值排在世界十大宝藏的第六位。

5.欧洲中世纪英雄史诗中的宝藏

西格弗里德是欧洲中世纪著名的三大英雄史诗之一《尼伯龙根之歌》所记载的尼伯龙根人的民族英雄,他曾从巨龙的守护下,得到了尼伯龙根宝藏……后来,西格弗里德因遭到王后的暗算而丧命,而他的财宝从此流落他乡,不知所向……

在欧洲中世纪,有一篇被誉为德语的《伊利亚特》的长篇英雄史诗——《尼伯龙根之歌》。它将史实糅合在北欧古老的传说中,讲述了英雄西格弗里德的故事,情节跌宕起伏,将正与邪、光明与黑暗之间的交锋描写得惊心动魄,日耳曼民族的爱憎分明在诗里体现得淋漓尽致。

这个故事大致是这样的:古代尼德兰王国有位王子名叫西格弗里德,他非常勇敢而且力大无穷,曾经战胜过巨龙,夺得著名的尼伯龙根宝藏。王子帮助勃艮第国王成功迎娶冰岛女王,通过了国王的考验,自己也得以和国王的妹妹克琳希尔德结婚。婚后,生性残忍傲慢的冰岛女王知道自己败给西格弗里德后,怀恨在心,唆使心腹哈根暗算了他,并且抢走了尼伯龙根宝藏。西格弗里德的妻子克琳希尔德为了替丈夫复仇,不惜嫁给匈奴王。克琳希尔德忍耐了十几年,终于等到一个复仇的机会。她以匈奴王的名义,用计将冰岛女王一行骗到匈奴国,将勃艮第军队打得落花流水,并砍下了杀夫仇人哈根的头颅……哈根至死没有讲出尼伯龙根宝藏的下落。根据故事的暗示,哈根应该是将宝藏沉入了莱茵河。

历史上是否真有尼伯龙根宝藏,我们不得而知。但是,勃艮第人和他们建立的王国是确切存在的。他们是日耳曼人的一支队伍,喜好打仗和扩大边疆。公元411年,勃艮第国王扶持了一个罗马傀儡皇帝乔维努斯,以他的名义侵入莱茵河东岸。同一时期,崛起于欧亚草原的匈奴族向欧洲西部大迁徙时经过莱茵河岸,将勃艮第人打得落花流水,撤出莱茵河,退到日内瓦湖畔。由此可见,匈奴国打败勃艮第也是确有其事的。而且这个匈奴王的原型,便是我们前面讲述过的匈奴王阿提拉。

命运多舛的宝藏

1837年4月的一天,两名罗马尼亚采石工在艾斯崔塔山的河边采石。突然,汗流浃背的他们发现有两块大石头之间的泥土有些异样, 拨拉开最上面一层薄薄的泥土,一些闪闪发亮的东西耀花了他们的眼睛:一堆黄澄澄的金块,上面还覆盖了一个金色的大圆盘。这是他们的采石生涯中最神奇的一天!他们俩将采石的任务丢到了脑后,奋力往下挖,果然,又挖出了一些金杯、金酒壶、金发饰……喜出望外之余,如何处置这些宝贝,让这两个目不识丁的采石工皱起了眉头。此外,两个大半辈子都很少踏出村里的采石匠,谁也不敢确定这些宝贝的价值。于是他们商议:先将挖出来的一部分宝贝拿给识货的人鉴定,如果值钱,再来挖剩下的。于是,两名采石工兴致勃勃地捧着一堆宝贝,去找见多识广的石匠维鲁斯。维鲁斯仔细询问了发现宝物的始末,并细细地察看了这批宝物,心里暗暗惊讶,但表面仍不动声色。他对两人说,根据他的经验,这些宝贝打造虽精美,但材料大部分是黄铜,不是黄金,所以值不了几个钱。看到两名采石工露出失望的神情,维鲁斯又接着表示,他有门路在首都布加勒斯特将这批"黄铜"器皿出售,因此用4000个罗马尼亚的钱币(约500马克)和一些衣物向两名工人交换这批器皿和剩下的"破铜烂铁"。本以为白忙活一场,没想到还小有收获,这让垂头丧气的两名工人喜笑颜开。就这样,维鲁斯得到了这批宝物。

也许是两名采石工茶余饭后的谈资,也许是维鲁斯自己走漏了风声,一批

神秘的宝藏
寻找历代迷失的宝藏

宝藏在皮埃拖斯勒村庄被发现的消息不胫而走，甚至连国王都有所耳闻。不久，一队国王派来的人马来到了维鲁斯家中，命令他指出藏宝的地点。维鲁斯很不情愿地将他们带到一条小河边。但是人们在此地挖掘了一天，才找到极少量宝藏。难道维鲁斯将宝藏转移到了另外一个隐秘的所在？没有人知道，但是维鲁斯却一口咬定宝藏埋藏在河边，很可能是河水涨潮的时候被冲走了。国王的人也拿他没办法，就这样，宝藏的下落不了了之。

由于大批宝藏不知所终，挖掘到的小部分宝藏受到高度的重视。它们的数量共22件，全都是黄金铸造的器皿，但其中有10件已经遭到损坏，几乎辨认不出原样了，还有12件宝物经过精心修补，重现世间，在1867年的巴黎世界博览会大放异彩。它们有：金酒壶，一只鹰头装饰的金别针，三个镶有宝石的扣针，一个圆形的、中间镶有哥特式风格的女神雕像的金盘子……都是四世纪时期哥特式艺术风格的完美体现。而且，如果采石工们所言非虚，宝藏的数量应该还很庞大，极有可能就是传说中的"尼伯龙根宝藏"。

可是，关于这批"尼伯龙根宝藏"的故事还没有结束。在博览会展出之后，宝藏被转移到了布加勒斯特的罗马尼亚国家历史博物馆收藏。8年之后一个漆黑的夜晚，一个大学生居然躲过了博物馆的保安系统和值班人员，将数件文物偷走。第二天，看到空空如也的展示柜，博物馆的工作人员这才大惊失色。警察也在全城内展开搜捕，终于在一条陋巷的一所房子里发现了这批珍宝。原来，大学生已经将它们卖给了珠宝商，珠宝商为了逃避追捕，打算将它们熔化成为金块。谁料警察还是快了一步，珠宝商才刚将珍宝放进熔炉，警察就破门而入了。事情就是这般凑巧，也许是上帝不忍心看到这批珍宝被熔化成一块块形状丑陋的金块吧。

宝藏又回到了博物馆，但它多舛的命运还在继续。不知道是人为疏忽还是意外，几年后，博物馆遭遇了一场大火，这批宝藏差点被熊熊烈火吞噬。最后，它们还是被抢救了出来，但受到损坏的部分，却再也恢复不了原状了。

第一次世界大战爆发后，为了不落入敌军之手，宝藏被转移至另外一个城市雅西。在那里，它们没度过几天安稳的日子，又被入侵的俄国人抢走。几十年后，经过不断争取，罗马尼亚人才终于迎回了这批历经劫难的、目睹人世沧桑的宝藏。

真正的尼伯龙根之宝在哪？

这个宝藏，后来被证实是哥特人的国王阿塔拉里希几乎于同一时期埋藏的宝藏。真正的尼伯龙根之宝在哪里呢？有人问，德国人谢尔曼按照《荷马史诗》的指引，找到了希腊古城遗迹；那么，有没有人拿着《尼伯龙根之歌》，寻找失落了的尼伯龙根宝藏呢？这个人在20世纪70年代终于出现了。业余考古爱好者汉斯·雅各比开始按照史诗的记载，寻找尼伯龙根宝藏。他认为，史诗里大部分故事有迹可循，说明作者是个比较注重史实而不喜欢杜撰的人；尼伯龙根宝藏贯穿着故事的始末，应该不是凭空捏造。也许这笔巨大的宝藏，如同史诗中描述的一样，在受到外敌入侵时，被人沉入了莱茵河河底。

为了掩人耳目，按照常理推断，应该在河水最深且最不易发觉的地方。为此，他做了周密的准备，弄清莱茵河河床几百年来的变化。莱茵河平均只有几米深，但在离沃尔姆斯15千米远的格尔默尔斯海姆处，莱茵河转了个几乎180度的大弯，河水也特别深。水流十分强大，且河床上满是冲蚀而成的洞穴。因此，雅各比博士打算从那里入手。配备了现代化的科学仪器，诸如探测器、雷达、潜水镜等设备，雅各比博士充满信心，世人也翘首以待。毕竟，世界充满奇迹。

6.玛雅人的藏宝地——匪夷所思的玛雅文明

玛雅文明给现代考古家们带来无数远古的讯息，玛雅人掌握了令现代人感到不可思议的超越他们那个时代的天文与历法知识。不仅如此，他们还留下了像谜一样的巨大财富，吸引着后人的不断探索。不过，正是像丹尼尔在临死前所写的那样："给人带来最具有诱惑和想象力的是宝藏，给人带来致命结局的也是宝藏。"

考古学家的发现

  经过十个多月长途跋涉的考察，年轻的美国考古学家约翰·斯蒂芬斯在中美洲的尤卡坦半岛的热带丛林中看到了科潘、提卡尔、基里瓜、帕伦克、乌克斯玛尔等众多的古代建筑，他才知道这是个人们以前所不了解的、高度发达而又早已消失的古代玛雅文化。后来他把这一切写在两卷《中美洲帕斯及尤卡坦旅行记》之中。这本旅行记一经出版，就举世震惊。这一重大发现的消息传到欧洲，很快冒险家和考古学家们都蜂拥而至。

  在一个多世纪的发掘和考察中，人们在中美洲的热带丛林中不仅发现了170多处被废弃的玛雅古代城市遗址，还发现有成千上万座的金字塔分别矗立中美洲的热带森林中，散布在近35万平方千米的区域内。根据这些发现，人们才知道，早在公元前3000年左右，玛雅人就生活在北起墨西哥的尤卡坦半岛，南至危地马拉、洪都拉斯的广大地域，并创造了令人不可思议的文明。

  在玛雅人建造的170多处古代城市废墟中，以奇琴·伊察、科潘、提卡尔、帕伦克、乌克斯玛尔等城市最为宏伟。在这些城市中，不论是考古学家还是寻宝者，他们大都把第一目标定在奇琴·伊察。对考古学家而言，他们来到奇琴·伊察最关心的，是玛雅人建造的举世闻名的天文台、武士庙、库库尔坎金字塔。而对于寻宝者来说，他们更关心的是有关奇琴·伊察的传说中玛雅人堆满黄金的圣井。

惊人的玛雅文明

  建于公元11世纪的奇琴·伊察武士庙，代表着玛雅人炉火纯青的最高建筑水准。庙内建有1000根石柱，在武士庙通到圣殿的阶梯顶上，有个斜倚着的人像。到了今天，武士庙的屋顶虽已消失，但那巍然耸立的1000根石柱仍能令人想像得到当年的气魄。

玛雅人建立的奇琴·伊察天文台,是世界上最早建筑的天文台。天文台建在一座梯形的高台之上,里面有一道螺旋形的楼梯通向位于圆塔顶部的观测室。室内有一些位置准确的观察孔。它们与玛雅神话中星座的位置相对应,可以十分准确地计算出星辰的角度。

随着对奇琴·伊察天文台的深入研究,人们惊讶地发现了神奇的玛雅历法。毫不夸张地说,玛雅人的历法是古代各民族中最精确的。他们把一年分为18个月,每个月20天,年终加上5天禁忌日,共365天。他们测算的地球年为365.2420天,而现代人的准确计算为365.2422天,也就是说每5000年的误差才仅仅一天。

天文和历法,都需要大量的计算,玛雅人的数学知识更是惊人。在他们的数学和历法中,处处充满了这样庞大的天文数字。对现代人来说,这样的数字只有在星际航行和测量天体距离时才用得到。

人们都对当时的玛雅人能够掌握如此高深的天文与历法知识感到疑惑不解。很明显,这些知识已经远远超过了玛雅人的实际需要,令人不可思议。古代的玛雅人以树叶兽皮遮体,用可可豆为媒介以物换物,这样的数学演算他们怎么会用到呢?

同时,玛雅人又有自己的文字,那是一种用800个符号和图形组成的象形文字,词汇量多达30000个。现在地球上还保留着玛雅古籍的三卷抄本,珍藏在德雷斯顿、马德里和巴黎的博物馆里。语言学家们虽尽了很大努力,但目前仍只能辨认出大约四分之一的玛雅文字。

玛雅文明来去无踪

玛雅文化的突发性,远远超越实际需要的非实用性以及在不同领域发展程度的悬殊性,使人百思不得其解。有些学者认为这些知识是别人传授给玛雅人的,然而,在那个全世界各民族都处于蒙昧的年代,又有谁能掌握这些高深的知识呢?

有些学者猜测,在遥远的古代,美洲热带丛林中可能来过一批具有高度文明的外星智能生物,他们走出飞船,教给了尚在原始时代的玛雅人各种先进的知识,然后又飘然离去。他们被玛雅人认为是天神。而由于外星人传授的知识不一定完全符合玛雅人社会发展的实际需要,这就出现了玛雅人掌握的某些知识远远超越其实际需要的状况。

1952年6月15日,人们在墨西哥玛雅古城帕伦克一处神殿的废墟里,发掘出了一块刻有人物和花纹的石板。当时人们以为这是玛雅古代神话的雕刻。但到了60年代,人们乘坐宇宙飞船进入太空后,那些了解了宇宙飞船内部构造的科学家们才恍然大悟:帕伦克那块石板上雕刻的,原来是一幅宇航员驾驶着一艘宇航飞行器的图画!这似乎令人难以置信,但却是确凿的事实。

令人更难以置信的是,奇迹般的玛雅文明,就像它当初在一夜之间从天而降一样,早在西班牙人到墨西哥之前,居住在美洲各地的玛雅人好像不约而同地停止了工作,放弃了他们世世代代建设起来的城市,似乎在一夜之间莫名其妙地消失了。

几百年后,当欧洲人来到奇琴·伊察的时候,在玛雅古城的废墟附近生活的是一些尚处于石器时代的玛雅人。他们仍巢居树穴,以采集或狩猎为生,过着相当原始的生活,似乎没有文明前期过度发达形态的痕迹。玛雅文化的突然消失,是比它的产生更令人困惑的谜。玛雅文化泯灭之后,整个中美洲似乎又回到了原始状态。

玛雅人的"圣井"传说

玛雅人当时非常崇拜雨神。在距离奇琴·伊察城15公里远的地方,有两个天然泉瀑布,水从40多米深处奔涌而出,形成两眼直径达60米的天然大水池。令人不可思议的是,这两个水池尽管表面上看来没有太大的区别,但实际上却是完全不同。一个池子水质甘美,一个池子浑浊幽黑。玛雅人用其中的一个水池的水灌溉农田和饮用,而把另一个奉为"圣井"。玛雅人认为,雨神就住在这水池下面。

玛雅人对雨神极为崇拜,每到春季都要举行盛大的祭献仪式。每当祭献的日子,国王都要将挑选出来的一名14岁的美丽少女投入这口通往"雨神宫殿"

的圣井,让她去做雨神的新娘子,向雨神乞求风调雨顺。在献美女的同时,祭司和贵族们也把各种黄金珠宝投入圣井,以示诚意。

玛雅人突然消失之后,传说中这口聚集着巨大宝藏的圣井也渐渐被荒野丛林所湮没。

为了表示对雨神的崇拜,在"圣井"边用大理石建造了一座宏伟壮观的金字塔,即举世闻名的库库尔干金字塔。此塔高30米,边长55.5米,塔的四面各有91级台阶,四面共有364级,加上最上层的平台,正好是一年的天数。在玛雅传说中,库库尔干神又是羽蛇神的化身。在每年春分和秋分的清晨,阳光照射在金字塔东侧时,人们便可以看到在金字塔的阶梯两侧呈现出光和影组成的羽蛇图案。它沿着阶梯缓缓向下移动,像一条巨蛇从天而降,最后融入一片光明之中。

前赴后继寻古井

19世纪末,有个名叫汤普逊的人试图寻找这口"圣井",他曾连续25年任美国驻尤卡坦半岛的领事,对玛雅遗迹研究了近40年。

有一次他在圣井旁的神庙中散步时,无意中发现神庙地板中间的一块大石板敲打时有空洞声。他将石板撬开,下面是一个宽敞的地下室,室中有一个大石磴。他使劲将大石磴挪开,下面露出一个巨大的洞口,洞里有条四米长的大蟒蛇正在张牙舞爪地向上看着他。汤普逊用随身带来的猎枪打死了大蟒蛇,然后跳进洞里。他发现,洞里的地板上还有两具被大蛇拦腰咬断的人的骸骨,死人的骸骨下面还铺着一块大石板。他把石板撬开,下面又是一个竖洞,就这样汤普逊连续撬开五块石板。当他撬开第五块石板时,下面露出一条凿在岩石上的阶梯。从阶梯一直走下去,就通向一间人工凿出来的石头房子,阶梯上和房子里到处都是木炭。汤普逊把这些东西清理干净后,发现在地板上放着一块非常大的石板。他凭借着全身的力气把石板挪开,结果下面又露出一个大约15米深的竖洞。竖洞的地板上有无数用玉石和宝石雕刻的花瓶,用珍珠制成的项链和手链。1903年,汤普逊把神庙中发现的宝藏公诸于世。但是汤普逊虽然找到了离圣井近在咫尺的这个人工洞穴,也发现了一些洞中隐藏的珍宝,却并未找到真正的玛雅人的圣井。

后来有一名叫丹尼尔的法国人，看过汤普逊公布于众的圣井资料后，便下定决心，一定要找到圣井。

1977年7月中旬，丹尼尔来到奇琴·伊察。他和向导在此处勘察了十多天，后来见到一大片荒芜的密林和一条隆起的道路。他们在密林中披荆斩棘，逐渐走进密林的深处，丹尼尔突然被一条巨大的藤条绊了一跤，爬起来时，他发现前面不远处有一块几乎被野草完全掩盖的石碑，丹尼尔意识到此处肯定隐藏着秘密。他连忙拨开那些荒草和紧紧缠绕着石碑的爬藤，发现石碑上雕刻的是一个姑娘伸出双手迎接雨水。丹尼尔认为眼前的这座石雕是玛雅人的圣井遗迹。为了以后继续勘察，他马上从口袋里掏出笔记本想画下一个大概的方位图。据说，后来丹尼尔还真的掌握了那个"圣井"的秘密。

这个消息很快传到了美国的黑手党"黑鹰"组织的头目本杰明那里。本杰明绑架了丹尼尔，要挟他一同前往去找"圣井"。丹尼尔明白，找到圣井之日，就意味着他自己的生命结束之时。

早年，当丹尼尔独自一人前来时，有个当地人告诉他，这里泉水的喷发，是有规律和征兆的。每当它突然喷发之前，周围岩石的缝隙就会冒出一种白雾状的水汽泡，用不了几分钟，滚烫的泉水就会突然喷发出来。丹尼尔把这个印第安人的话记在心里。他带着本杰明一伙到泉水旁，本想自己借机逃脱，却因为躲闪不及本杰明的子弹，身中数枪。

丹尼尔在临死前，颤抖地在日记本上写道："给人带来巨大诱惑的是宝藏，给人带来致命结局的也是宝藏。"很久之后，有个美国考古学家在崖顶上发现了丹尼尔的遗体和日记本，但是，圣井中的宝藏始终没有找到。

玛雅人的圣井不仅仅是一个传说，看起来它是真实存在的，如果它存在，它会在哪里？玛雅人突然消失之后，这口聚集着巨大宝藏的圣井怎么可能被荒野丛林湮没呢？

神秘的玛雅人，神秘的玛雅人圣井宝藏，世人什么时候才能够破解他们留下的那些秘密？

7.赛西亚人失落的黄金

赛西亚人来去无踪,他们带来野蛮的同时也带来了丰富的物质文明。在赛西亚人王室的墓室中,我们吃惊地看到了野蛮的赛西亚人手工制造出的细腻、精致的黄金制品。然而,他们是如何造出这么精致的金器？不计其数的黄金制品又埋藏在哪里呢？

来去无踪的赛西亚人

人们之所以又重新想起了赛西亚这个消失多年的神秘民族，是由于在1715年,一名西伯利亚矿场主向沙皇彼得大帝呈献了一批引人注目的金器。从此,赛西亚人的黄金制品便闪耀在了世人面前。

有关赛西亚人的起源,目前有两个说法:一个说法认为他们是从亚洲迁徙而来;另一个说法认为他们的祖先是第聂伯河一带的土著人。

赛西亚人是个马背上的民族,男性天生都是骑手,个个善于开弓射箭。公元前5世纪中叶，赛西亚人在欧洲东部和亚洲中西部的茫茫大草原上称霸天下。他们勇猛好斗,骑着骏马从高加索山脉东面的隘口如雪崩般向亚洲北部席卷而来,在波斯边境到处制造恐怖、屠杀和抢掠。凡是试图抵抗他们的地方,无不顷刻间变成血与火的海洋。他们高高地骑在马背上,一面围着敌人疯狂地尖声叫喊,一面用强弓连环发射出三棱利箭,那种恐怖的情景把徒步作战的敌人吓得魂飞魄散。胜利的赛西亚战士常常把敌人的头砍下来洗净,还在外面蒙上牛皮,里面镀金,制成酒具。款待客人时,拿来盛酒奉客。他们不但酷爱作战,还嗜血成性。每当杀了第一个敌人后,必定要饮他的血。

除此之外,赛西亚人还经常举行祭祀,祭拜战神。他们在每100个战俘中,先挑选一个作为活祭祀品奉献给神。祭祀举行时,先把战俘杀死,随即割下其右手右臂,把断肢向空中抛去,然后再把其他的活祭祀品杀死。赛西亚人结盟立约,也要用血,参加盟誓的人先要调制一种血酒,然后拿箭头、标枪或者刀剑蘸在血酒里,最后把血酒饮下。

可是,谁能料想得到这样一个嗜血成性又没有文字的民族,不仅善于在战场上制定战略技术,而且在日常生活中有着高超的才艺,并且充满着对黄金的虔诚和崇拜之情。

几百年的统治使这个民族非常富有。赛西亚人拥有大量的黄金,即使在平民百姓家,也到处可见精美绝伦的黄金制品。人们从赛西亚人王室墓地里发现了大量金器,有马梳、马镫、酒杯、剑鞘、头盔和指环等大量极具艺术价值的黄金制品。历史学家考证后表明,赛西亚王室极其小心地保护神圣的黄金,而且每年还为它举行盛大的祭祀。这个民族不仅仅崇拜黄金,而且疯狂地偏爱黄金艺术品。嗜血成性的赛西亚人做起黄金制品来却非常的细腻、精致、聪慧和极具耐心。

令人疑惑不解的是,这个在欧洲大草原上驰骋了几百年之久,并在古代文化史上和军事史上留下了浓重痕迹的民族,此后却像划过天幕的流星一般,突然神秘地消失了。

有人认为,赛西亚民族之所以神秘消失,可能是被另一个比他们更强大、更凶残的游牧民族赶出了草原。至于这个游牧民族是哪个,有些历史学家认为是公元前350年开始渡过顿河渐向东侵的萨尔马特人,但也没有什么可靠的证据。

赛西亚人的王室陵墓

赛西亚人用隆重的仪式殓葬他们的首领,为他们在草原上建造像小山一样高的陵墓。1898年,俄国考古学家维塞洛夫斯基在黑海东北克拉斯诺达地区的乌斯基奥发掘古墓时,在一座土丘下边,发现了一个木棚架。木棚架的四周插满了木桩,附近都是马匹的尸骨。墓地旁一共葬有大约360匹马,至于里面到底是否有黄金制品就不得而知了。20世纪以来,尤其是第二次世界大战以后,赛西亚人的古墓相继被发掘出来。

随着赛西亚人王室的第一个墓室被打开,一批约20件精致的金器被呈献给彼得大帝。然而,随后发生的事情令彼得大帝始料不及。盗墓的人越来越多,许多墓室被从各地来的盗墓贼私掘盗窃。彼得大帝于是下令禁止继续挖掘,并规定发现的所有赛西亚人的宝藏都要献给王室,但此时的盗墓之风已经很难根绝了。1725年彼得大帝死后,盗墓行为更加猖獗。随着一次次疯狂的盗墓,赛西亚人精美的金制品不断地流失。

1971年,苏联考古学家莫索洛夫斯基在第聂伯河欧珍妮基兹附近,发现了赛西亚王死后的墓葬,莫索洛夫斯基对墓葬的情况做了记录:赛西亚王死后,在他生前的侍从和骏马之中,各选五十,勒死殉葬。在地上竖起了若干木柱,两对木柱为一组,然后用坚硬的木棍,从尾到头穿过马尸,放在拱门上。前拱门托着马肩,后拱架着腰腹,四条腿吊在空中。那50名侍从用木棍沿着脊骨穿过尸体颈部,木棍下端插入马身木棍上的一个插口。这样一来,他们便安坐马上,列成一个圆形,环绕王陵。考古学家莫索洛夫斯基分析认为,这样的安排可能是赛西亚人为了要保护先王,或者是为了要把盗墓的人吓走。

精美绝伦的黄金制品

现代人一直追查赛西亚人这么多黄金制品哪儿去了。这是一个不仅为考古学家所关心,而且也为众多的探险家、寻宝者和普通人所关心的谜题。

人们发现,赛西亚人把金光闪闪的黄金大都做成黄金板、黄金项链、梳子或者马鞍上的装饰等可以随身携带的物品,这可能是因为他们是游牧民族,所以制成的黄金制品都是便于携带的。于是有人认为,在被某个更强大的游牧民族击败之后,赛西亚人带着他们无数的黄金制品四散流失,有些逃到罗马尼亚,有些留在南俄罗斯,与入侵的外族同化,而那些黄金制品也随之失散了。另一些学者认为,赛西亚人的最后一个据点是克里木半岛,他们曾在那里建立了一个繁荣的首都聂阿波里斯,他们那些珍贵的黄金制品,很可能就埋藏在克里木沿海一带不为人知的地方。据说19世纪时,俄国人、土耳其人和英国人都曾试图在克里木挖掘这些黄金,但都一无所获。还有些寻宝者认为,这笔价值巨大的珍宝现在还悄悄地沉睡在克里木的某个地下宫殿里,至今没有人找到任何线索。

在历史的长河中未曾留下只言片语的赛西亚民族，甚至没有自己的文字和货币，却留给世人散见于古希腊典籍中的零散记录和世上最为精美绝伦的黄金艺术制品，不能不令我们感到诧异。

8.泰国班清宝藏之谜

提到远古人类文明，会让人联想到幼发拉底河和底格里斯两河流域的巴别通天塔，想到古埃及的金字塔和狮身人面像，想到耶利哥城和"死海古卷"，想到地中海上腓尼基人的帆船与文字，以及"荷马史诗"和特洛伊战争。然而，在泰国一个名不见经传的小镇上发掘出来的宝藏也同样昭示着远古人类文明的最高成就。

小镇一夜成名

在几十年前，世界上所有的考古学家们并不知道有泰国班清这个地方。它是泰国的一个小镇，是过去所有的历史书中没有提到过的一个小镇。一次偶然的机遇，使这个地球上没有标记、鲜为人知的小镇班清名扬天下。

班清位于素有"万塔之国"称号的泰国东北部呵叻高原。这个小镇上的人

们已经习惯了单调和闭塞的生活方式，多少年来一直过着与世无争的平静生活。但是，1966年，一些似乎不起眼的发现改变了这个小镇的命运。一夜之间，班清这个名字像长了翅膀，飞到了美国费城和法国巴黎那些大名鼎鼎的考古学家的案

头。原来在这座小镇的地下,考古学家们发现了一些史前墓地,里面除了骸骨,还埋藏着价值连城的稀世珍宝:陶器、石器及精美的金属制品。

1966年,美国哈佛大学学生斯蒂芬·扬来班清进行社会调查。一天,他经过一个筑路工地时,看到工人挖出一些陶器碎片。这些碎片上有一些奇怪的图案,他便好奇地捡了几个图案美丽的残破陶罐带了回去,给泰国的婵荷公主玩赏。公主不知道班清有过什么,但深知这些文物非比寻常。这些陶器的形状各异,最令人惊叹的是一些颈部只有一根筷子那么粗的高花瓶,即使是用现代技术也很难做成这样。

1968年,美国著名的艺术史学家伊丽莎白·莱昂斯把一些陶器碎片送到费城大学博物馆的考古研究中心将陶器碎片进行碳—14测定。检测结果令所有在场的学者们大吃一惊,原来这些陶器是在公元前4000年前后制造的!此后,他们又多次用不同的碎片通过不同的手段鉴定,但鉴定的结果都是一样的。

学者们马上把伊丽莎白·莱昂斯找来,问她这些东西是在哪儿发现的,为什么过去考古学从没提过这个地方。伊丽莎白·莱昂斯也满怀疑惑地说,这些碎片来自泰国一个叫班清的小镇。费城的学者们马上和泰国的有关文物部门联系,说他们准备来此地考察。为了接待费城的学者,泰国官员们马上拿来地图,因为他们也不清楚这个小镇的位置。

惊人的大发现

1974年在联合国的资助下,泰国艺术厅和美国宾夕法尼亚大学博物馆对班清开始联合考古发掘。开工的第一天,人们的希望值并不是很高,很难想象这个人口不足5000人、世代以种稻为生的小镇会有很悠久的历史。然而,当挖掘到地下五米时,考古学家们惊呆了,原来他们发现的是六层界限分明的墓葬。最深的一层可追溯到公元前3600年,最浅的也可追溯到公元前2500年。

这简直令人难以置信,因为史学界过去一直认为,泰国的可考历史至多1500年,而他们眼前的一切都大大超过了对泰国历史的传统认识。

挖掘工作愈发不可收拾,只能以吨来计算。到1975年,班清已挖出了各种文物共18吨。其中除了大量的青铜器和金银装饰品之外,还有一些用象牙和骨头雕刻的人像,用玻璃和次等宝石制作的光彩夺目的珠串。经过对挖掘的文物测定,这些珍宝至少已经在班清埋藏了5000年之久。发掘表明,早在公元前3000年,班清人就已经掌握了青铜的冶炼技术。因为这些青铜器的制作年代大约在5000年前,是世界上历史最远久的发明。

过去的历史学家一直认为,5000年前的东南亚人还生活在原始的石器时代,而青铜器最早起源于美索不达米亚的两河流域,冶金术是从西亚传播到世界各地的。班清的考古发掘,对以往的这种结论将是一个最为有力的挑战。班清的青铜器将会促使考古学家对过去的观点提出新的见解。

事实上,那时的班清居民已经相当进步了。他们居住在固定的居民区,种植水稻及其他农作物,并且会制作漂亮的陶器。

青铜的发源地

考古学家切斯特·戈尔曼是这次发掘工程的主任。他深信炼铜术的起源最大可追溯到公元前4000年,其发源地就在泰国呵叻高原边缘的山脉之中。这里从古至今都以锡、铜的储量丰富而闻名。班清出土文物是丰富多彩的,有众多形状不一的陶器,在浅黄的底色上,绘着深红色的图案。这些图案看来是古代艺术家们随心所欲、一挥而就的,有些则是经过深思熟虑而精心绘制的几何图形,如同古希腊的骨灰罐上的图案。从外形上看,有些是颈部很细的高花瓶,这需要很高超的制作技巧;有些是矮胖的大缸,上面却有着极为精美的图案,甚至显得不太协调。看得出工匠们在制作过程中的自由发挥和潇洒自如。

有关专家通过对班清挖掘的文物经过严格地清理、分析之后认为,班清文化最引人注目的是青铜制品,并且在制作技术上有不断地创新。在早期的墓葬中,出土的青铜锛和青铜手锅的含锡量只有1.3%,制作也较粗糙,严格地说只能算作红铜制品。而班清人早在公元前1000年左右就制作了各种精致的青铜手镯、项链、戒指和长柄勺。

从班清人的制作工艺来看,他们的技术相当精湛,能在一把长柄勺的勺把上刻出栩栩如生的动物图案。从班清人在这一时期制作的青铜器的铜锡配比来看,他们也已熟练地掌握了青铜的冶炼和制作技术了。除青铜外,班清的地下还出土了为数不多的铁器,有铁脚镯、铁手镯和双金属的矛头、斧头等。晚期的青铜制品中,有用含锡量高达20%的青铜锻打成的颈圈。因为含锡量这样高很容易碎,所以制作时须锻打成多股再扭曲而成。至于班清人是如何掌握这项重要技术的,考古家们至今无法解开这个谜。

班清文化不仅是东南亚,而且也很可能是世界上最早的青铜文化。最初的中东青铜是红铜与砷,青铜就变成了铜与锡的合金。据此,有人认为,班清的青铜文化可能是世界文化的源泉。还有人认为,班清文化很可能是世界青铜文化的源头。人们甚至猜想,班清的地下文明也许是人类文明的摇篮之一。

当然,大多的学者还是认为,那种把所有重大发明都归于一个源泉的观点是片面的。就冶金技术来说,它完全有可能是在世界各地独立演化出来的,也可能是同时产生的。

随着时间的推移,班清出土的宝藏会越积越多,有关它的争论也将更深入、更广泛,但有一点是确定的,一个曾被认为是不可能存在的文明,确确实实是存在过的。不过班清的地下到底还有多少古墓和珍宝呢?这就有待后人去开发了。

9.瞿塘峡夔门黄金洞藏宝真相

据传,西汉公孙述兵败夔门,将大量的黄金珠宝藏于洞内,洞因此得名。

近年又有一种说法,认为黄金洞是远古时代巴人的黄金宝库,千百年来,进去的人一个也没有出来过……那么,历史的真相是什么呢?

瞿塘峡与巫峡、西陵峡并称长江三峡。它山势雄峻,两岸之山,上悬下陡,如斧削而成,有的峰高达1500米。瞿塘峡全长虽然只有8公里,但却有"西控巴渝收万壑,东连荆楚压群山"的雄伟气势,能"镇全川之水,扼巴鄂咽喉"。瞿塘峡两端入口处,两岸断崖壁立,相距不足100米,形如门户,名夔门,也称瞿塘峡关。夔门山势雄奇,堪称天下雄关,因而有"夔门天下雄"五字镌于崖壁。

黄金洞就位于夔门南侧的白盐山上,其上有70余米悬崖,下有200余米深谷,可望而难即。黄金洞的下端,有一串"Z"形的石孔,孔深约0.3米,约0.2米见方,从地底一直延伸到洞侧。有人说是藏宝者留下的遗迹,也有人说是盗宝者开掘的天梯。

公孙述藏宝之谜

在瞿塘峡黄金洞宝藏的传说里,以公孙述藏宝于此的说法流传最广。公孙述的名字许多人并不熟悉,但如果说他是白帝城的建造者,大家就会有一个比较直观的印象了。

白帝城以它深厚的历史文化内涵、壮丽的自然风光、独特的地理位置而声名远播。它是西汉末年公孙述(字子阳)所建,所以白帝城也叫子阳城。白帝古城残垣,其地下埋藏的文物极为丰富,从白帝城出土的有陶豆、莲花灯、铜锅、铜镜、铜鼎、青瓷虎子、瓷酒壶等。

公孙述是西汉末年扶风茂陵(今陕西兴平县)人,他的祖辈和父亲都当过官。公孙述年轻时就当了天水郡清水县的县官。他父亲怕他上任后不会处事,于是派了个老管家陪他去。哪知这个管家去了一个多月就回来说,少主人根本就不听他的。虽然没有老管家,公孙述却把清水县管理得井井有条,一下就有了名气。王莽当政后,任命他为蜀郡太守。王莽没当多久皇帝就死了,各地诸侯割据一方,公孙述也想乘机自立为王。

这时候南阳人宗成自称虎牙将军,聚兵数万,颇有影响。公孙述想和宗成联合起来打天下,便积极派遣使者与之沟通。没想到宗成的部队被迎到成都后,难改绿林习气,掳掠烧杀,无恶不作。公孙述于是彻底打消了与他合作的念头,召集郡中一些豪杰壮士说:"天下人不堪新朝迫害,一直怀念汉王朝治下的日子。所以一听说绿林军驾到,奔走相告,到道路上迎接。而今又如何?人民无罪,妻子儿女却受到凌辱。他们根本不是义军,而是强盗。"取得了民众的支持后,公孙述起兵把那些起义的"强盗"都剿灭了,吞并了他们的部队。打起旗号,自己作了蜀王,建都成都。因为保境安民,一时很受当时境内百姓的拥戴。

公孙述在天府之国里,势力渐渐膨胀,野心勃勃,便自个儿想当皇帝了。汉朝时神学盛行,大家都相信迷信。公孙述想当皇帝,于是找了很多理由,来证明自己是"真命天子"。

首先从圣人那里找根据。他说,孔子作《春秋》时就定了鲁国十二位公,汉朝只有十二位皇帝,到汉平帝时气数尽了,刘家人不能再当皇帝了。公孙述根据纬书上有"废昌帝,立公孙"、"帝轩辕受命,公孙氏握"这样的话,说现在该他坐拥天下了。纬书在东汉时特别盛行。所谓纬书,就是依托儒家经书预言未来人事吉凶、治乱兴废的一种书,内容大多神怪荒诞,隋炀帝上台后,把所有的纬书都搜来一把火烧了,这种书之后才销声匿迹了。

公孙述还用金、木、水、火、土相生相克的关系,来为自己当皇帝找理由。他说汉王朝得"火德",王莽得"土德",土克火,所以王莽要取代汉王朝。公孙述说自己在成都,成都在华夏的西方,西方属"金","金"要代替"土",王莽之后就该他来当皇帝。

舆论造足了,公孙述便于公元25年在成都称帝,国号"成家",年号"龙兴"。与"金"相对应的是白色,所以公孙述崇尚白色,自号"白帝",并改子阳城为"白帝城",改城池所在的这座山为"白帝山"。公孙述称帝后,东汉皇帝刘秀多次派兵围剿。公元35年,刘秀派大将岑彭攻占了白帝城,一直打到了垫江一带。公孙述派刺客杀死了岑彭。刘秀又派吴汉率兵,直逼成都。公孙述用重金募集五千敢死队,从后面偷袭,打了个冷不防,吴汉掉在河里,拽着马尾巴爬上岸逃走了。后来,吴汉的军队攻至成都。公孙述慌了,翻占卜书,看到有"虏死城下"的话,以为吴汉要完蛋了,于是亲自率兵出城交战,结果被刺穿胸部,当晚就死了。第二天吴汉进城后,把公孙述满门抄斩了,两三天后突然对全城人进行烧杀,仅妇女儿童就死了一万多人。

公孙述的成家王朝只维持了十二年。据说,公孙述对自己只能当十二年皇帝一事早就知道。据《华阳国志》记载,称帝前,公孙述给他妻子说,他做了一个梦,梦见有位神人对他说了八个字:"八厶子系,十二为期。"他妻子说:"'八厶'合成一个'公'字,'子系'合成是一个'孙'字,这不就是说公孙可以当十二年皇帝么？"公孙述说："虽然可以当皇帝,但时间太短啊！"妻子引用孔子的话劝他道："朝闻道,夕死尚可,何况十二乎！"就是说早晨明白了想知道的道理,到晚上死了也值得,何况你还能做十二年的皇帝呢！

公孙述死后,后人认为他是"战死不投降"的英雄,便在白帝庙塑了他的像,白帝城成了祭祀他的地方。

蜀地自古以来就是天府之国,地饶物丰,公孙述在这里盘踞了十几年,大部分时间都在做"一国之君",其财产数量不容小觑。据传,东汉兵临成都时,公孙述为了保存实力,秘密将数年积蓄的金银珠宝藏在夔门的一个洞穴里,即今天说的"黄金洞",以备来日东山再起。公孙述战死后,其黄金洞藏宝的说法在蜀地一直流传着。

巴人灭绝黄金洞

在公孙述藏宝于黄金洞的传说无人能找到真正的谜底的时候, 近年来又有一种说法引起了人们的关注:巴国被灭亡之前,巴族的幸存者退却至夔门,背水一战,未牺牲者全部藏于山崖上的黄金洞,直至困死其中。

巴人,是东夷部落首领太皋氏的后代,先秦时期,一直生活在川东鄂西一带。传说周朝以前居住在今甘肃南部,后迁到武落钟离山(今湖北长阳西北),以廪君为首领,本有巴、樊、谭、相、郑五姓。

古代巴人不但作战勇猛顽强,以致被称为"神兵",而且能歌善舞,极其乐观。他们曾在商、周、楚、秦等强大部族的包围中经过不断征战,在荒莽的大巴山、秦岭中,在极为艰难困苦的生活条件下,自强不息,世代繁衍。

春秋战国时期,巴、蜀、秦、楚之间,展开了一场长达三百多年的合纵连横,彼此结盟、背弃、征战的历史。一部巴人的历史,就是一部战争史,以至于在中国历史上留下了巴人"善战"甚至"好战"的说法。

当战国七雄并起称王时,巴国已日渐衰微,在北秦东楚的夹击之下,被迫进入三峡地区,进而进入江西,控制了北接汉中、南及黔涪、东至奉节、西到宜宾的大片地区。

此后,巴人忽然失踪了。有关巴人的文字记载突然从典籍里彻底消失了。

巴人仿佛一夜蒸发,去向竟成千古之谜。史学界一直在寻找它的蛛丝马迹。有资料认为,公元前221年,秦国趁蜀国和巴国发生战争之机,派大将司马错南下,司马错灭掉川西的蜀国后挥师剑门关,直取长江中游的巴国。古代巴人在湖北巴东县遭到秦兵的追杀,落荒逃进黄金洞,秦兵立即将洞口封死,巴人只得不断往里钻,走了7天7夜,终于看见一线曙光,当他们欢呼着跑到洞口时,却惊呆了。这洞,就是黄金洞,洞下,是万仞深谷,巴人进退不得,最后全部饿死在洞里。

秦统一后,巴人的文字被统一的汉字强行抹掉,巴文化渐被强势的中原文化覆盖,失去了自己的有文字记载的历史,这是巴文化消失于史书记载的重要原因。

为了揭开巴人消亡之谜,解放后,考古工作者攀悬岩,登绝壁,进入黄金洞,但见洞内到处都是杂乱无章的古代兵器、家用器皿,以及相互枕藉的骸骨,并未发现传说中的黄金和珠宝。岩壁上红色的象形文字、图像,线条清晰可见。象形文字表明,巴国人在一次战争失败后,扶老携幼合族逃入洞中,走到江边洞口,发现是一条绝路,便用赭石写下了他们的不幸,以传后人,然后全体在洞中殉难。黄金洞遂成一国之墓!

考古工作者为了进一步解开古巴国的秘密,后来在奉节县水桶岭找到了黄金洞的另一面出口,即当年巴国人的入洞口。往事越千年,巴国春秋已成历史遗迹。现今,黄金洞内文物多数收藏于白帝城文物展览馆,是研究古代巴人历史的可贵资料。看来所谓黄金洞,在战国时期就上演过一次血腥的杀戮,如果汉代公孙述藏宝之说为实,他的黄金珠宝也是一进洞就与巴人的灵魂尸骨为伴了。战乱、逃亡、黄金、白骨,构成了一幅极具诱惑力图画。虽然考古工作并没有震撼性的发现,但已经引起了各国众多探险家的兴趣。

世纪末黄金洞探险

瞿塘峡峡口称夔门,长江进入峡口后,江水奔腾,水势湍急,夺门直下,气势异常雄伟险峻。瞿塘峡全长8公里,峡谷江面宽仅100~150米,两岸崖壁高达500~700米,山峰高达1000~1400米。最窄处为"倒吊和尚",江面宽仅百米,船行其间,仰望两岸,群峰高不见顶,崖壁直立如墙,形成一线云天;俯视江流,浪涛翻滚不断,水声隆隆。给人以"峰与天关接,舟从地窟行"之感。

20世纪70年代,研究巴蜀文化的著名学者童恩正先生据历史传说,创作了小说和电影剧本《古峡迷雾》,叙述楚国攻巴取枳之战时,巴王败逃至瞿塘峡夔门南岸绝壁上的黄金洞后神秘失踪的传奇故事,引起了海内外的强烈反响,这充分说明了"巴人之谜"散发出的世界级魅力。

一时间,黄金洞名播四海。奇洞藏珍物,金银钓虎胆,在漫漫岁月中,黄金洞诱惑着一批又一批的探险者蜂拥而来。

1994年,中英联合探险队来奉节探险天坑地缝时,对黄金洞产生了浓厚的兴趣。1995年,中法联合探险队来奉节时,同样对该洞表示神往,但由于条件所限,没能进洞。1998年8月,中英探险队再次来到奉节,爱尔兰探险家也一同前往。他们表示:一定要揭开黄金洞之谜。

探险队在对天坑地缝作了再次考察后,由中国地质岩溶协会会长朱学隐教授和国际洞穴协会秘书长安迪·伊文思带队,对黄金洞进行探险。他们为自己能探寻黄金洞,揭开千古谜而显得异常激动,并表现得十分谨慎,8月24日,他们就赶到现场,熟悉环境,作前期准备。

25日上午9时20分,随着一颗耀眼的信号弹飞升上天,48岁的地质专家安迪·伊文思,有40年探险经验的英国探险家肯尼·泰勒,SRT专职技师、36岁的爱尔兰探险家朱·瓦特,地质学硕士、30岁的中国地质专家张任,依靠SRT技术(世界上最先进的单绳滑行攀援技术),从山顶依次滑行至洞前,他们荡秋千似的贴近山壁,抓住岩石。队员们先探了黄金洞周围的三个小洞,然后爬进黄金洞。约半个小时,探险队向指挥部报告:在洞中发现一堆尸骨,估计是多人遗骸,并发现有棺木碎片和四根完好的木棒。

又过了半个小时,队员们报告:在洞壁上发现有涂画物,并认为很可能极具研究价值,已拍下照片待专家鉴定。这两次报告,让指挥部和围观者很是激动了一阵。然而,最终结果却令人大失所望。约摸又过了半个小时,队员们报告:行进约20米后,已走到尽头。洞中除了刚才的发现外,没有找到能够证明传说中的种种事物存在的可靠依据。

第八章
扑朔迷离的玄秘宝藏

那充满悬念、沸沸扬扬上千年的黄金洞已经揭去了它神秘的面纱,但仍有太多的未解之谜困扰着世人。黄金洞内的棺木是从哪里来的?难道巴人带着巨大的棺木一路逃亡吗?如果巴人连笨重的棺木都带,又怎么会不携带金银财宝呢?财富传说中的巨额黄金仍藏在洞中的某处吗?也或许在这将近两千年的岁月里早有人抢先入洞,盗走了宝藏。

探险、寻宝,对现代人来说更注重的是一个过程的体验。从这个意义上说,无论瞿塘峡黄金洞里藏宝之说是确有其事还是以讹传讹,黄金洞都将是一片令人遐想的神秘之地。